重庆市本科高校“三特行动计划”物流管理特色专业项目
教育部人文社会科学青年基金(18YJC630030)
资助出版

报童型供应链的时间管理与协调研究

方 新 著

科 学 出 版 社
北 京

内容简介

本书分别从管理供应链系统的生产时点、报童型产品的销售生命周期、分散供应链系统长期稳定等视角出发，同时考虑产能和定价决策的问题，依次解决了需求预测风险和生产成本之间的效益背反问题、供应链系统的“保鲜”技术投入水平和产品销售的最优动态定价的均衡路径、分散供应链的产能决策和定价决策的稳定性机制设计模型、参与者的供应链契约选择偏好等问题。

本书适合从事供应链与物流管理、供应链契约机制研究以及库存管理相关的从业人员、教师、MBA 学员、工程技术人员参考阅读，也可作为物流管理与工程及其相关专业的本科生、硕士研究生的参考用书。

图书在版编目(CIP)数据

报童型供应链的时间管理与协调研究 / 方新著. —北京：科学出版社，2018.9

ISBN 978-7-03-057286-8

Ⅰ. ①报… Ⅱ. ①方… Ⅲ. ①零售业-供应链管理-研究 Ⅳ. ①F713.32

中国版本图书馆 CIP 数据核字 (2018) 第 085818 号

责任编辑：张 展 雷 蕾 / 责任校对：杨悦蕾 雷 蕾
责任印制：罗 科 / 封面设计：墨创文化

科学出版社出版
北京东黄城根北街16号
邮政编码：100717
http://www.sciencep.com
成都锦瑞印刷有限责任公司印刷
科学出版社发行 各地新华书店经销
*
2018 年 9 月第 一 版 开本：B5（720×1000）
2018 年 9 月第一次印刷 印张：10 1/4
字数：207 千字

定价：78.00 元

前　　言

报童型产品与人们的日常生活联系紧密，与此同时，存在着数以万计与报童型产品相关的企业。然而，随着经济全球化、市场国际化和供应链一体化成为经济活动的新常态，报童型产品市场需求的随机性波动越来越大、产品销售价格的动态性频率越来越快、供应链系统的中断现象越来越普遍，这三类现象严重制约了这些企业的生存和发展，影响了人们的日常生活和社会经济的发展。

在传统的供应链管理中，基于需求期望风险最小的产能决策和基于参与者帕累托改进的供应链契约设计无法消除上述现象，而时间特征正是这些现象的固有属性，体现在以下 4 个方面：①基于固定采购提前期，研究供应链系统的最优产能决策；②市场销售定价忽略了产品的报童特征；③供应链契约的协调性局限于供应链系统的“端点”设计；④参与者局限于最优化当前既得收益。本书结合现有的供应链契约理论和现实经济活动中存在的客观问题，从供应链系统固有属性入手，运用多种理论和方法研究一类由时间特征引起的弱化报童型产品供应链系统绩效的问题，研究成果可为管理实践提供决策参考。

第一，在传统的供应链管理中，现有研究通常是基于固定采购提前期或是基于提前期可控(假设市场需求与提前期具有特定的函数关系)研究供应链系统的最优产能决策。基于这样的假设得出的研究成果或增大了供应链系统的库存风险，或无法反映提前期控制对供应链系统最优产能决策的一般性规律。针对这个问题，本书从采购提前期可控的时间管理视角，将市场随机需求的预测进程和供应链系统的生产成本依次假设为提前期的范式函数，分别在分布函数已知和需求分布自由两种市场环境下，构建供应链系统的产能决策模型，通过对模型的分析和求解，推导出供应链系统最优产能决策的存在性，并得出依需求预测进程和生产成本的最优生产时点与最优生产量的函数表达式。该问题的解决在一定程度上弥补了现有研究的不足，有助于管理者从全局最优的角度控制供应链系统的需求风险。

第二，随着科学技术的发展，在现有的关于报童型产品动态定价研究中，供应链系统通过“保鲜”技术投入控制产品的易逝性，进而控制产品的质量或其效用，换言之，现有研究通常假设产品以固定的易逝率发生质量或效用的降低。这样的假设忽略了产品易逝率转移具有随机性的报童特征。基于此，本书以“保鲜”技术投入控制产品易逝率的时间管理视角，假设产品的质量状态转移为随机变量，同时，假设市场需求受销售价格、产品的质量状态和非价格非质量因素影响，构建了有限时域马尔可夫随机定价决策模型。通过对该模型的分析和求解，得出“保鲜”技术投入水平和产品最优动态定价的均衡路径，在此路径下，供应链系统的绩效是最优的，并进一步分析了该均衡路径的单调性质。该问题的解决有助于从供应链全局最优的角度制定产品的销售定价和“保鲜”技术投入决策。

第三，本书从供应链系统全局最优的视角研究供应链系统的产能决策和定价决策，这样安排的目的是从本质上为独立主体的参与者进行决策提供参照基准。针对传统供应链契约无法协调同时考虑产能和定价决策的问题，本书从参与者具有对等博弈关系的角度，分别构造了三类时间敏感型供应链契约，证明了在不同的市场环境下这些契约均可灵活地协调分散供应链的产能决策和定价决策，进一步从需求风险分担的角度对比分析了这三类契约的优缺点，并给出若干供应链管理启示。这样的研究有助于协调分散供应链，实现参与者的帕累托改进。

第四，针对传统供应链契约机制设计引起的参与者违约风险和供应链系统的中断风险，本书从维持分散供应链系统长期稳定的时间管理视角，并基于前文构造的三类时间敏感型供应链契约和参与者对未来事务性合作价值的预期，建立了分散供应链系统的稳定性机制设计模型，通过对模型的分析和求解，得出维持分散供应链系统长期稳定的条件、参与者开展事务性合作的最优行动和合作产生的最优未来预期价值。此外，基于该模型分析的结论，对比分析了上述三类供应链契约，讨论了参与者的供应链契约选择偏好。该问题的解决在一定程度上弥补了传统供应链契约设计引起的问题，可为参与者的长期稳定合作提供参考依据或决策支撑。

第五，本书结合前面 4 个方面的理论研究，以数值模拟的形式，分析报童情境下的供应链时间管理与系统协调。通过模拟发现，有效的时间管理和恰当的供应链契约参数设计可以提高供应链系统的绩效、参与者的利润率和分散供应链系统的稳定性。数值模拟结果进一步佐证了本书研究的理论意义和实际价值。

本书受重庆市本科高校“三特行动计划”物流管理特色专业项目、教育部人文社会科学青年基金（18YJC630030）、重庆市教委自然科学项目（KJ1706165）、重庆市社科规划项目（2016BS032）以及重庆工商大学科研项目（1755026，KFJJ2016026,1752014）的资助，在此一并表示感谢。

另外，本书在写作过程中，还大量引用了国内外的相关文献资料，对于绝大部分的文献都做了标注，如有遗漏之处，恳请谅解，并向相关文献作者表示由衷的感谢。

方 新

2018 年 3 月

目　　录

第1章 绪 论

随着经济全球化、市场国际化和供应链一体化成为市场经济环境的新常态，有效的时间管理逐渐成为供应链及其成员参与市场竞争和改善参与者利润率的核心手段，尤其是对时间特征较为敏感的报童型产品供应链。本书基于文献研究不足和现实经济中存在的客观问题，立足报童情境，研究供应链系统的时间管理和系统协调。研究主要内容包括：①供应链系统的最优产能决策；②报童型产品销售的最优动态定价决策；③分散供应链的协调性契约设计；④供应链系统的长期稳定性机制设计。其中，前两个主题是决策供应链系统的全局最优，为后面的研究提供了参照标准；第三个主题为协调分散供应链提供激励机制；最后一个主题为分散供应链系统的长期稳定性提供决策支持。作为本书的开篇章，本章的体系结构由以下 6 个部分组成。

(1) 研究问题的提出(1.1 节)。结合已有的理论研究和现实的经济活动，阐述在供应链管理中，一类由时间属性引起的弱化报童型产品供应链系统绩效的经济现象，并基于这些经济现象，引出本书的研究问题和研究范畴。

(2) 国内外文献述评(1.2 节)。结合供应链管理中的时间属性以及 1.1 节“研究问题的提出”，本节从提前期的可控性、需求分布函数类型、报童型产品动态定价和参与者博弈关系演化 4 个具有时间属性的视角进行综述。

(3) 研究意义(1.3 节)。结合 1.1 节“研究问题的提出”和 1.2 节“国内外的研究现状”，阐述研究内容对供应链管理的理论意义和实践价值。

(4) 研究目标、内容与拟解决的关键问题(1.4 节)。基于 1.1 节“研究问题的提出”和 1.2 节“国内外的研究现状”，阐述研究目标和工作内容，以及拟解决的核心问题。

(5) 研究方法与技术路线(1.5 节)。通过对前面 4 个小节的分析，阐述本书的研究的逻辑体系，介绍选用的研究方法以及绘制研究所需的技术路线图。

(6) 小结(1.6 节)。回顾研究问题和研究视角，阐述余下内容的主要安排。

1.1 研究问题的提出

供应链系统是产业链中参与者为了共同应对由市场不确定性需求风险引起的“牛鞭效应”(W. C. Lee 等，1997)和“双重边际化效应”(J. J. Spengler，1950)

而形成的有机组织模式。供应链管理研究的核心问题是设计恰当的供应链契约机制，将分散供应链系统中的序贯优化决策转化为一体化供应链系统下的全局优化决策。随着经济全球化、市场国际化和供应链一体化成为经济活动的新常态，以下三个方面逐渐成为供应链治理的难点，也是弱化产业链参与市场竞争的主要因素：①市场需求的随机性波动越来越大；②产品销售价格的动态性频率越来越快；③参与者博弈关系的中断现象越来越普遍。特别地，相比于经营与耐用品（durable goods）相关的产业链，经营与易逝品（perishable goods）相关的供应链系统面临着更大的市场需求风险、产品销售价格变动风险和供应链系统中断风险。

本书基于现有的学者研究和现实经济中存在的客观问题，立足报童情境，研究供应链的时间管理和系统协调。本书所指的“报童情境”源于 K. J. Arrow 等（1951）提出的“Newsvendor Problem”，是指在市场需求随机的经济活动中，下游企业的订购决策受过量库存的边际成本和库存不足带来的边际收益损失的影响。报童型产品属于易逝品范畴，这类产品通常与人们的日常生活紧密相连、息息相关，如常见的水果时蔬、鲜奶糕点、生鲜水产、生物医药、报刊影碟、服装家电等。M. A. Lariviere 等（2001）将报童型产品归纳为具有市场需求随机性大、采购提前期长、销售生命周期短、期末剩余产品残值低等显著特征的一类产品的总称。在新常态下，复杂的国际市场环境和激烈的全球竞争体系对报童型产品供应链的管理提出了更高的要求——不但要求供应链系统具有较高的市场需求风险控制能力，而且要求其具有对市场销售价格的动态调整能力以及维持参与者长期稳定的合作能力。基于此，本书关注报童型产品供应链的时间管理和系统协调研究。在不加特殊说明的情况下，本书所提及的产品均指报童型产品，供应链均指报童型产品供应链。

在传统的供应链管理中，基于需求期望风险的最优产能决策和基于参与者帕累托改进的供应链契约设计已无法应对新常态下的市场竞争。其中，需求期望风险的最优产能决策是指在产品销售季节开始之前的某个固定时间点，从供应链一体化的角度研究供应链系统在整个销售季节中需求期望风险最小的产能决策（G. P. Cachon，2003）。参与者帕累托改进的供应链契约设计是指以供应链一体化的最优产能决策为参照基准，设计一个恰当的供应链契约，激励本质上为独立主体的参与者的决策行动，近似地或精确地等同于一体化供应链系统的最优决策行动，同时，通过转移支付，实现每个参与者的帕累托改进（G. P. Cachon，2003；G. P. Cachon 等，2005）。传统的供应链管理研究思路和相关的文献综述详见本书 2.1 节。

综上所述，在新常态下，供应链管理方法增大了供应链系统的库存，降低了终端消费市场的服务水平，弱化了供应链系统的市场竞争力，提高了参与者博弈关系的中断风险。基于对相关文献的归纳、现实经济现象的观察和传统供应链管理方法的理解，下面 4 个问题的提出为撰写本书提供了重要的启示。

(1) 基于固定采购提前期，研究供应链系统的最优产能决策。传统的供应链管理研究大部分是基于固定采购提前期，研究供应链系统最优的产能决策。然而，由于报童型产品具有需求随机性大、采购提前期长等特征，下游企业过早地提交订单会增加供应链系统的需求风险，同时，订单需求在向上游企业的传递过程中，又会因“牛鞭效应”，使需求信息放大造成失真。近年来，对采购提前期的控制逐渐成为缓解上述现象的有效途径。

采购提前期简称“提前期”，是指企业从提交订单到接收产品的时间段(C. Liao 等，1991)。从时间管理的角度看，通过对提前期的压缩，可以有效地提高市场需求预测精度，进而降低需求风险。例如，根据 Wal-Mart 对纺织服装行业的调查，表明如果企业分别在销售季节开始之前的 26 周、16 周和接近销售季节进货，则需求预测误差约为 40%、20%和 10%(J. D. Blackburn，1991)。此外，A. V. Iyere 等(1997) 也指出，在服装供应链中，如果将提前期由 8 个月缩短至 4 个月，那么市场需求预测误差将由 65%降低至 35%。

(2) 市场销售定价忽略了产品的报童特征。作为提升供应链系统市场竞争力和现代企业运营成功的重要因素，价格策略对供应链系统，尤其是对与报童型产品相关的产业链而言，其重要性不言而喻。报童型产品属于典型的易逝品，该类产品具有易逝性(F. F. Faafat 等，1991)。易逝性是指产品在销售过程中，由于腐败、衰退、挥发、萎缩、折旧或者过时等因素导致其不能维持产品的初始价值或初始效用(J. X. Zhang 等，2015a)。同时，由于报童型产品具有剩余产品残值低的特征，需要适时地调整产品的市场销售价格，进而提升供应链系统的市场竞争力、改善参与者的利润率。

随着科学的快速发展和技术创新的突飞猛进，供应链系统可以通过有效的“保鲜”技术投入(preservation technology investment)，如流程优化、采购专业的存储设备及采用先进的技术等手段，来控制或减少报童型产品的易逝率(M. Xue 等，2014；J. Zhang 等，2014)。在实际的经济活动中，制冷设备常用于控制和降低水果时蔬、鲜花牛奶、新鲜水产以及生物医药的易逝率。例如，夏季草莓在存储环境为 0℃时，其销售生命周期大约为 7 天；在存储环境为 15℃时，其销售生命周期大约为 3 天；在存储环境大于 20℃时，其销售生命周期为 1 天左右甚至更短。这样的“保鲜”技术投入改变了产品的销售生命周期，影响了产品的价值或效用，但由于产品的报童特征，其质量的改变具有随机性，同时，也增加了供应链系统的运营成本。因此，在供应链管理中，如何均衡供应链系统的“保鲜”技术投入和产品的动态定价，以及最优化产品在退出销售渠道之前供应链系统的收益，还需进一步研究。

(3) 供应链契约的协调性局限于供应链系统的“端点”设计。因为供应链中的每个参与者均为独立的决策主体，因此现实经济活动中的供应链是分散的供应链系统，所以设计协调分散供应链的激励机制是有必要的。K. A. Arshinder 等(2008)将这样的激励机制划分为供应链契约、信息技术、信息共享和联合决策四个方面。其中，供应链契约在现实中得到了广泛的应用，其也是本书采用和研究的协调机制。供应链契约起源于多级库存理论，是经济学中的契约理论在供应链管理中的应用(A. J. Clark 等，1960)。供应链契约的工作机制是通过转移支付激励供应链中的每一位参与者，使其决策行为近似地或者精确地等同供应链一体化的最优决策，进而使供应链系统的需求期望风险最小化，加强参与者之间的合作关系和实现参与者的帕累托改进(G. P. Cachon，2003；A. A. Tsay，1999)。自从 B. A. Pasternack (1985) 首次提出供应链契约的概念以来，出现了大量的关于供应链契约的协调性研究文献并取得丰硕的研究成果(G. P. Cachon 等，2005；K. Govindan 等，2013)。

上述供应链契约的研究大部分局限于产品销售季节的“端点”设计。换言之，契约条款的设计只明确了供应链系统及其参与者在产品销售季节初期和末期的决策。例如，契约条款明确销售季节初期供应链系统的生产量决策，参与者之间的收益转移支付方式和销售季节末期剩余产品的处理措施等。由于报童型产品具有需求随机性大、销售生命周期短等特征，产品的每个销售季节中存在多个销售周期。当前销售周期内产品的质量状态或销售状态影响企业在下一销售周期的决策和合作。特别地，由于参与者均为理性经济人，当前销售周期供应链系统的不理想销售状态将增大参与者的违约风险和供应链的中断风险。然而，现有供应链契约的“端点”设计忽略了对这种风险的考虑。事实上，由上述问题引起的参与者违约或供应链中断现象屡见不鲜。例如，甘肃杏子①和广东火龙果②丰收后的倾倒事件，浙江、广西、内蒙古、河北等地西红柿丰收后的滞销事件③，李宁④和美特斯邦威⑤的库存过剩和加盟商退出事件等。

(4)参与者局限于最优化当前既得收益。伴随着供应链在空间上变得越来越广和高度非核心业务的外包，维持长期稳定的供应链关系已成为当今每个企业的战略目标，尤其是竞争敏感性的报童型产业链。例如，R. Monzka 等(2005)指出，美国大部分的下游零售企业越来越重视与其上游供应企业维持良好的关系。通过对全球 350 名高管的调研，“经济学人智库(Economist Intelligence Unit，EIU)”指出，与上游供应企业建立更深层次的长期稳定合作是企业未来发展的趋势(D.

①张学江. [2015-7-3]. 榆中豆家山村千亩杏子成熟遭遇销售难引发各界关注[DB/OL]. http://gs.people.com.cn/n/2015/0703/c183283-25446591. html.

②童思娜. [2015-7-3]. 佛山 10 万斤火龙果上市遇冷果农无奈倒池[DB/OL]. http://gd.qq.com/a/20150703/020190.htm.

③吴小康，黄浩铭. [2014-12-1]. 农产品连年遭遇“滞销病”农民之“急”谁来解[DB/OL]. http://news. xinhuanet.com/2014-12/27/c_1113799404.htm.

④邱玲. [2012-10-23]. 李宁上半年亏损 5.86 亿关店 244 家存货继续增加[DB/OL]. http://money.163.com/14/0814/11/ A3JUUOBD00254TFQ.html.

⑤李方. [2012-10-23]. 美特斯邦威遇库存困境[DB/OL]. http://www.ce.cn/cysc/newmain/jdpd/fz/201210/23/t20121023_21267567.shtml.

Jacoby，2005）。“全球商务协会”（Global Commerce Initiative，GCI）和“欧洲有效顾客响应（efficient consumer response，ECR）组织”发布的研究报告均指出未来企业面临的挑战，如新技术、全球经济转变等，均可通过供应链中各成员间的协作予以解决。企业通过稳定合作、联合资源和产品创新，降低企业间的谈判时间，最终实现市场快速有效地运行[①,②]。此外，Metro Group 启动的“供应商关系和协作管理计划”指出，和上游供应企业共同制定发展目标以及就若干共同主题和上游供应企业加强协作是企业未来发展的核心任务[③]。Johnson & Johnson 启动的“供应商关系管理项目”旨在全面地管理其与上游供应企业之间的业务关系[④]。

供应链系统的长期稳定性有助于减少企业由再搜索、沟通和谈判产生的成本，增强企业彼此之间的信任，提高合作效率、产品创新和质量改进，此外，由长期稳定的合作带来的对未来交易的预期价值可以抑制企业在“单阶段”交易中的机会主义行为（T. A. Taylor 等，2007）。然而，现有的供应链契约研究局限于参与者最优化当前既得收益，没有考虑未来交易预期价值对供应链系统的协调性契约参数设计及其稳定性的影响。

事实上，上下游企业维持可持续性的事务性合作在当今市场活动中已屡见不鲜且至关重要。例如，在生物医药行业中，药物开发商（如 Eli Lilly 或 Genentech）将生产外包给合同供应商（如 Lonza），双方的合作关系维系在药物的整个生命周期。在初期，开发商向供应商提供科技和工程人员，帮助其建立有效的生产计划。随后，开发商定期给供应商提供转基因动物哺乳细胞和培养基；供应商在金属容器内培养繁殖细胞并提取治疗性蛋白质。每一批次的治疗性蛋白质的产出依赖于开发商提供的原材料质量和供应商的生产流程控制，如微生物污染、温度、pH 值、压强等。因此开发商和供应商需要共同努力，提高产品的质量（E. L. Plambeck 等，2006）。H. L. Lee 等（2007）指出 Starbucks Corporation 通过与其供应商维持长期合作关系以及通过可持续的采购给公司发展带来根本性的改变。在新常态下，当企业破坏双方的供应链关系时，产生的后果往往是灾难性的。例如，福喜集团（OSI Group）是世界上最大的肉类及蔬菜加工集团之一，是麦当劳（McDonalds Corporation）、肯德基（Kentucky Fried Chicken）、必胜客（PizzaHut）等知名快餐连锁店的供应商，双方合作长达 60 年。然而 2014 年 7 月 21 日发生在中国上海的福喜事件[⑤]给其下游零售企业带来危机，根据麦当劳向美国证券交易委员会（U.S. Securities and Exchange Commission，SEC）提交的文件显示，受到福喜事件的影响，

①Global Commerce Initiative（GCI）. [2008-2-1]. The Future Value Chain，Study in Cooperation with Capgemini and Intel[DB/OL]. http://www.gci-net.org.

②引自：ECR Europe：Jointly Agreed Growth（JAG），Study in Cooperation with McKinsey & Company.

③引自：Metro will Zusammenarbeit mit mehr system. Lebensmittel Zeitung.

④Thomson V，Manjappa S，Sánchez Del Angel C，et al. [2008-3-1]. Supply Chain of the Future，Research Paper，McGill[DB/OL]. http://www.mcgill.ca/files/mmm/SupplyChain-Future.pdf.

⑤罗燕. [2014-8-5]. 上海福喜风波背后[DB/OL]. http://finance.ifeng.com/a/20140805/12862831_0.shtml.

该公司在中国、日本等国家市场的业绩“正受到严重的负面冲击”，并预期2014年的销售额达成“正存在风险”①。同日，在美国纽约证券交易挂牌交易的肯德基母公司百胜集团受福喜事件的影响市值一夜蒸发近15亿美元②。

基于以上4个问题的分析可以看出，无论研究需求期望风险的最优产能决策，还是研究报童型产品的最优动态定价决策或者研究分散供应链系统的长期稳定性机制，时间属性始终贯穿于供应链系统的生产和销售环节。面对激烈的国际化市场竞争，有效的时间管理已成为供应链系统增强其参与市场竞争的有力来源。鉴于此，本书选择报童型产品供应链的时间管理和系统协调进行研究，所提及的“供应链治理”是指一系列能解决以上4个问题的决策方案或激励机制，其目的是实现分散决策的供应链绩效最优。

1.2 国内外的研究现状

针对1.1节提出的4个问题，本节从以下4个方面对国内外研究情况进行介绍。其中，1.2.1节、1.2.2节主要介绍在供应链管理中，与采购提前期可控和需求分布函数，尤其是需求分布自由有关的研究情况；1.2.3节主要介绍在产品动态定价中，涉及“保鲜”技术投入或质量状态的研究情况；1.2.4节主要介绍在供应链管理中，参与者博弈关系的演化以及与其有关的研究情况。特别地，与供应链契约研究有关的文献，可参考本书2.1节。

1.2.1 提前期可控的研究现状

提前期，也可称为采购提前期(procurement lead time，PLT)，是指下游企业从提交订单到接收产品的时间（C. Liaor等，1991）。在该时间段内，上游企业按照订单组织生产并将制成品输送给下游企业。随着市场国际化和竞争全球化成为经济活动的新常态，控制并缩短提前期已成为吸引消费者和提高企业利润率的重要手段。如果一个企业能在较短的时间内完成订单，那么与同领域内其他企业相比，便能获得更多的生产或销售机会。从供应链管理的角度，较短的提前期可以降低供应链系统的需求风险，减少供应链系统的安全库存和提高终端消费市场的服务水平，进而提升供应链系统参与市场的竞争力(S. Priyan等，2015)。因此，在报童型产品供应链管理中，如何有效地控制并降低提前期越来越引起企业界和学术界的广泛关注。

在传统的库存管理中，通常假设提前期是固定变量或随机变量，是非可控的

①王霞. [2014-8-25]. 麦当劳多个重点区域市场经营疲软[DB/OL]. http://jjckb. xinhuanet.com/2014-08/25/ content_518343.htm

②王晓易. 2014-7-23. 福喜“过期肉”事件影响持续发酵百胜集团市值一夜蒸发15亿美元[N]. 浙江在线-钱江晚报.

(E. Silver 等，1985；J. E. Tyworth 等，1996)。然而，在现实的经济活动中，企业可以通过增加额外的赶工成本(crashing cost)改变提前期。换言之，提前期是可控的。例如，企业可以通过增加赶工成本，用来改善其生产设备、信息技术，加快订单处理速度以及使用高效率的运输工具等(S. L. Hsu 等，2009)。C. Liao 等(1991)首次在随机库存管理中考虑提前期的可控性，并将其作为决策变量建立随机库存模型。经过近三十年发展，越来越多的学者将提前期作为可控决策变量，从多种角度研究企业或者供应链系统的最优库存控制，如表 1.1 所示。

表 1.1　基于提前期可控性的研究文献一览表

研究角度	研究学者
产品缺货	L. Y. Ouyang 等(1996)；L. Y. Ouyang 等(2004)；W. C. Lee(2005)；C. H. Pan 等(2005)；Y. P. Lee 等(2007)；桂华明(2014)
产品缺陷	L. Y. Ouyang 等(1999)；B. Sarkar 等(2014)
需求信息的完备性	M. Hariga 等(1999)
需求的波动性	S. Chopra 等(2004)；Y. Wang 等(2009)；W. Dullaert 等(2013)；X. Fang 等(2013)；S. de Treville 等(2014)；苏菊宁等(2013)；简惠云等(2012)
赶工成本函数	M. Ben-Daya 等(1994)；C. H. Pan 等(2002)；C. H. Pan 等(2005)；H. C. Chang 等(2006)；I. Moon 等 (2014)；余大勇等(2011)；王圣东等(2010)；苏菊宁等(2009)
服务水平约束	L. Y. Ouyang 等(1997)；L. Y. Ouyang 等(2000)；F. Ye 等(2010)；Y. Li 等(2011)；J. K. Jha 等(2013)；M. A. Louly 等(2013)；I. Moon 等(2014)
运输约束	L. Y. Ouyang 等(2000)；J. Heydari(2014)
提前期控制的价值	A. V. Hill 等(1992)；S. de Treville 等(2004)；G. Yang 等(2005)；W. T. Liao 等(2010)；J. D. Blackburn(2012)；Y. Li 等(2012)；A. Bendre 等(2013)
销售损失	K. Annadurai 等(2010)；S. Priyan 等(2015)
多阶段决策	A. Dolgui 等(2002)；K. Huang 等(2008)；C. Li 等(2013)；R. N. Boute 等(2014)；丁胡送等(2009)；宋华明等(2007)
双采购渠道	S. W. Ryu 等(2003)
商业信誉	A. Arkan 等(2012)；B. Sarkar 等(2014)；B. Sarkar 等(2015a)；曾顺秋等(2014)
定价	I. H. Hong 等(2012)
消费者类型	S. K. P. Isotupa 等(2013)；R. Jamshidi 等(2015)
库存空间	H. Yi 等(2013)；李群霞等(2015)

A. V. Hill 等(1992)认为可以通过增加赶工成本来降低提前期，从长期来看，这种做法对企业是有益的，但对企业的短期利润率影响较大，因此，A. V. Hill 等将提前期作为可控变量，基于企业运营的短期视角，建立最优提前期的压缩模型，对比分析最优提前期压缩成本以及由此产生的收益。M. Ben-Daya 等(1994)在 C. Liao 等(1991)的研究基础上，以提前期和订购量作为决策变量，讨论不同赶工成本下的最优库存管理问题。N. Ravichandran(1995)将提前期作为可控变量，研究

连续检查易逝品库存水平的随机过程问题。L. Y. Ouyang 等(1996)将 M. Ben-Daya 等(1994)的研究模型拓展到考虑缺货成本时的库存管理模型。L. Y. Ouyang 等(1997)以提前期可控和订购量为决策变量，研究具有服务水平约束时的库存管理模型。M. Hariga 等(1999)分别研究企业拥有完备需求信息和部分需求信息时，随机连续周期性检查库存管理中的提前期控制和最优订购量的决策问题。A. Dolgui 等(2002)基于提前期的不确定性，采用物资需求计算方法研究企业多产品多生产周期的最优提前期安排计划并建立Markov 决策模型。其中，提前期不依赖订购规模且市场需求水平为固定常数。

随着企业与企业之间的竞争逐步上升为供应链之间的竞争，越来越多的学者已认识并承认供应链管理。M. Ben-Daya 等(2004)假设提前期是订购规模的线性函数，研究二级供应链系统中的连续性检查库存管理模型。H. C. Chang 等(2006)研究订购成本与提前期压缩的区别和联系(二者相互作用时的最优可控提前期和订购成本决策问题)。文章假设通过增加额外的赶工成本缩短提前期。赶工成本是提前期和订购规模的函数，且订购成本则通过投资来减少。F. Ye 等(2010)对提前期可控时的供应链的协调性问题进行研究。文章分别建立基于 Stackelberg 博弈理论的分散供应链决策模型和基于供应链一体化的最优集中决策模型。J. Li 等(2011)考虑提前期可控和服务水平约束时的二级供应链的协调性问题，设计价格折扣契约实现该供应链系统的协调。A. Arkan 等(2012)考虑提前期和订购成本均为可控时的二级供应链的协调性问题，并基于商业信誉周期设计激励机制，实现该供应链的系统协调。C. H. Glock(2013)研究订购批量依赖提前期，且市场需求随机时的二级供应链的提前期压缩控制策略。I. H. Hong 等(2012)针对由两个大企业和若干个小企业构成的双寡头市场，研究企业之间的价格与提前期控制策略的均衡问题。Y. Li 等(2012)研究提前期可控、买方分别共享其成本信息和成本函数为其私有信息时的二级供应链的协调性问题。J. K. Jha 等(2013)考虑提前期可控且存在服务水平约束时，研究由单一卖方和多个买方构成的二级供应链的集中生产-库存管理问题。H. Yi 等(2013)研究提前期可控且下游企业库存空间受限时供应链系统的集中库存管理策略，并建立两约束四变量的非线性整数优化模型。由于产品在途时间的不稳定性导致提前期的不确定性，J. Heydari(2014)研究利用可靠的运输工具来控制提前期的二级供应链的服务水平的协调性问题。研究发现，使用更加可靠的运输设备可以协调供应链。为了加强顾客的忠诚，R. Jamshidi 等(2015)考虑制造商提前期可控且下游企业可依据价格选择运输工具的五级供应链系统，研究供应链最优管理决策。

在国内方面，宋华明等(2006)在需求函数为均匀分布且预测偏差随提前期线性变化的条件下，通过引入线性补偿策略实现供应链系统的最优提前期压缩及成员的帕累托改进。刘蕾等(2007)基于 Stackelberg 博弈，分别研究供应商先动和零售商先动情形下的提前期和订货批量决策。宋华明(2007)在提前期分别与预测误差和赶工成本呈线性关系和分段线性关系的假设下，建立可变提前期的易逝品供应链协调模型。李怡娜等(2009)分别基于零售商完全承担和供应商-零售商共担由提前期压缩引起交货费用的供应链系统库存优化模型。王圣东等(2010)基于供应商单位赶工成本是提前期的减函数，建立提前期为可控变量的供应链优化模型。余大勇等(2011)基于提前期压缩增加供应商的生产成本的假设，研究在成本参数信息不对称下，分别存在一个供应商和多个供应链竞争供应机会时，零售商的最优采购策略。周欣等(2012)建立了以提前期为可控变量的循环取货且含车载量约束的多供应商多产品库存优化模型。简惠云等(2012)基于提前期和需求信息更新，构造了由批发价格和回购价格联合的供应链协调模型。苏菊宁等(2013)研究了提前压缩对供应链决策及其协调性的影响，并通过限制性回购契约的设计实现供应链的协调。曾顺秋等(2014)基于可控提前期，建立下游企业向上游企业提前付款时的供交易信用供应链协调模型。桂华明(2014)考虑了可控提前期和缺货损失的供应链协调模型，设计了由上下游企业分担提前期压缩引起相关费用的分担策略。张松涛等(2015)研究多提前期的供应链网络在不确定环境下的鲁邦运作问题。李群霞等(2015)假设提前期服从均匀分布，且上游企业的生产行为和下游客户的订货行为制约提前期订货，建立了以上下游客户组成的二级供应链联合供需库存模型。

1.2.2　需求分布函数的研究现状

从 1.2.1 节可以看出，即便已有大量的供应链管理研究涉及提前期的可控性，但这些文献均假设市场需求分布与提前期是特定的函数关系，由此造成的一个缺陷是研究结论无法揭示提前期控制对供应链最优产能决策的一般性规律。实际上，提前期的变动改变了决策者对市场需求分布函数的认知，并且这种认知通常不符合某种具体的分布形态。因此，梳理需求分布函数和提前期的关系将有助于读者更好地理解本书。

涉及提前期可控的文献，大部分将其与需求分布函数已知的关系设定为两类。第一类假设市场需求随提前期的变化而变化，且这种变化趋势符合某种具体的分布函数。例如，考虑提前期可控的首创者，C. Liao 等(1991)研究需求随时间变化且其变化趋势(简称需求分布)服从正态分布函数时的随机库存模型。L.Y Ouyang 等(1999)研究需求分布为正态分布函数，考虑提前期可控和订购量为决策变量条件下的混合延期订购和销售损失的库存管理模型。S. W. Ryu 等(2003)研究双采购渠道模型。在该模型下，采购提前期的需求分布为指数函数。M. Alizadeh 等(2014)基于需求分布为泊松分布函数和提前期可控，研究变质产品的(S-1，S)库存问题。

R. N. Boute 等(2014)研究提前期和需求分布分别具有正、负相关时的供应链库存管理问题。

上述关于随机需求服从具体分布函数的假设，在现实经济活动中存在一定程度的局限。例如，对于刚投放市场的新产品或顾客需求的多样性，企业通常缺乏充分的历史销售数据而无法刻画其需求分布形态，又或者当产品的需求波动性较大时，决策者很难用概率理论刻画其市场需求的标准分布形态。特别地，在考虑提前期可控时，由提前期变动引起的不完备需求分布形态更加难以用标准的分布函数进行刻画。因此，在不完备信息需求下，研究企业或供应链系统如何进行最优产能决策是十分必要的。H. E. Scarf(1958)首次成功地解决了这类问题，文章基于最大最小求解方法(又称需求分布自由方法)，建立单周期库存模型。在该模型中，决策者无须掌握市场需求服从的具体分布函数，只须了解市场需求的均值和方差。虽然该方法很好地解决了上述问题，但是求解过程非常复杂。因此，G. Gallego 等(1993)用较为简易的方法修正了 H. E. Scarf(1958)的订购规则，并将此规则拓展到不同的报童型库存管理案例中。

随后，大量的学者将需求分布自由方法应用到库存和供应链管理中，并获得相关的研究成果。例如，I. Moon 等(1994a)基于分布自由方法，研究服务水平约束的连续性检查库存模型。I. Moon 等(1994b)假设市场需求分布自由，分别研究连续性检查库存模型和周期性检查库存模型的最优决策。I. Moon 等(1995)考虑在需求分布自由、库存水平较低且消费者购买意愿犹豫时的库存管理问题。I. Moon 等(1997)在需求分布利伯维尔场环境下，研究按订单生产，提前生产和综合政策的单周期二级随机模型。C. C. Chuang(2001)基于需求分布利伯维尔场，考虑规定缺货水平限制时的报童型问题。J. Mostard 等(2003)研究需求分布自由时，企业退货再售的报童问题。H. K. Alfares 等(2005)研究需求分布自由时，缺货惩罚成本时的报童问题。C. M. Lee 等(2011)在需求分布自由环境下，研究广告投入对报童问题决策的影响。Y. Liao 等(2011)研究需求分布自由时，当企业库存水平低于某一阈值、消费者购买意愿犹豫时的报童模型的决策问题。S. A. Raza(2013)在需求分布自由环境下，研究报童模型的定价问题。M. G. Güler(2014)完善了 G. M. Lee 等(2011)研究中广告投入对报童问题决策影响的模型。K. Kwon 等(2014)研究需求分布自由时免费运送过程中的报童模型决策问题。R. S. Kumar 等(2015)研究需求分布自由时连续性检查生产—库存的经济批量生产模型。B. Sarkar 等(2015a)基于 I. Moon 等(1994a)的连续性检查库存模型，研究需求分布自由时的设备组装费用减少和产品质量改善时的连续性检查库存模型。

在国内方面，刘开军等(2008)考虑需求分布的类型已知且参数未知时的报童模型，分别讨论了基于大样本和小样本两种情形下的参数修正方法。邱若臻等(2009)研究了需求分布自由时的供应链鲁棒订货量和批发价格决策问题。赵明等

(2011)基于随机模糊分布自由方法，研究报童供应链的最优订购问题。曾顺秋等(2013)在需求分布自由环境下，当下游企业订购量和广告投入不足时，研究上游企业通过交易信用、广告费用补贴及销售收益共享的组合激励设计问题。邱若臻等(2014)考虑需求分布隶属于区间和椭球不确定集时的多周期库存鲁棒优化模型。蹇明等(2016)基于需求分布自由，研究回购契约的协调性。研究表明，随着供应链系统的期望收益逐渐减弱(由上界期望收益转变至下界期望收益甚至退化到最小期望收益)，回购契约协调供应链系统的能力逐渐增强。

在上述基于需求分布自由环境下的库存或供应链管理研究中，均没有涉及提前期可控，或认为提前期是固定的假设。随着提前期控制成为供应链管理需求风险的必要手段，同时，决策者无法认知需求服从具体的分布函数时，许多学者将研究思路拓展到需求分布自由方法，即需求分布函数与提前期关系的第二类假设：决策者仅需知道市场需求的均值和方差，且二者分别是提前期的函数。例如，L. Y. Ouyang 等(1998)研究以提前期可控和订购量为决策变量，市场需求分布自由时的库存管理问题。S. L. Hsu 等(2009)在需求分布自由的市场环境下，研究单一制造商和多零售商构成的二级供应链的提前期压缩，产品输送周期，补货目标水平和每周期产品输送量的最优策略。H. M. Song 等(2013)考虑供应方和需求方交互作用的提前期控制，并建立了单一制造商—零售商组成的 Stackelberg 博弈模型。在该模型中，假设提前期可控并且市场需求分布自由。I. Moon 等(2014)研究了市场需求分布自由、存在服务水平满意率约束和赶工成本函数是提前期的负指数函数时的连续检查库存模型。夏海洋等(2008)针对上游企业提供数量折扣契约以及提前期可变的情形，将订购量、提前期可控和重新订购点作为决策变量，研究需求分布自由时下游企业提前期压缩和库存的最优选择问题。夏海洋等(2011)基于提前期可控且需求分布自由的市场环境，建立了考虑缺货损失和运输成本的单上游供应企业和单下游采购企业的生产—联合优化模型。在该模型中，下游采购企业的缺货可以部分延期，同时运输成本是订购量和提前期的函数。

此外，部分学者在供应链管理研究中，考虑需求服从具体的分布函数和需求分布自由。L.Y. Ouyang 等(2000)研究以提前期可控和库存检查周期为决策变量，带有服务水平约束的混合周期性检查库存管理问题。文章先假设库存安全期间的市场需求服从正态分布，再放松这一假设，仅假设市场需求的均值和方差为已知参数。K. S. Wu(2000)以订购量、重新订购点和提前期控制作为决策变量，建立两类库存管理模型。第一类模型假设市场需求服从正态分布，第二类模型假设市场需求分布自由。L.Y. Ouyang 等(2001)假设延期交货率依赖于提前期，分别探讨了市场需求服从正态分布和需求分布自由两种市场环境下的最优订购策略。C. H. Pan 等(2002)将赶工成本设定为订购量和提前期的函数，分别在市场需求服从正态分布和需求分布自由两种市场环境下，研究连续性检查库存管理问题。L. Y. Ouyang 等(2004)建立随机需求分别服从正态分布和需求自由分布，且提前期可控，研究允许缺货存在时的单一买方和单一卖方的集中库存管理模型。Lee(2005)分别在需求服从混合正态分布和需求分布自由两种市场环境下，研究缺货率和提前期为可控时的库存管理问题。C. H. Pan 等(2005)分别在市场需求服从正态分布和需求分布自由两种市场环境下，研究提前期和缺货率是可协商时的集中库存管理问题。K. Annadurai 等(2010)研究以提前期和销售损失率为决策变量的(T，R，L)库存管理问题。在 K. Annadurai 的研究中，文章分别假设市场需求服从正态分布和需求分布自由。B. Sarkar 等(2015b)分别研究市场需求服从正态分布和需求自由分布两种市场环境下，以订购量、再订购点、延迟交货价格折扣、流程质量和提前期为决策变量的连续检查库存模型。

结合 1.2.1 节，表 1.2 对库存和供应链管理时期涉及提前期和需求分布函数的研究文献进行归纳。

表 1.2 需求分布函数与提前期关系文献一览表

<table>
<tr><th>研究学者</th><th>需求分布函数</th><th>生产成本函数</th><th>研究节点</th><th>库存模型</th></tr>
<tr><td>C. Das (1976)；K. Namit 等(1999)</td><td rowspan="2">伽马(Gamma)分布</td><td rowspan="2">常数</td><td rowspan="6">单一节点</td><td rowspan="2">(Q，r)库存模型</td></tr>
<tr><td>J. E. Tyworth 等(1996)</td></tr>
<tr><td>C. Liao 等(1991)；M. Ben-Daya 等(1994)；L. Y. Ouyang 等(1997)；L. Y. Ouyang 等(1999)；L. Y. Ouyang 等(2001)；C. H. Pan 等(2002)</td><td rowspan="9">正态分布</td><td rowspan="3">N个相互独立的构成要素，每个要素的赶工成本(c_i)与时间(t)呈线性相关关系</td><td>(Q，s)库存模型</td></tr>
<tr><td>L. Y. Ouyang 等(2000)；K. S. Wu (2000)；C. H. Pan 等(2005)；G. Yang 等(2005)；W. C. Lee 等(2007)</td><td>(Q，r)库存模型</td></tr>
<tr><td>K. Annadurai 等(2010)</td><td>(T，R，L)库存管理</td></tr>
<tr><td>W. C. Lee (2005)</td><td>研究目标是总平均持有成本最小</td><td rowspan="6">(Q，r)库存模型</td></tr>
<tr><td>L. Y. Ouyang 等(2004)；F. Ye 等(2010)；Y. Li 等(2011)；A. Arkan 等(2012)；C. H. Glock (2012)；Y. P. Lee 等(2012)</td><td rowspan="2">N个相互独立的构成要素，每个要素的赶工成本(c_i)与时间(t)呈线性相关关系</td><td>1-1 供应链</td></tr>
<tr><td>J. K. Jha 等(2013)</td><td>1-n 供应链</td></tr>
<tr><td>J. Heydari (2014)</td><td>增加额外成本与运输可靠性的关系</td><td>1-1 供应链</td></tr>
<tr><td>S. Priyan 等(2015)</td><td>指数函数</td><td rowspan="2">单一节点</td></tr>
<tr><td>B. Sarkar 等(2015)</td><td>N个相互独立</td></tr>
</table>

续表

研究学者	需求分布函数	生产成本函数	研究节点	库存模型
N. Ravichandran (1995)	泊松分布	常数	单一节点	连续检查易逝品(S，s)库存模型
M. Alizadeh 等(2014)		常数		(S-1，S)库存模型
B. Sarkar 等(2014)	二项分布	N个相互独立的构成要素，每个要素的赶工成本(c_i)与时间(t)呈线性相关关系		(Q，r)库存模型
M. Jian 等(2015)	条件确定的一阶和二阶函数	给定一阶条件和二阶条件的一般函数		报童模型下的(Q，r)库存模型
S. K. P. Isotupa 等(2013)	泊松分布	—		(Q，s)库存模型
S. W. Ryu 等(2003)	指数分布	—	2-1 供应链	(Q，r)库存模型
L. Y. Ouyang 等(1997)；L. Y. Ouyang 等(1998)；K. S. Wu (2000)；L. Y. Ouyang 等(2001)；C. H. Pan 等(2002)	需求分布自由	N个相互独立的构成要素，每个要素的赶工成本(c_i)与时间(t)呈线性相关关系	单一节点	(Q，s)库存模型
L. Y. Ouyang 等(2000)；C. H. Pan 等(2005)；B. Sarkar 等(2015a)				(Q，r)库存模型
K. Annadurai 等(2010)				(T，R，L)库存管理
L. Y. Ouyang 等(2004)			1-1 供应链	(Q，r)库存模型
M. Hariga 等(1999)		常数	单一节点	(Q，s，L)库存模型
W. C. Lee (2005)		总平均持有成本最小		(Q，r)库存模型
I. Moon 等(2014)		负指数函数		(Q，r，L)库存模型
S. L. Hsu 等(2009)		非递增阶段函数	1-n 供应链	(Q，s)库存模型
H. M. Song 等(2013)		常数	1-1 供应链	(Q，r)库存模型
G. Gallego 等(1993)；I. Moon 等(1995)；C. C. Chuang (2001)；J. Mostard 等(2003)；H. K. Alfares 等(2005)；C. M. Lee 等(2011)；Y. Liao 等(2011)；S. A. Raza (2013)；M. G. Güler (2014)；K. Kwon 等(2014)		—	单一节点	报童模型

续表

<table>
<tr><th>研究学者</th><th>需求分布函数</th><th>生产成本函数</th><th>研究节点</th><th>库存模型</th></tr>
<tr><td>I. Moon 等(1997)</td><td rowspan="3">需求分布自由</td><td rowspan="3">—</td><td>1-1 供应链</td><td></td></tr>
<tr><td>I. Moon 等(1994a)；R. S. Kumar 等(2015b)；B. Sarkar 等(2015)</td><td rowspan="2">单一节点</td><td>(Q，r)库存模型</td></tr>
<tr><td>I. Moon 等(1994b)</td><td>(Q，r)库存模型和(Q，s)库存模型</td></tr>
</table>

注：表来源作者整理，其中，“—”表示研究文献中没有涉及。

从表 1.2 可以看出，当前关于提前期和需求分布函数的研究还存在以下空白，而填补这些空白是本书要完成的首要任务：①放松分布函数已知是提前期特定函数的假设，将其设定为提前期的范式函数，建立报童型产品供应链的最优产能决策模型并分析供应链系统的最优决策；②基于需求分布自由环境，构建供应链系统的最优产能决策模型并讨论供应链系统的最优决策，其中，需求的方差是提前期的范式函数。

1.2.3 报童型产品动态定价的研究现状

作为提升供应链系统市场竞争力的重要因素，价格策略对供应链的重要性不言而喻，尤其是对运营与报童型产品相关的竞争敏感型产业链而言。由于产品的报童特征，许多报童型产品在其销售过程中，其初始价值或效用会随着时间的变化发生衰退或者萎缩，因此，为了提升市场的竞争力，企业需要在销售过程中根据产品的质量状态适时地调整销售价格(J. X. Zhang 等，2015b)。特别是近年来，随着信息技术的飞速发展，产品的更新换代频率也在逐渐加快，越来越多的产品呈现出报童特征。因此，如何适时地动态定价引起企业界和学术界的广泛关注。

W. M. Kincaid 等(1963)首次研究易逝品的动态定价问题。G. Gallego 等(1994)假设在价格敏感型随机需求下，以追求企业期望收益最大为优化目标，构建动态定价的库存模型。W. Zhao 等(2000)在有限时域内，考虑初始库存已知的易逝品动态定价问题。S. Sibdari 等(2010)考虑两个企业销售具有替代性且具有不同质量水平的非易逝性产品，在有限时域内构建动态定价模型。E. P. Chew 等(2014)建立产品多生命周期，易逝品的最优动态定价和最优订购量的库存管理模型。G. Gallego 等(2014)考虑在一个具有混合替代和互补的易逝性产品的寡头垄断市场中，研究企业的动态价格竞争问题。在该市场中，每个企业有固定的初始库存，并在有限的销售时域内进行价格竞争。L. Lu 等(2014)考虑市场需求率依赖现有库存和销售价格，建立易逝品的最优动态定价和补货策略。R. Schlosser(2015)考虑产品的边际成本和库存持有成本，建立易逝品最优动态定价和广告投资策略模型。

上述的动态定价研究均假设产品从销售开始就存在易逝性，然而在现实生活中，有许多产品(如新鲜时蔬、水果、时尚产品等)在销售初期的一段时间内能保持其初始价值或效用，这个时期也被称为“保鲜期”(refreshing time)。在“保鲜期”内，产品不会发生耗损，但持有时间超过保鲜期，产品就会随着质量的损失而开始耗损。K. S. Wu 等(2006)将具有这类特征的产品称为非瞬间变质产品(non-instantaneous deterioration)。针对这类产品，如果企业仍然使用瞬间变质产品的库存管理策略，就会高估企业的库存持有成本和处理成本。K. S. Wu 等(2009)假设需求为价格敏感型，建立非瞬间变质产品的库存管理模型。通过模型分析，得出企业的最优销售价格和补货周期。R. Maihami 等(2012)假设需求依赖时间和销售价格，建立产品部分允许积压的非瞬间变质的库存管理模型。基于该模型，研究企业的联合定价和库存控制问题。M. Valliathal 等(2013)考虑缺货损失时的非瞬间变质产品的最优策略，研究设计和计算问题。N. H. Shah 等(2013)假设市场需求率是产品广告投入和销售价格的函数，研究考虑库存持有成本和产品易逝率时的非瞬间变质产品的最优库存和营销策略。N. Ghasemi(2015)研究库存持有成本和订购周期长度有关联的非瞬间变质产品的规模产量模型。J. X. Zhang 等(2015b)假设市场需求依赖产品销售价格和在商店货架上展列数量，研究非瞬间变质产品的最优动态定价和补货周期策略。

在上述的文献研究中，学者们假设产品的易逝性是自然发生的，随着科学和技术发展，企业可以通过有效的“保鲜”技术投入来控制和减少产品的易逝率，如流程优化、以及采购专业设备提高技术投资等。在实际的商业活动中，制冷设备常用来控制和降低水果，鲜花以及新鲜海产品的耗损率。P. H. Hsu 等(2010)考虑零售商通过保鲜技术减少产品的易逝率，建立易逝性产品的库存控制模型。通过模型的研究，以最大化企业的收益为优化目标，得出企业的最优补货机制和保鲜技术投资策略。Y. P. Lee 等(2012)构建了考虑需求依赖库存水平和缺货时的易逝品库存管理模型。通过模型分析，研究企业的最优投资和更新计划。G. Liu 等(2014)假设需求依赖销售价格和产品质量，产品的质量为连续退化，构建库存管理模型。研究在给定初始食品库存时，建立企业的联合最优动态定价和保鲜技术投资策略模型。T. P. Hsieh 等(2013)研究需求随时间变化的生产-库存模型，通过粒子群优化算法，得出企业总成本最小化时的最优生产和保鲜技术投资。C. Y. Dye(2013)研究部分积压率依赖时间的非瞬间变质产品的库存模型，得出企业唯一最优补货和保鲜技术投资策略。M. Xue 等(2014)研究食品质量的温度控制问题。J. Zhang 等(2014)研究企业的动态定价，补货周期和保鲜技术投资策略，通过算法分析得出最优解。N. H. Shah 等(2014)探究企业的保鲜技术投资策略对库存管理的影响。其中，产品的易逝率是固定的。以企业最大化、收益最优为优化目标，求解最优保鲜技术投资，销售价格和采购量。C. Y. Dye 等(2015)考虑市场需求具有时间和价格敏感性、消费者具有价格参考点效应，建立联合动态定价和保存技术投资的变质产品库存管理模型。J. Zhang 等(2015a)假设需求依赖价格，研究变质产品供应链的最优定价决策和产品易逝率的控制决策，并设计收益共享和合作投资契约协调供应链。

以上学者都是基于单一节点的绩效最优研究产品的动态定价策略，然而，在多数情况下，供应链系统是由多个相互独立的企业组成的，即供应链是分散的供应链系统。J. F. Dong 等(2008)建立制造商和零售商之间的易逝品库存管理模型，并设计供应链系统的竞争性定价和补货策略。T. Xiao 等(2013)基于零售商库存管理，建立由单一供应商、单一零售商构成的变质产品供应链的 Stackelberg 博弈模型。通过模型分析，得出集中决策和分散决策下的最优定价和服务策略。此外，设计广义的收益共享契约协调该供应链系统。J. C. P. Yu 等(2013)建立了零售商作为领导者、供应商作为跟随者的变质产品博弈模型。在该模型中，假设产品的易逝率服从韦伯分布，产品的批发价格和零售商价格随着时间的增加而降低。最后，设计三种收益共享机制协调供应链。Q. G. Bai 等(2015)假设需求是促销努力、销售价格、库存水平和时间的函数，研究二级变质产品供应链的管理问题。研究发现，当制造商和零售商同等地分享促销努力成本时，相较于收益共享机制，决策者更倾向于采用收益和成本共享机制协调供应链。

在国内方面，李根道等(2009)假定消费者到达服从时齐泊松过程，且购买决策受剩余库存和价格的影响，研究该条件下的易逝品动态定价问题。熊中楷等(2009)假设需求受广告投入和销售价格的影响，建立随机需求下易逝品的联合最优定价，订购量和广告投入的报童问题。彭志强等(2010)研究了消费者具有策略行为的易逝品定价和再制造柔性补货问题。李根道等(2010)综述了国内外动态定价的基本模型和研究文献。官振中等(2011)基于下游零售企业根据前期产品的实际销售情况，使用贝叶斯更新法则更新需求预测，建立后续新产品随机进入且新老产品具有替代性的易逝性高科技产品收益管理定价策略模型。李小翠等(2012)考虑策略型消费者，通过贝叶斯需求学习，建立垄断厂商两期定价模型。李贺(2012)考虑了战略消费者在动态定价下基于参考价格安排购买时机，研究需求不确定环境下企业销售有限且具有易逝性产品的动态定价问题。官振中等(2014)将顾客的策略行为和参考价格效应相结合，建立在线零售企业的多阶段动态定价策略。李力(2015)基于不允许缺货和公共产能约束，建立多种易逝品连续时间库存控制模型，研究每种产品的最优生产速率和动态定价问题。王宣涛等(2015)基于下游零售企业具有公平关切，终端消费者具有策略型与短视型且上游供应企业为公平中性的供应链系统，研究下游零售企业的最优订购，最优定价和分散供应链的协调问题。

结合上述研究文献可知，现有关于易逝品动态定价的研究主要集中在：①假设产品以自然的、恒定的易逝率发生质量的改变；②假设通过“保鲜”技术投入控制产品的易逝率，产品质量相应的以固定比例发生改变。但这两个假设都忽略了一个事实：报童型产品质量发生变化的随机性。报童型产品属于易逝品范畴，易逝性是其固有属性，这也决定了即使是通过“保鲜”技术投入控制产品的易逝率，产品在下一阶段的质量状态也是随机的。虽然当前报童型产品的最优动态定价基于“端点”设计的契约协调性研究已趋于成熟。但是同时考虑企业的“保鲜”技术投入、质量状态随机产出、产品的动态定价和供应链的协调性研究相对较少。因此，基于“保鲜”技术投入，建立报童型产品质量随机产出的动态定价模型，研究如何在产品退出销售渠道之前，最大化供应链系统收益是本书要完成的另一关键任务。

1.2.4 参与者博弈关系演化的研究现状

伴随着供应链在空间上变得越来越广和高度实行非核心业务的外包，维持长期稳定的供应链关系已成为现代企业的战略目标，尤其是在竞争敏感性的报童型企业(J. D. Blackburn，2012)。相比于传统的买卖交易市场，长期稳定的供应链关系采购有助于企业减少由再搜索和谈判产生的成本，增强彼此之间的信任和合作效率。H. Schramm-Klein 等(2006)归纳了二者治理模式的区别(表 1.3)。从表中可以看出：虽然学者对两者治理模式有所区分，但是改善和提升参与者的博弈关系已成为供应链管理的发展趋势。

表 1.3 市场买卖交易与关系采购的区别研究

研究学者	治理模式
I. R. MacNeil (1978)	离散交换→关系交换
H. Håkansson (1982)	碎片式交换→保持合作关系的常态化交换
O. E. Williamson (1985)	市场-关系契约化
R. D. Shapiro (1985)	传统对抗方式→新型对抗方式→供应关系-创新导向
J. B. Heide (1994)	市场治理→非市场治理(单方面/阶级制 vs 双边机制)
R. T. McIvor 等(1998)	对抗-合作
R. E. Spekman 等(1998)	开放的市场谈判→合作→协调→协同

来源：H. Schramm-Klein 等(2006)。

在供应链管理中，上下游参与者之间的博弈关系历经数次演变，P. E. Spekman 等(1998)依次将其描述为开放的市场谈判(open market negotiations)、合作(cooperation)、协调(coordination)和协同(collaboration)，如图 1.1 所示。从图中可看出，参与者之间的最高博弈关系是彼此间的相互协同，即通过供应链整合、联合规划决策、技术共享、契约机制等手段实现供应链整体利润最优以及个体的帕累托改进。然而，市场国际化和基于核心竞争力的企业高度地依赖其上游供应企业。因此，通过彼此间持续的共同努力实现产品创新、质量改进和供应链系统的价值再造是当今供应关系进一步的发展方向。M. J. Maloni 等(1997)从定性的概念和运营研究分析的视角综述了供应链关系的发展。R. E. Spekman 等(1998)指出，只有通过供应链整体的紧密协同才能降低成本和提高收益。V. Narayan 等(2015)基于美国电影行业的实证研究表明，和固定团队的重复合作有助于提高整体收益。M. I. HÖhn (2010)参照 R. Monzka 等(2005)和 R. Schramm-Klein 等(2006)的研究成果，将参与者之间的未来博弈关系发展趋势归纳如表 1.4 所示。从表中可以看出，参与者之间的博弈关系不再是具有强制性供应链契约维持的主从关系，而是侧重联合产品质量改进、供应链系统价值再造以及倾向于采用无强制约束力的非正式承诺的协同和对等关系(M. I. HÖhn，2010)。

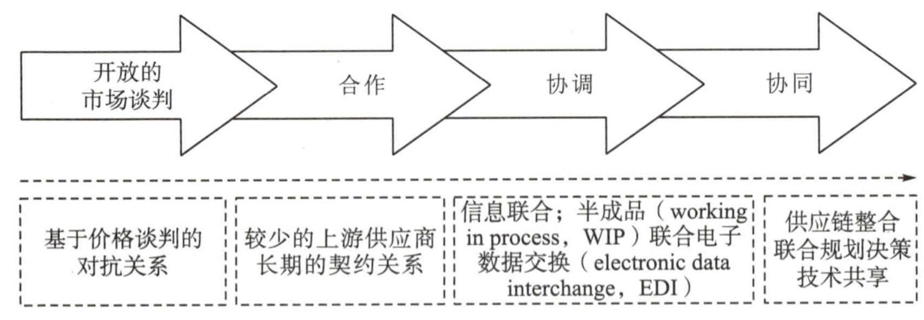

来源：R. E. Spekman 等(1998)。

图 1.1　参与者合作关系的演化过程

表 1.4　供应链系统中参与者未来的供应关系特征一览表

属性特征	市场买卖交易	关系采购
契约类型	正式的短期契约	趋于非正式承诺
时域	短期	中长期
供应基地	多个采购源	若干大型采购源
交易的侧重点	价格和交易	侧重质量、技术、成本和其他服务的提升
组织内部交流	只限当前的信息交换	有规律的信息交换
解决问题的方式	问题出现时再次解决冲突	事先积极准备，避免冲突
成本分享	下游零售企业占据所有的节约成本 上游供应企业隐藏节约成本	朝着双赢的局面发展
联合改善努力	很少或没有	通过相互依赖驱动联合提升

来源：R. Monzka 等(2005)；H. Schramm-Klein 等(2006)。

研究无强制约束力和非正式承诺博弈关系主要借助于博弈理论中的重复博弈，尤其是无限次重复博弈的相关知识。在计量经济学和博弈论的研究文献中，R. J. Aumann 等(1992)和 A. Rubinstein(1979)建立的无限次重复博弈模型为以后学者的研究提供了思路，即在重复博弈中通过对未来博弈的惩罚威胁，尤其是信誉惩罚和收益惩罚，惩罚那些不参与对其他参与者提供惩罚的参与者。S. E. Spear 等(1987)基于委托人和代理人均对未来收益贴现，研究无限次重复模型的最优契约设计。D. Abreu(1988)研究贴现率的无限次重复博弈问题，实现了简易且易控的纯策略完美均衡。J. Farrell(1989)认为当惩罚一个人的同时会伤害到其他参与者，包含惩罚威胁的子博弈精炼均衡也许不是一个可信的均衡。此外，当参与者背离之后可以进行重新谈判，那么这样的均衡可能不会被执行。针对这种现象，文章提供了一个解决方案并得出在众多博弈中，重新谈判的前景严格地限制了合作结果的持续性。G. Gaynor 等(1995)研究医疗供应链系统下参与者在合作过程中的由风险分散和道德风险引起的效益背反问题。A. Wolitzky(2011)研究长期重复博弈框架下信誉效应对博弈参与者决策的影响。

为了分析在重复博弈中存在重新谈判的问题。S. Baliga 等(2000)研究带有旁支付重复博弈的重新谈判模型。研究表明，当企业的捐赠财富较大且贴现因子较高时，存在强防止重新谈判均衡。R. R. Zhao(2006)研究无限次重复委托代理的防止重新谈判契约问题。文章得出有限时域内防止重新谈判值函数收敛是无限时域内防止重新谈判值函数的充分条件。在无限重复的伯川德双寡头博弈中，弱防止谈判均衡指出博弈的唯一纯策略均衡是边际成本定价。因此，O. Andersson 等(2007)研究弱防止谈判均衡并不能消除任何相关子博弈精炼均衡结果。Y. F. Fong 等(2009)基于囚徒困境博弈，研究带有旁支付参与者在重复博弈下的最优合作程度，并得出随机情形下不影响帕累托占优均衡收益的条件和在此收益下倾向于重新谈判的条件。D. A. Miller 等(2013)研究重复博弈中当出现意见分歧时的谈判均衡问题。

在供应链管理研究文献中，J. Driffill 等(1995)研究企业成本函数为严格凸函数的库诺特双寡头重复博弈。K. Doornik(2006)研究买方-卖方联盟时的关系契约最优设计和其绩效。当继续维持供应关系时，在每个博弈阶段的最优契约是相同的，但当出现不理想的收益时，双方的供应关系就会终止，同时，双方之间的支付取决于相对绩效。此外，在具体投资的双边贸易中，最优关系契约导致价格随着成本和需求条件而改变，但是相对于现货市场，这样的变动相对稳定。E. L. Plambeck 等(2006)基于两个企业联合生产的动态供应链系统，研究企业的双重道德风险问题和最优关系契约设计。结果表明：关系契约有独立于过去历史的简单结构，同时，当供应链的绩效较弱时，双方会终止供应链关系。此外，作者提出了一个如何持续地改善供应链绩效的可视化流程。在创新产品的企业中，出于市场的竞争压力，制成品需在产品开发努力完成之后尽快投放市场。由于此时产品的研发设计还未完全成熟，供应链上下游企业之间无法签订一个具有法律执行力的契约以约束上游供应商的生产能力投资，这就要求上游供应商在设计产品的同时进行产能投入和生产流程的设计。然而，企业之间可以采用非正式契约，即关系契约，约定贸易的相关条款和产能投资。未来商务发展的潜力为企业遵守非正式契约提供激励。T. A. Taylor 等(2007)从供应链成员间的合作关系和契约设计角度，研究重复交互作用对产能投资和采购的影响。文章研究表明：最优关系契约的执行要求下游企业订购更多的产品，最优关系契约直接监管上游企业的产能投资。为此，作者设计较为简单且在广泛的契约参数范围内具有很好绩效的关系契约。K. Huang 等(2010)研究允许剩余产品转移和二次分配的重复报童博弈。研究表明，当折扣因子充分大时，零售商分享其剩余产品是子博弈精炼纳什均衡，且这样的博弈可以重复无限次，文章还研究了当零售商数量充分大时其订购数量和折现因子的渐近行为，最后，文章分析了博弈中实现供应链系统最优解的条件以及当该条件不满足时的契约设计。D. Y. Wu(2013)基于实验室设计，研究批发价格契约、回购契约和收益共享契约在重复博弈框架下对供应链系统的影响。研究表明，当存在未来机会惩罚时，需要加强参与者的公平互惠偏好和树立参与者的信誉机制以达到长期的经济利益，而当在博弈时域内的订购量较高时，回购契约与收益共享契约的等价性不再成立。V. Ramanathan 等(2014)通过实证研究长期伙伴关系对供应链协同的影响。研究表明，供应链计划的协同执行影响双方未来的协同，当前协同的成功使得从中获利的企业考虑进一步的长期协同。J. Sun 等(2014)研究表明，当供应链中的参与者有充分耐心时，基于重复博弈的批发价格契约可以实现供应链系统长期可持续稳定，获得更多关于未来市场需求波动的信息也许并不能帮助参与者维持长期的供应链关系。

在国内方面，陈志祥等(2001)从战略伙伴关系的质量保证、知识与技术扩散、制度保证和生产协作 4 个方面探讨了供应链的战略伙伴关系。刘昌贵等(2006)讨论了若干供应链战略合作伙伴关系的建立和稳定问题。叶飞等(2006)基于广东省珠江三角洲地区制造企业的调查，研究供应链伙伴关系、信息共享与企业运营绩效之间的关系。叶飞等(2009)进一步基于珠江三角洲 141 家制造企业的调查，通过结构方程模型分析，对供应链伙伴间信任、关系承诺、信息共享与运营绩效之间的关系进行实证研究。曾文杰等(2010)利用结构方程模型研究供应链参与者之间的沟通、信任、承诺和合作对供应链协同的影响顺序及相互关系。张旭梅等(2011)基于企业间知识交易视角并结合 256 家供应链系统中的企业，利用结构方程研究企业间信任、关系承诺、知识交易与合作绩效之间的关系。熊峰(2015)研究关系契约对我国生鲜农产品供应链中产品价格、参与者合作关系不稳定，参与者的收益受损时的机制设计及供应链系统的稳定性影响。

综上所述，在供应链管理中，参与者之间的博弈关系不再是具有强制性供应链契约维持的主从和跟随关系，而是倾向于采用无强制约束力的非正式承诺的协同和对等关系。与传统主从博弈关系下参与者进行的序贯优化相比，在协同和对等博弈关系中，参与者追求的是供应链系统的全局优化，同时，参与者之间执行无强制约束力的非正式承诺可以有效地避免传统供应链契约设计引起的“端点”问题和参与者局限既得收益最优化问题。本小节介绍了参与者博弈关系演化的主要目的是证实参与者之间的对等博弈关系已成为发展趋势，结合上述文献可知，这方面的相关研究相对较少，因此，基于对等博弈关系和参与者对未来事务性合作价值的预期，研究分散供应链系统的协调性契约和稳定性机制是本书最后要完成的任务。

1.3　研究意义

1.3.1　理论意义

报童型产品供应链与我们的日常生活密不可分，而传统的供应链管理方法，即基于市场需求期望风险的最优产能决策和基于参与者帕累托改进的供应链契约设计，已无法适应当今激烈的国际化市场竞争。在新常态下的经济环境中，降低市场需求风险、适时地动态调整销售价格和维持供应链系统的长期稳定已成为每个企业的战略目标。因此，研究如何降低供应链的市场需求风险、如何均衡供应链系统的“保鲜”技术投入与产品的动态定价，以及如何协调分散供应链系统和维持分散供应链系统的长期稳定性，对报童型产品供应链及其参与者的生存和发展具有重要的理论意义。

1.3.2　实践价值

结合研究问题的提出(1.1 节)和国内外的研究现状(1.2 节)，本书主要内容分为以下 4 个方面：①市场需求风险控制研究；②产品的最优动态定价研究；③分散供应链系统的协调性研究；④分散供应链系统的稳定性研究。这些研究的成果可为供应链系统的最优产能决策、产品的最优销售定价提供决策支持，同时，供应链系统的协调性和稳定性研究成果还可作为一套机制，激励本质上是独立主体的参与者进行长期合作，进而提升供应链系统的国际化市场竞争力和改善参与者自身的利润率。本书的研究涉及供应链管理中的生产和销售环节，研究成果可为企业提供决策支撑和参考价值。因此，本书的选题和研究具有一定程度的实践指导意义。

1.4 研究目标、内容与拟解决的关键问题

1.4.1 研究目标

由 1.1 节分析可知，在传统报童型产品供应链的生产和销售管理中，基于参与者的既得收益最优和固定采购提前期进行的供应链系统产能决策、忽略产品报童特征进行的动态定价决策以及局限于“端点”设计的供应链契约机制提高了供应链系统的需求风险，增大了供应链系统的中断风险，弱化了供应链系统的市场竞争力和绩效。为了弥补上述不足，本书基于现有研究文献的整理和经济现象的观察，立足于报童情境，研究报童型产品供应链的时间管理和系统协调。本书的研究目标分为以下三点。

(1) 从供应链一体化的角度，对供应链系统的生产和销售进行时间管理，确定供应链系统的最优产能决策和最优动态定价决策，实现供应链系统需求期望风险最优和改善供应链系统绩效的目标。

(2) 以最优产能决策和最优动态定价决策为参照基准，通过时间敏感型供应链契约设计，本质上实现为独立主体的分散供应链系统达到协调的目标。

(3) 考虑未来预期价值并基于时间敏感型供应链契约，构建分散供应链系统的稳定性机制设计模型，力争达到降低参与者违约风险和供应链中断风险，实现供应链系统长期稳定的目标。

1.4.2 研究内容

本书将时间管理引入报童型产品供应链的治理中，研究思路分为以下 4 个方面。首先，基于采购提前期可控的时间管理模式的研究，分别在分布函数已知和需求分布自由两种市场环境下，将需求预测进程和生产成本函数依次设定为时间的范式函数，研究供应链系统的最优产能决策；其次，基于“保鲜”技术投入改变产品易逝率的时间管理，研究供应链系统的技术投入水平和产品最优动态定价的均衡路径，最优化产品退出销售渠道之前，供应链系统的收益；再次，基于新常态下，参与者之间具有协同和对等的博弈关系，构造出协调分散供应链时间敏感型供应链契约，激励每个参与者的最优决策等同供应链一体化的最优决策，结合供应链系统的最优产能决策和最优动态定价决策，研究分散供应链的协调性机制；最后，基于维持分散供应链系统长期稳定的时间管理，以时间敏感型供应链契约和参与者对未来事务性合作价值的预期，探讨分散供应链系统的稳定性条件、参与者在事务性合作过程中的最优合作行动以及收益分配。

结合本书的研究问题、研究目标和研究思路，本书的研究重点可归纳以下 4 点：

(1)时间管理与最优产能决策模型。在报童型产品供应链管理中，市场需求的随机性给供应链管理带来风险。风险主要分为两个方面(G. P. Cachon，2003)：高估市场需求时，产生残值剩余风险；低估市场需求时，发生缺货损失风险。尽管有效的提前期控制可以降低上述需求风险，改善供应链的竞争水平和提高供应链整体的利润率(A. M. Porter，1998)，但与此同时，提前期控制产生了需求预测风险和生产成本的效益背反问题：一方面，为了降低需求预测风险，供应链中的下游企业偏好于临近销售季节订购产品；另一方面，下游企业的这种订购决策给其上游企业带来了赶工成本(crashing cost)。换言之，从供应链系统的角度来看，提前期控制增加了供应链系统单位产品的生产成本。鉴于此，本书第一个研究重点是在分布函数已知和需求分布自由两种市场环境下，探讨如何解决上述由提前期控制引起的效益背反问题。本书的研究与已有相关文献的区别可参阅 1.2.1 节的文献综述。

(2)时间管理与最优动态定价决策模型。价格策略是现代企业运营成功的重要因素，同理，对于报童型产品供应链而言，由于产品的易逝性，依据其质量状态合理地制定销售价格将有助于提升供应链系统的市场竞争力和改善参与者的利润率(J. X. Zhang 等，2015b)。从供应链系统的角度，通过有效的“保鲜”技术投入可以控制产品的易逝率，但由于产品的报童特征，其质量改变具有随机性，同时，这样的技术投入增加了供应链系统的整体运营成本。因此，本书第二个研究重点是如何在质量变化随机的情况下，均衡供应链系统的“保鲜”技术投入和产品的最优动态定价路径，最大化产品退出销售渠道之前供应链系统的收益。本书的研究与已有文献的区别可参阅 1.2.2 节的文献综述。

(3)时间敏感型供应链契约协调模型。供应链管理的目标是实现供应链系统的绩效最优。供应链系统的绩效最优化要求供应链系统实施一组精准的行动，然而，这些行动通常不是供应链系统中每个参与者的最优选择。换言之，在分散供应链系统中，每个参与者根据其自身收益最大化原则选择最优行动，参与者的个体行动弱化了供应链系统整体的绩效，最终导致供应链失调(G. P. Cachon，2003)。供应链契约是一种有效的激励机制，通过设计需求风险分担机制和收益转移支付机制，激励参与者的决策行动近似地或者精确地等同供应链系统的最优行动，进而实现参与者的帕累托改进和供应链系统的协调。然而，传统的供应链契约设计是基于主从博弈框架，其无法同时协调供应链系统的最优产能决策和最优动态定价决策。伴随着参与者之间的博弈关系越来越呈现为协同和对等，如何在对等的博弈框架下构建供应链契约，同时激励参与者的产能和动态定价决策与供应链系统的最优决策趋于一致，实现参与者的帕累托改进是本书的第三个研究重点。本书的研究与已有文献的区别可参阅 1.2.3 节。

(4)时间管理与供应链系统稳定性机制设计模型。伴随着经济全球化和市场国际化，经营同质产品的企业之间的竞争已上升为供应链之间的竞争(M. Christopher，1998)。为了减少企业再搜索、沟通和谈判产生的成本，增强企业彼此之间的信任，提高双方的合作效率，维持长期稳定的供应链关系已成为每个现代企业的战略目标。然而，传统供应链契约设计引起的“端点”问题和参与者局限既得收益的最优化问题，造成双方在合作过程中存在搭便车 (Free-rider)现象和“单周期”的机会主义。经济学中的搭便车现象是指自己不付出成本却坐享他人之利(M. Olson，1965)。搭便车现象严重损害其他参与者在后期博弈中参与供应链的积极性，而“单周期”的机会主义容易引起参与者的违约或者供应链中断。二者引起的后果不但降低了供应链系统的竞争力和利润率，而且破坏了供应链系统的稳定性。因此，本书最后的研究内容是基于维持分散供应链系统长期稳定的时间管理，以时间敏感型供应链契约和参与者对未来事务性合作价值的预期，设计分散供应链系统的稳定性机制设计模型，探讨维持分散供应链的长期稳定性问题。本书的研究与已有文献的区别可参阅 1.2.4 节。

1.4.3 拟解决的关键问题

结合 1.4.2 节的阐述，本书拟解决以下 4 个关键问题。

关键问题一：解决由采购提前期控制引起的需求预测风险和生产成本间的效益背反问题。在分布函数已知和需求分布自由两种市场环境下，将需求预测进程和生产成本设为时间的范式函数，如何分析范式函数性质并构建数学模型，探寻最优时间管理方案和消除效益背反问题是本书拟解决的第一个关键问题。

关键问题二：探寻“保鲜”技术投入水平和产品的动态定价均衡问题。“保鲜”技术投入控制降低了产品的易逝率，影响了其销售生命周期，但由于产品质量的变化具有随机性，同时也增加了供应链系统的运营成本。因此，如何寻找技术投入水平和产品动态定价之间的均衡路径，实现供应链系统的最大绩效是本书拟解决的第二个关键问题。

关键问题三：协调本质上为独立主体的参与者的决策行动与供应链系统的最优决策行动趋于一致的问题。参与者都是独立的理性人，他们的决策目标是最优化自身收益。因此，如何设计供应链契约，激励参与者的决策行动等同供应链系统的最优决策是本书拟解决的第三个关键问题。

关键问题四：解决参与者违约和供应链中断的问题。这两种现象均严重地破坏了供应链系统的稳定性，极大地弱化了供应链系统的市场竞争力。因此，如何基于供应链契约和参与者对未来交易事务性合作价值的预期构建数学模型、缓解参与者违约和供应链中断现象是本书拟解决的第四个关键问题。

1.5　研究方法、特色和技术路线

1.5.1　研究方法

本书的研究方法遵循了华莱士(1971 年)提出的科学环(wheel of science)研究逻辑：理论→假设→观察现象→经验概括→新的理论(李怀祖，2004)。首先，从大量涉及时间属性的供应链管理、供应链契约的高水平理论研究文献中总结概括(理论)，发现了现有的供应链契约文献研究绝大部分假设供应链系统基于既得收益最优和固定采购提前期进行产能决策、忽略产品报童特征进行产品动态定价决策、局限于“端点”设计供应链契约协调机制(假设)，同时，博士学习期间，在与社会经济活动的接触中，作者发现现实中时间属性始终贯穿供应链系统的生产和销售环节，并且存在大量参与者违约或报童型产品供应链系统的中断现象(经验观察)，作者从中提炼出了如 1.4.2 节所述的研究内容(经验概括)，从科学研究方法论的角度，本书的选题、研究目标、研究内容等方面均具有可行性，是基于已有研究的科学创新(新的理论)。

1.5.2　特色

本书的特色体现在结合现有供应链契约理论和实践中存在的实际问题，从供应链系统的固有属性(时间特征)入手，运用多种理论和方法研究报童型产品供应链系统的治理问题，并为管理实践提供决策参考，具体体现在以下 4 点。

(1)理论创新性。虽然已有部分供应链管理研究涉及了时间属性，但当前研究的不足也是显著的(详见 1.1 节、1.2 节)。本书基于已有的文献和现实存在的经济现象，研究一类由时间属性引起的弱化报童型产品供应链系统的绩效问题，其主要创新点包括：①在生产成本和市场需求预测进程分别是提前期的范式函数假设下，解决由时间管理引起的效益背反问题；②基于产品质量变化为随机的假设，研究“保鲜”技术投入水平与产品最优动态定价的均衡路径问题；③基于对等博弈关系框架，构造时间敏感型供应链契约，协调分散供应链系统的产能决策和定价决策精确地等同供应链系统的最优决策；④基于维持分散供应链长期稳定的时间管理视角，以时间敏感型供应链契约和对未来事务性合作价值的预期，设计分散供应链系统稳定性模型。从时间管理视角来看，研究结论能够很好地解释实际现象，其可为现实经济活动中企业的决策提供参考。这些理论和现实意义方面的结论具有一定的创新性。

(2)现有研究的完善。针对现有供应链系统基于既得收益最优和固定采购提前期进行产能决策、忽略产品报童特征进行产品动态定价决策以及局限于“端点”设计供应链契约协调机制等问题，本书从时间管理的视角研究报童型产品供应链的治理问题，虽然在研究视角上与已有研究明显不同，但是从供应链契约研究的理论脉络来讲，本书研究市场需求风险的控制、市场销售价格变动的应对能力和供应链系统中断风险的控制是供应链管理和供应链契约理论的延伸和细化。

(3)多学科交叉。本书基于科学研究方法论，结合供应链契约理论、期望效用理论、马尔可夫随机决策、动态规划理论、博弈论、机制设计理论、计算机仿真等理论和分析工具对报童型供应链的时间管理与系统协调进行研究。这些学科间的交叉与综合是本书的特色。

(4)理论与现实紧密结合。本书基于时间管理视角，研究报童型产品供应链的治理问题。实际上是基于现实提出的科学问题，理论研究具有现实背景也希望更好地解释现实中的现象，研究成果也将运用到实际中去，使得研究与现实更加紧密结合。

1.5.3 技术路线

本书研究遵循的技术路线如图 1.2 所示。

问题甄别
泛读
精读
报童特征
企业违约
系统中断
文献收集阅读
时间管理视角
经济现象观测
问题提出
(1) 固定采购提前期
(2) 产品的报童特征
(3) 契约的端点设计
(4) 局限既得收益最优
选题意义
研究目标
研究内容
关键问题
研究方法
方案设计
理论研究
参照基准：一体化供应链系统
时间管理与产能决策模型
时间管理与定价决策模型
累积分布函数已知
需求分布自由
质量变化的随机性
需求依赖价格和质量
效益背反问题：需求预测风险与边际生产成本
均衡："保鲜"投入水平与动态销售定价
问题(1)与问题(2)的解决方案
现实经济：分散供应链系统
时间敏感型供应链契约设计模型
博弈框架：协同与对等
累积分布函数已知
需求分布自由
批发价格契约
成本分担契约
收益共享契约
时间管理与供应链稳定性机制设计模型
协同与对等
供应链契约
事务性合作
未来预期价值
确定预期价值
合作行动决策
契约风险转移
承诺性补偿
问题(3)与问题(4)的解决方案
①科学研究方法论
②供应链契约理论
③动态规划理论
④马尔可夫随机决策
⑤博弈理论
⑥数学最优化理论
应用研究
数值模拟分析供应链系统的治理
最优产能决策
最优动态定价
供应链契约协调性及其稳定性参数
生产时点
生产量
投入水平
动态价格
批发价格
分担比例
分享比例
预期价值
合作行动
总结
研究结论，管理启示，进一步研究展望

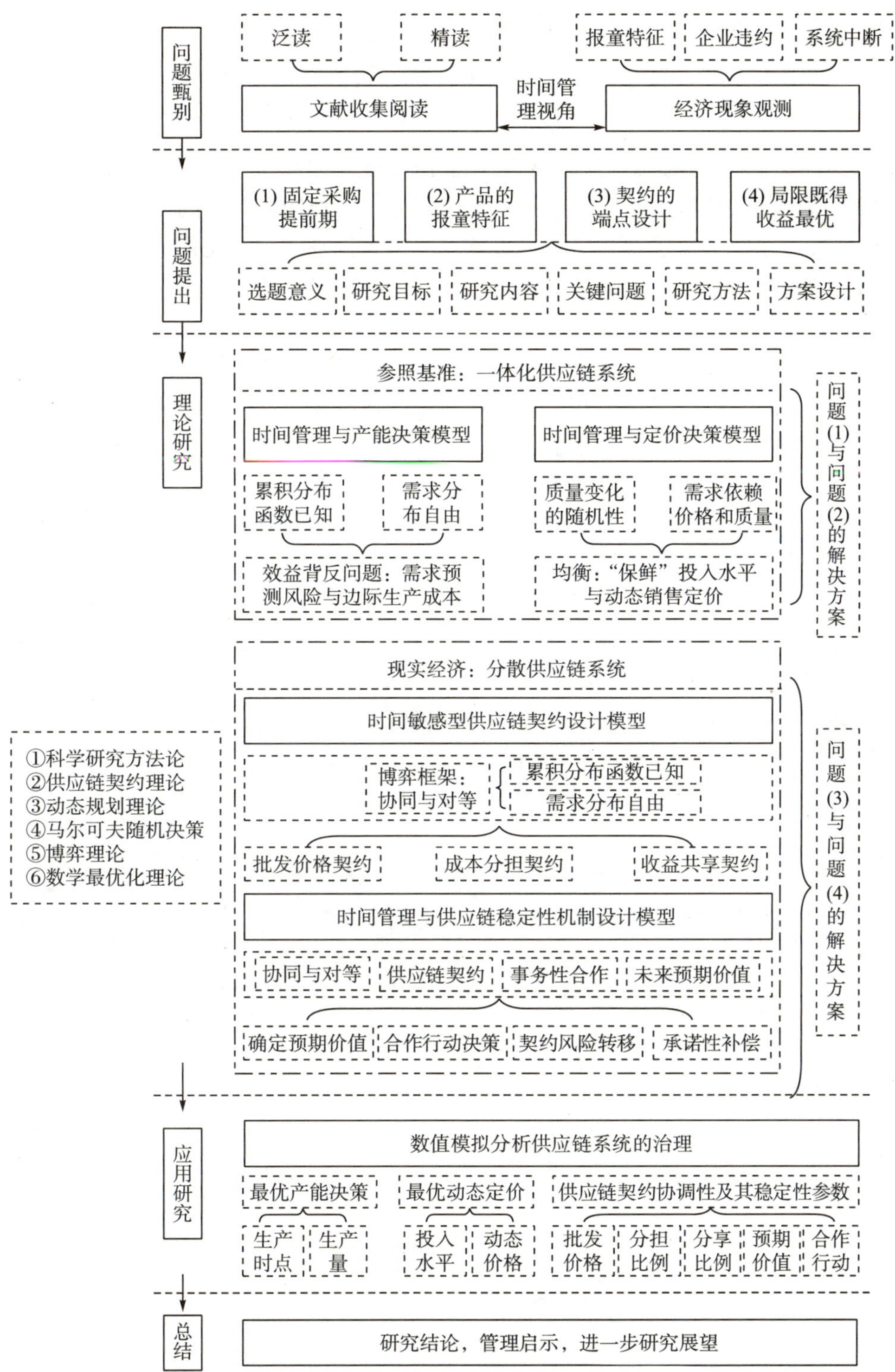

图 1.2　技术路线图

1.6 小　　结

本书基于对研究文献的归纳和对现实经济现象的观察，立足于报童情境，研究报童型产品供应链的时间管理和系统协调问题。拟通过对时间变量的决策、最优化供应链系统的需求期望风险，缓解产品销售价格的动态变化风险，弱化供应链系统的中断风险。其他章节均以时间属性为主线，研究内容贯穿供应链管理的生产和销售环节，具体安排如下：

第 2 章预备知识。主要内容分为两部分：一是分析供应链治理的意义及常用的供应链协调契约；二是引入若干数学理论，为后文的建模作铺垫。

第 3 章报童型供应链的最优产能决策模型。本章基于期望理论，分析如何解决由时间管理引起的需求预测风险和生产成本之间的效益背反问题。

第 4 章报童型产品的最优动态定价决策模型。本章基于时间管理，分析如何在随机的产品质量变化情况下，均衡供应链系统“保鲜”技术投入水平与产品动态定价的问题。

第 5 章供应链契约设计与协调模型。主要内容是设计恰当的供应链契约，协调本质上是分散决策的供应链系统。

第 6 章供应链系统的稳定性机制设计模型。主要内容是如何设计恰当的激励机制，确保参与者之间维持长期稳定的事务性合作关系。

第 7 章数值模拟分析。本章基于前 4 个章节的理论研究，以数值模拟的方式分析供应链的时间管理策略。

第 8 章结论与研究展望。这是本书的收篇部分，主要介绍时间管理下的供应链系统治理方案和若干供应链管理启示，并结合研究现状与不足，指出可拓展的研究方向。

第2章 预备知识

本章预备知识的选取源于以下两个方面。其一，本书研究的主题是供应链的时间管理与系统协调，因此阐述供应链系统协调、分析实现系统协调所采用的供应链契约类型、设计思路是有必要的；其二，本书的研究视角是时间管理，涉及随机需求环境下的供应链系统的多阶段博弈，而马尔可夫随机过程为解决这类博弈问题提供了很好的数学理论支撑。基于此，本章的体系结构分为以下 6 部分。

(1) 供应链系统协调(2.1 节)：阐述供应链系统失调的原因，失调对供应链系统绩效的影响以及解决供应链失调的机制——供应链契约。本节的介绍为第 5 章供应链契约设计与协调模型和第 6 章供应链系统的稳定性机制设计模型的分析提供支撑。

(2) 马尔可夫决策过程的基本概念(2.2 节)：引入马尔可夫决策过程(Markov decision processes，MDP)的基本概念，包括决策时点、状态空间和行动空间、收益与转移概率以及决策规则和策略。本节的介绍将有助于为 2.3 节和 2.4 节的介绍提供便利。

(3) 有限时域马尔可夫决策过程(2.3 节)：介绍有限马尔可夫决策过程，包括：有限马氏决策模型的最优方程、最优策略的存在性定理以及最优值和最优策略的迭代算法。本节的介绍将有助于为第 4 章报童型产品的最优动态定价决策模型的分析提供支撑。

(4) 无限时域马尔可夫决策过程(2.4 节)：阐述无限马尔可夫决策过程，包括无限马氏决策模型的最优方程、最优策略的存在性定理以及最优值和最优策略的迭代算法。本节的介绍将有助于为第 6 章供应系统的稳定性机制设计模型的分析提供支撑。

(5) 博弈论(2.5 节)：简介与建模和分析相关的数学工具——博弈论的研究思路。本节的介绍将有助于为第 3 章报童型供应链的最优产能决策模型的分析提供支撑，同时，本节的知识和思想在其他章节也有体现。

(6) 小结(2.6 节)。

2.1 供应链系统协调

供应链系统协调是研究如何设计一套激励机制，从而分散决策的供应链绩效最优。供应链绩效的最优化要求供应链系统实施一组精准的行动，然而，这组行动通常不是供应链系统中每个参与者的最优选择。换言之，在分散供应链系统中，每个参与者根据自身收益最大化选择行动，即分散决策引起“双重边际化效应”和“牛鞭效应”。决策者的个体行动弱化了供应链系统整体的绩效，最终导致供应链失调。供应链契约是一种有效的激励机制，通过设计需求风险分担和收益转移支付，激励参与者的决策行动近似地或者精确地等同供应链系统的最优行动，进而实现参与者的帕累托改进和供应链系统的协调。

2.1.1 供应链失调

本节主要介绍由“双重边际化效应”和“牛鞭效应”引起的供应链失调的产生过程。考虑由 N 个参与者构成的供应链系统，不失一般性，假设一个由制造商、供应商、分销商和零售商构成的四级分散供应链，如图 2.1 所示。首先分析零售商，企业 R 的订购决策，其面临报童问题，即在随机需求的市场环境中，零售商需在销售周期开始之前根据市场需求信息、分销商给定的批发价格及其他外部环境，决定订购量。零售商只有一次订购机会。分销商在接受订单之后开始组织并在销售周期开始之前将制成品输送给零售商。零售商接收并销售该产品，同时承担产品的剩余库存风险和缺货风险。同理，供应链系统中的其他参与者，即企业 i，$i\in\{D,S,M\}$ 在作订购(或生产)决策时，也面临同零售商类似的报童问题。

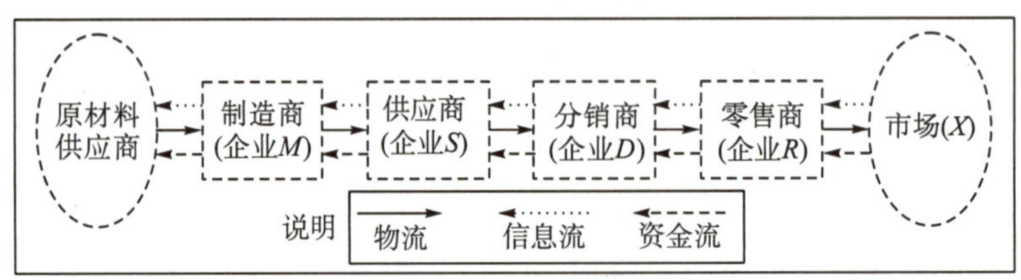

图 2.1 由制造商→供应商→分销商→零售商构成的分散供应链系统

从数学角度分析供应链失调的原因。假设零售商对市场随机需求 x 的分布函数是 $F_R(x)$。$F_R(x)$ 满足连续可微、严格递增且 $F_R(0)=0$。分销商给定产品的单位批发价格为 w_R。零售商根据 w_R 和 $F_R(x)$ 决定订购单位产品并以单位销售价格 $p(>w_R)$ 进行销售。零售商承担需求风险：当订购量 q 不能满足市场实际需求 $\tilde{D}$ 时，产生信誉损失，单位信誉损失为 g；当订购量超过市场实际需求 $\tilde{D}$ 时，发生产品剩余，单位剩余残值为 v。同时假设参数 p、g 和 v 均为外生变量。则零售商的期望收益 $E\pi_R(w_R,q)$ 为

$$E\pi_R\left(w_R,q\right)=pE\left[\min\left(q,\tilde{D}\right)\right]+vE\left[\left(q-\tilde{D}\right)^+\right]-gE\left[\left(\tilde{D}-q\right)^+\right]-w_Rq \tag{2.1}$$

其中，$E\left[\min\left(q,\tilde{D}\right)\right]$表示期望销售量；$E\left[\left(q-\tilde{D}\right)^+\right]$表示期望剩余量；$E\left[\left(\tilde{D}-q\right)^+\right]$表示期望缺货量；$(y)^+=\max\{y,0\}$。

令q_R^*表示零售商的最优订购量，则$q_R^*=\arg\max\left[E\pi_R\left(w_R,q\right)\right]$。由于$F_R(x)$是严格的增函数，故$E\pi_R\left(w_R,q\right)$是关于$q$的严格凹函数，且存在唯一最大值。根据式(2.1)的一阶最优条件得

$$F_R\left(q_R^*\right)=\frac{p+g-w_R}{p+g-v} \tag{2.2}$$

从式(2.2)可以看出，在给定销售价格，剩余残值和信誉损失为外生变量时，批发价格w_R和分布函数$F_R\left(q_R^*\right)$影响零售商的最优订购量。

从批发价格的角度分析，同时假设企业i，$i\in\{D,S,M\}$对市场随机需求x的分布函数均为$F_R(x)$。由于函数$F_R(x)$是x的严格增函数，因此有$\partial q_R^*/\partial w<0$，即$q_R^*$随着批发价格$w_R$的增大而减小。假设上游分销商（企业$D$）能控制零售商的订购决策，且企业$D$从供应商（企业$S$）订购产品的单位批发价格为$w_D$。由于决策者均是理性的独立决策主体，因此不等式$w_D<w_R$成立。根据$F_R(x)$的单调性知不等式$q_R^*<q_D^*$成立，其中，$q_D^*$是分销商的最优订购量。以此类推，假设制造商（企业$M$）的单位生产成本为$c$。则有$c<\cdots<w_D<w_R$且满足

$$q_R^*<\cdots<q_M^* \tag{2.3}$$

其中，q_M^*是制造商的最优生产量。

从式(2.3)可以看出，随着供应链级数的增加，终端市场可销售的产品逐渐减少，即服务水平降低（A. V. Iyer 等，1997）。J. J. Spengler（1950）称这种现象为“双重边际化效应”，即供应链系统中的每个参与者在决策时只考虑自身利润的最大化。这样的决策思路最终导致个体决策与集中决策的不一致性，进而导致失调，引起供应链绩效降低。

从分布函数的角度分析，一般而言，下游企业，相对于上游企业，更接近终端的销售市场。因此，下游企业对市场需求信息的认知比上游企业更接近市场的实际需求，即

$$F_M^{\tilde{D}}(x)<\cdots<F_R^{\tilde{D}}(x) \tag{2.4}$$

其中，$F_i^{\tilde{D}}(x)$，$i\in\{M,\ S,\ D,\ R\}$表示企业i关于市场实际需求$\tilde{D}$的预测精度。

由式(2.4)可知，随着供应链级数的增加，上游企业关于市场实际需求的预测精度在逐渐降低。换言之，给定销售价格，剩余残值和信誉损失均为外生变量时，

上游企业的订购(或生产)量是逐渐增大的。也就是说，供应链系统出现产品剩余和资源浪费的可能性是逐渐增大的。H. L. Lee 等(1997)称这种现象为“牛鞭效应”，即市场需求信息在向上游企业传递过程中，随着供应链级数的增加而增大。

综述式(2.3)和式(2.4)可知：一方面，制造商的最优生产量(q_M^*)大于零售商的最优订购量(q_R^*)；另一方面，制造商的市场预测精度$\left[F_M^{\tilde{D}}(x)\right]$小于零售商的市场预测精度$\left[F_R^{\tilde{D}}(x)\right]$。因此，从供应链系统的角度来看，供应链系统剩余$\Delta q$单位产品和损失$\Delta\pi$单位的收益，其中，$\Delta q = q_M^* - q_R^*$；$\Delta\pi = E\pi_M\left(c, q_M^*\right) - E\pi_R\left(w_R, q_R^*\right)$。

C. Sunil 等(2010)指出，供应链失调通常会对供应链系统的生产和运营产生以下 7 个方面的扭曲：①服务水平降低；②生产成本增加；③供应链系统库存成本增加；④补货提前期延长；⑤运输成本；⑥劳动力成本；⑦供应链之间的各种关系。

从供应链系统的角度来看，上游企业的订购(或生产)决策可以提高供应链系统整体的服务水平；而下游企业更接近终端销售市场。因此，如果供应链之间存在一个核心企业，如制造商，可以掌握供应链管理中的三流(物流，信息流，资金流)且能控制其他参与者的决策行动，那么核心企业可以通过选择最优决策消除“双重边际化效应”和降低“牛鞭效应”(G. P. Cachon，2003)。一般称这种存在核心企业的供应链为一体化供应链，如图 2.2 所示。

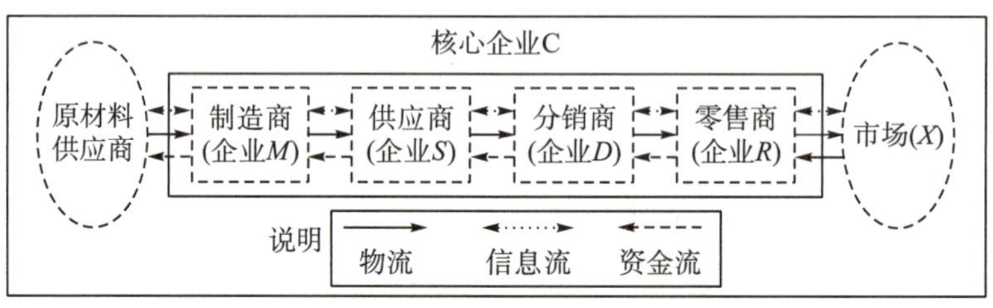

图 2.2 以企业 C 为核心企业的一体化供应链系统

与图 2.1 相比，图 2.2 有两点不同：①供应链是以核心企业为领导者的一体化供应链系统，该供应链中的所有决策由核心企业统一决定；②供应链系统中，每个参与企业彼此之间存在着充分的三流交互。在一体化供应链系统中，核心企业首先制定一个协调性供应链契约；其次，在该契约下，下游企业按照供应链系统最优向上游企业订购产品；最后，供应链中的每个参与者根据契约条款规定分担需求风险和收益转移支付。在该供应链契约的协调下，供应链系统绩效处于最优且每个参与者均实现帕累托改进。

2.1.2 供应链契约

现有的供应链契约的研究均是以 K. J. Arrow 等(1951)提出的报童模型为研究基础。报童模型(news vendor problem)刻画了在随机需求的市场环境下，零售商的订货决策受过量库存的边际成本和库存不足带来的边际收益损失的影响。在报童模型中，批发价格对零售商而言是外生变量，供应商和零售商都以自身效用最大化进行分散决策，但这些决策结果都偏离了供应链系统的整体最优水平。为让本质上是独立的参与者采取供应链系统整体最优的决策行动，设计恰当的供应链契约机制是十分有必要的(A. A. Tsay，1999)。现实经济活动中应用最广泛的契约是批发价格契约，M. A. Lariviere 等(2001)指出，批发价格契约的协调效率受需求不确定性的变异系数影响，变异系数越小，协调效率越高。G. P. Cachon(2003)指出，仅当供应商制定的单位批发价格等于其边际生产成本时，批发价格契约才能协调供应链。供应商的定价影响零售商的订购决策，进而影响消费者商品的可得性和自身收益，基于此，B. A. Pasternack(1985)构造了回购契约，供应商可以设定一个较残值更大的回购价格，以减少零售商过量库存的边际损失，从而促使零售商提高订购量，达到供应链系统的最优。供需之间的不匹配受提前期的影响，越接近销售季节，需求信息的获取越精确，供需矛盾越弱。基于此，A. A. Tsay 等(1999)设计了存在二次订购机会的数量柔性契约，即在临近销售季节，零售商可以通过更新需求信息来确定订购量。与 B. A. Pasternack(1985)构造回购契约的原因类似，针对录像带租赁市场尖峰薄尾的需求特征，为了解决由于供应商设定较高的批发价格而导致零售商订货短缺的问题，G. P. Cachon 等(2005)研究了收益共享契约——以低于边际生产成本的价格批发给零售商，供应商的收益主要来自零售商共享其销售收入，从而与零售商共同分担市场需求风险。

杨德礼等(2006)指出，后续学者设计的多种供应链契约，均可由上述 4 种契约演变而成，或是由其中的两种或多种契约组合而得。例如，数量柔性契约经过契约参数设定可以演变成数量承诺契约；期权契约和预购契约则可以由回购契约演变而成，或由批发价格契约与数量弹性契约组合得到；在批发价格契约中增加激励和惩罚机制则可以演变为数量折扣契约和回馈与惩罚契约。

G. P. Cachon(2003)指出，供应链契约研究主要解决供应链系统治理中的三个问题。

(1)如何设计能协调分散供应链的契约机制？如果在供应链契约的激励下，供应链的最优行动集是纳什均衡，则称该契约能协调分散供应链。换言之，在该激励机制下，分散供应链中的参与者没有积极性，偏离最优行动集。

(2)在众多能协调分散供应链的契约中，哪些契约的灵活性最强？如果在供应链契约的激励下，参与者能任意分割供应链系统的最优利润，则称该契约具有较强的灵活性。在具有较强灵活性的供应链契约激励下，总会存在一组或若干组契约参数，使得分散供应链中的每个参与者实现帕累托改进。

(3)哪类供应链契约最受参与者的欢迎？虽然具有可协调性和灵活性的供应链契约能使得供应链系统的绩效达到最优，但是，执行这样的契约通常伴随着管理成本。因此，如果存在一个简单契约，其具有较高的协调效率且契约设计者能获得较高的收益份额，那么契约设计者也许更偏好采用该简单契约，即使这个契约无法协调供应链。

接下来，结合供应链系统治理中的三个问题，介绍 4 种基本的供应链契约。我们将图 2.2 所示的供应链系统简化成如图 2.3 所示的一般性供应链系统。该供应链系统由单一供应商—零售商组成，双方进行 Stackelberg 博弈。其中，供应商为领导者，零售商为跟随者。双方的博弈顺序为：供应商向零售商提供一个契约→零售商接受或拒绝契约。如果零售商接受契约，则其向供应商提交订购需求→供应商接收订单，开始组织生产并在销售周期前将制成品输送给零售商→市场需求发生→在销售期末，供应商和零售商按照契约条款执行转移支付，完成契约；如果零售商拒绝契约，那么博弈结束，双方获得保留收益。

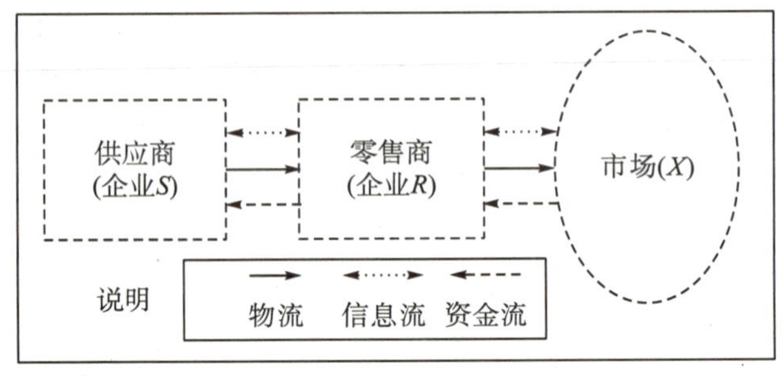

图 2.3　由单一供应商-零售商构成的一般性供应链系统

假设零售商对市场随机需求 x 的分布函数是 $F(x)$。$F(x)$ 满足连续可微、严格递增且 $F(0)=0$。供应商制定的单位产品的批发价格为 w。零售商根据 w 和 $F(x)$ 决定订购单位产品并以每单位价格 $p(>w)$ 进行销售。零售商承担需求风险：当订购量不能满足市场实际需求 D 时，则发生信誉损失，单位信誉损失为 g；当订购量超过市场实际需求 D 时，则产生产品剩余，单位剩余残值为 $v(<w)$。同时假设参数 p、g 和 v 均为外生变量。以下关于批发价格契约、回购契约、收益共享契约和数量柔性契约的综述，主要参考 G. P. Cachon（2003），G. P. Cachon 等(2005)的研究。

1. 批发价格契约

批发价格契约（wholesale price contract，WPC）也称价格契约（price-only contract），其描述如下：首先，供应商给定每单位产品的批发价格为 w；然后，零售商根据该批发价格和市场需求信息决定订购 q 件单位产品；最后，供应商根据零售商的订单组织生产并在销售季节开始前将制成品输送给零售商（M. A. Lariviere 等，2001）。在批发价格契约作为激励机制下，零售商承担市场需求风险。

当市场实际需求为 D 时，零售商的期望利润函数 $E\pi_R(w,q)$ 为

$$E\pi_R(w,q)=pE\left[\min(q,D)\right]+vE\left[(q-D)^+\right]-gE\left[(D-q)^+\right]-wq \tag{2.5}$$

式(2.5)是 q 的严格凹函数，因此零售商存在唯一的最优订购量 q_R^*，其满足

$$F(q_R^*)=\frac{p+g-w}{p+g-v} \tag{2.6}$$

当供应链系统由核心企业统一决策时，其决策目标是最大化供应链系统的整体期望利润。因此，当市场的实际需求为 D 时，供应链系统的期望利润函数 $E\pi(c,q)$ 为

$$E\pi(c,q)=pE\left[\min(q,D)\right]+vE\left[(q-D)^+\right]-gE\left[(D-q)^+\right]-cq \tag{2.7}$$

式(2.7)是 q 的严格凹函数，因此供应链系统存在唯一最优生产量 q_C^*，其满足

$$F(q_C^*)=\frac{p+g-c}{p+g-v} \tag{2.8}$$

对比式(2.6)和式(2.8)可知，当且仅当 $w=c$ 时，等式 $q_R^*=q_C^*$ 成立。因为供应商的期望利润函数为 $E\pi_S(w,q)=(w-c)q$，所以，当批发价格契约协调供应链系统时，供应商的期望利润为零。对追求利润最大化的供应商而言，其明显偏好于制订较高的批发价格，即批发价格契约无法协调分散的供应链系统。

虽然批发价格契约无法协调分散供应链，但相对于其他供应链契约而言，由于批发价格契约的管理成本较低、执行流程较为简单且没有退货成本，故在产品的残值较小且退货成本较高的情况下，简单的批发价格契约不失为供应链的较好选择。在批发价格契约中，批发价格往往是确定的，因此，该契约属于“推动”(push)效用的契约模式，无法“拉动”(pull)零售商的订购热情。为了激励零售商的订购量，衍生出一种批发价格契约——数量折扣契约(quantity discount contact)，越来越受到市场的青睐。数量折扣契约描述的是供应商根据零售商订购量的大小对批发价格进行打折，订购量越大，批发价格就越低。数量折扣契约可以有效地激励零售商多订购。J. P. Monahan(1984)从供应商的角度考虑对零售商提供数量折扣的经济内涵，文章假设供应商选择批对批(lot for lot)策略，证明了一个合理

的折扣方案能激励零售商增加订购量并能提高供应商的收益。更多关于数量折扣契约的研究推荐读者参考 M. J. Rosenblatt 等的研究。

2. 回购契约

回购契约(buy-back contract，BBC)描述的是：供应商提供产品的单位批发价格为w，同时，其承诺在销售季节的末期，以单位价格b回购剩余产品①(B. A. Pasternack，1985)。回购契约的参数形式为$\{w,b\}$，为保证零售商无法从剩余产品中获利，通常假设$b+v<w_B$。

当市场的实际需求为D时，零售商的期望利润函数$[E\pi_R(q;w,b)]$和供应商的期望利润函数$[E\pi_S(q;w,b)]$分别为

$$E\pi_R(q;w,b)=pE\left[\min(q,D)\right]+(b+v)E\left[(q-D)^+\right]-gE\left[(D-q)^+\right]-w_Bq \tag{2.9}$$

$$E\pi_S(q;w,b)=(w-c)q-bE\left[(q-D)^+\right] \tag{2.10}$$

式(2.9)是关于q的严格凹函数，因此零售商存在唯一最大点q_R^*，其满足

$$F(q_R^*)=\frac{p+g-w}{p+g-(b+v)} \tag{2.11}$$

由式(2.8)和式(2.11)可知，当$b=b(w)$时，有$q_R^*=q_C^*$成立。其中，$b(w)=(w-c)\dfrac{p+g-v}{p+g-c}$。

将$b(w)$分别带入式(2.9)和式(2.10)中，化简得

$$E\pi_R\left[q_C^*;w,b(w)\right]=\lambda\left[E\pi(c,q_C^*)+g\mu\right]-g\mu$$

$$E\pi_S\left[q_C^*;w,b(w)\right]=(1-\lambda)\left[E\pi(c,q_C^*)+g\mu\right]$$

其中，$\lambda=1-(w-c)/(p+g-c)$。

因为$w>c$，所以$\lambda\in(0,1)$。因此，回购契约可以灵活的协调供应链。零售商的期望利润是λ的增函数，供应商的期望利润是λ的减函数，故参数λ在两个企业中扮演着利润分配的角色。从零售商的期望利润函数可知，当$\lambda\to 1$，即$w\to c$时，零售商获得供应链系统的全部利润；从供应商的期望利润函数可知，当$\lambda=g\mu/\left[E\pi(q_C^*)+g\mu\right]\geqslant 0$时，供应商获得供应链系统的全部利润。

A. P. Jeuland 等早在 1983 年就发现回购策略可以实现供应商和零售商之间的协调，遗憾的是他们没有建立相应的契约模型。B. A. Pasternack(1985)是最早在市场营销学中对回购契约进行研究的学者，他研究了单一供应商-单一零售

①事实上，剩余产品的所有权依据残值的相对大小而定。一般假设零售商拥有产品的所有权，如果剩余产品返回供应商处，则回购价格b调整为$b-v$即可(G. P. Cachon，2003)。

商组成的供应链在销售单一产品的市场环境。他认为全额退货(full returns)或者无退款(no returns)策略机制均无法协调分散供应链系统，而一个低于批发价格的回购价格策略是最有效的协调机制。V. Padmanabhan 等(1995)描述回购契约(退货策略)的若干动机。一方面，为了阻止零售商将剩余库存打折销售进而影响产品的品牌形象，供应商往往会回购零售商的剩余产品，这种现象在服装行业中较为普遍；另一方面，为了均衡零售商之间的库存，供应商愿意从持有剩余产品的零售商处回购剩余产品。

考虑到回购时产生的成本较高，或产品的残值很低，供应商可以采用价格补贴策略(markdown money policy)代替回购策略。价格补贴策略描述的是：在销售季节结束后，零售商处理剩余产品，但是供应商需给予一定的经济补偿(D. M. Lambert 等，2000；A. A. Tsay，2001)。在大多数情况下，回购策略和价格补贴策略具有同等绩效。A. A. Tsay (2001)对两者进行区别研究，他认为由于存在退货成本以及供应商和零售商处理积压产品的效率不同，因此，在某些情况下，采取价格补贴策略可能比回购策略更为有效。

3. 收益共享契约

收益共享契约(revenue sharing contract，RSC)描述的是：供应商提供产品的单位批发价格为 w，同时获取零售商销售收益的 $(1-\varphi)$ (G. P. Cachon 等，2005)。收益共享契约的参数形式为 $\{w_R, \ \varphi\}$。

当市场的实际需求为 D 时，零售商的期望利润函数 $[E\pi_R(q;w,\varphi)]$ 和供应商的期望利润函数 $\left[E\pi_S(q;w,\varphi)\right]$ 分别为

$$E\pi_R(q;w,\varphi)=\varphi\left\{pE\left[\min(q,D)\right]+vE\left[(q-D)^+\right]\right\}-gE\left[(D-q)^+\right]-wq \quad (2.12)$$

$$E\pi_S(q;w,\varphi)=(1-\varphi)\left\{pE\left[\min(q,D)\right]+vE\left[(q-D)^+\right]\right\}+(w-c)q \quad (2.13)$$

式(2.12)是 q 的严格凹函数，因此零售商存在唯一最大点 q_R^*，其满足

$$F\left(q_R^*\right)=\frac{\varphi p+g-w}{\varphi(p-v)+g} \quad (2.14)$$

由式(2.14)和式(2.8)知，当 $w=w(\varphi)$ 时，有 $q_R^*=q_C^*$ 成立，其中，$w(\varphi)=c-(1-\varphi)\dfrac{c(p-v)+gv}{p+g-v}$。

将 $w(\varphi)$ 分别带入式(2.12)和式(2.13)中，化简得

$$E\pi_R(q;w,\varphi)=\gamma\left[E\pi\left(c,q_C^*\right)+g\mu\right]-g\mu$$

$$E\pi_S(q;w,\varphi)=(1-\gamma)\left[E\pi\left(c,q_C^*\right)+g\mu\right]$$

其中，$\gamma=\varphi+(1-\varphi)g/(p+g-v)$。

因为$\varphi\in(0,1)$，所以$\gamma\in\left[g/(p+g-v),\varphi\right]$，因此，收益共享契约可以灵活地协调供应链。零售商的利润是γ的增函数，供应商的利润是γ的减函数，故参数γ在两企业中扮演着分配利润的角色。从零售商的利润函数可知，当$\gamma\to\varphi$，即$\varphi\to 1$时，零售商获得供应链系统的全部利润；从供应链的利润函数知，当$\gamma=g\mu/\left[E\pi\left(c,q_C^*\right)+g\mu\right]\geqslant 0$时，供应商获得供应链系统的全部利润。

收益共享契约在录像带租赁(video rental)市场中的应用较为成功。J. H. Mortimer (2002)通过经济学模型详细地研究收益共享契约对录像带市场的影响。研究发现，收益共享契约促使整个录像带产业链的收益增加了7%。然而，G. P. Cachon等(2005)认为有两个可能会导致收益共享契约失效：一是实施契约的管理成本过高，二是实施契约降低零售商的销售积极性。Y. Gerchak等(2001)分析了影碟租赁零售商如何决定购买多少影碟和保管这些影碟的时间。在模型中，使用收益共享契约和特许费来分配利润。而特许经营模式是收益共享契约的一个衍生模式。

由式(2.11)和式(2.14)可知，当回购契约参数$\{w_B,b\}$和收益共享契约参数$\{w_R,\varphi\}$满足如下关系式时，零售商(或供应商)在这两类契约参数下的期望收益是等同的。换言之，回购契约和收益共享契约协调供应链的绩效是等值的，即

$$w_B=w_R+(1-\varphi)p$$
$$b=(1-\varphi)(p-v)$$

4. 数量柔性契约

常见的数量柔性契约可以分为两种类型。

(1)第I类数量柔性契约(quantity flexibility contract，QFC)描述的是：供应商提供产品单位的批发价格为w，在销售季节的期末，供应商以订购产品的δ比例补偿零售商，即补偿额度为$(w-v)\min(I,\delta q)$，其中，I为期望剩余量；q为零售商的订购量；$\delta\in[0,1]$(A. A. Tsay，1999)。

当市场的实际需求为D时，零售商的期望利润函数$\left[E\pi_R(q;w,\delta)\right]$和供应商的期望利润函数$\left[E\pi_S(q;w,\delta)\right]$分别为

$$E\pi_R(q;w,\delta)=\begin{pmatrix} pE\left[\min(q,D)\right]+(w-v)E\left\{\min\left[(q-D)^+,\delta q\right]\right\}-wq \\ +vE\left\{(q-D)^+-\min\left[(q-D)^+,\delta q\right]\right\}-gE\left[(D-q)^+\right] \end{pmatrix} \tag{2.15}$$

$$E\pi_S(q;w,\delta)=(w-c)q-(w-v)E\left\{\min\left[(q-D)^+,\delta q\right]\right\} \tag{2.16}$$

为了协调供应链，供应商提供的契约参数$\{w,\delta\}$需满足式(2.15)关于q的一阶

最优条件等于零，即契约参数$\{w,\delta\}$满足如下关系：

$$w=w(\delta)=\frac{(p+g)\left[1-F\left(q_C^*\right)\right]-v\left\{F\left(q_C^*\right)-2(1-\delta)F\left[(1-\delta)q_C^*\right]\right\}}{1-F\left(q_C^*\right)+(1-\delta)F\left[(1-\delta)q_C^*\right]} \tag{2.17}$$

当$\delta\to 0$时，$w\to c$；当$\delta\to 1$时，$w\to(p+g+v)-v/\bar{F}\left(q_C^*\right)$。因此批发价格$w$的定义域为$\left[c,(p+g+v)-v/\bar{F}\left(q_C^*\right)\right]$，其中，$\bar{F}\left(q_C^*\right)=1-F\left(q_C^*\right)$。

接下来分析在此契约参数$\{w(\delta),\delta\}$下，供应商和零售商如何分配供应链系统利润。

当$\delta\to 0$时，式(2.15)和式(2.16)可化简为

$$E\pi_R\left[q_c^*;w(\delta),\delta\right]\Big|_{\delta\to 0}=E\pi\left(c,q_C^*\right)$$

$$E\pi_S\left[q_c^*;w(\delta),\delta\right]\Big|_{\delta\to 0}=0$$

当$\delta\to 1$时，式(2.15)和式(2.16)可化简为

$$E\pi_R\left[q_c^*;w(\delta),\delta\right]\Big|_{\delta\to 1}=E\pi\left(c,q_C^*\right)-\left[w(\delta)-c\right]q_C^*+\left[w(\delta)-2v\right]\int_0^{q_C^*}F(x)\mathrm{d}x<E\pi\left(c,q_C^*\right)$$

$$E\pi_S\left[q_c^*;w(\delta),\delta\right]\Big|_{\delta\to 1}=E\pi\left(c,q_C^*\right)+v\int_0^{q_C^*}F(x)\mathrm{d}x\left\{\left[1+1/\bar{F}\left(q_C^*\right)\right]\right\}+vq_C^*\left[1-1/\bar{F}\left(q_C^*\right)\right]+g\mu>0$$

因为

$$\partial E\pi_R\left[q;w(\delta),\delta\right]/\partial\delta<0,\quad \partial E\pi_S\left[q;w(\delta),\delta\right]/\partial\delta>0$$

所以给定契约参数$\{w(\delta),\delta\}$，$\delta\in[0,1]$，供应商和零售商可以按照一定比例分享供应链系统利润。

(2)第Ⅱ类数量柔性契约描述的是零售商根据市场需求信息和批发价格，在销售季节前订购q件单位产品，供应商以此订单为基础进行柔性生产，柔性参数为$\{\alpha,\beta\}$，$\alpha\in[0,+\infty)$，$\beta\in[0,1]$，即生产量的上限不超过$(1+\alpha)q$，生产量的下限不低于$(1-\beta)q$。随后零售商在临近销售季节更正订购量为$\tilde{q}$，$\tilde{q}\in\left[(1-\beta)q,(1+\alpha)q\right]$。该类契约在电子和计算机产业中得到广泛运用，如互联网技术服务公司(Sun Microsystems)、奥蒂斯(Nippon Otis)、旭电(Solectron)、国际商业机器公司(International Business Machines Corporation，IBM)、惠普公司(HP)、康柏电脑(Compaq)等知名企业均采用这种契约。

当市场需求为D时，零售商的期望订购量和期望销售量分别为

$$N(q;\alpha,\beta)=\int_0^{(1-\beta)q}(1-\beta)q\mathrm{d}F(x)+\int_{(1-\beta)q}^{(1+\alpha)q}x\mathrm{d}F(x)+\int_{(1+\alpha)q}^{+\infty}(1+\alpha)q\mathrm{d}F(x) \tag{2.18}$$

$$S\left[(1+\alpha)q\right]=\int_0^{(1+\alpha)q}\left[1-F(x)\right]\mathrm{d}x \tag{2.19}$$

$$S\left[(1-\beta)q\right]=\int_0^{(1-\beta)q}\left[1-F(x)\right]\mathrm{d}x \tag{2.20}$$

零售商的期望收益为

$$E\pi_R(q;w,\alpha,\beta)=pS\left[(1+\alpha)q\right]+vI\left[(1-\beta)q\right]-gL\left[(1+\alpha)q\right]-wN(q;\alpha,\beta) \tag{2.21}$$

令其一阶最优条件等于零，得

$$F\left(q_R^*/\eta\right)=\eta\frac{p-w+g}{w-v}\left[1-F\left(q_R^*\right)\right] \tag{2.22}$$

其中，$\eta=(1+\alpha)/(1-\beta)$。令 $q_R^*=q_C^*$，则当契约参数 $\{w;\alpha,\beta\}$ 满足式(2.23)时，数量柔性契约协调供应链。

$$w=v+\frac{c-v}{\dfrac{1}{\eta}F\left[\dfrac{1}{\eta}F^{-1}\left(\dfrac{p+g-c}{p+g-v}\right)\right]+\dfrac{c-v}{p+g-v}} \tag{2.23}$$

其中，η 可看作数量柔性契约的弹性度量参数。根据上述，考虑如下两种情况：

(1) 如果弹性无限大 $(\eta\to\infty,a\to\infty,\beta\to 1)$，则零售商的缺货损失为零。批发价格 $w=p$，零售商获利为零。

(2) 如果弹性度最小 $(\eta\to 1,a\to 0,\beta\to 0)$，则零售商为风险偏好，数量柔性契约也相应的转变为批发价格契约，其最优批发价格 $w=c$，零售商因此将承担全部市场风险并攫取全部收益，而供应商的利润为零。

上述两种情况都无法协调分散供应链系统，只有当 η 位于上述两种情况之间时，才能满足 $w\in(c,p)$，此时，数量柔性契约协调供应链。

S. Sigorelli 等(1984)在哈佛商学院案例中用 Benetto 公司作为典型案例，来说明对零售商实施数量柔性契约不但可以增加零售商的利润，而且可以增加供应商的利润。G. D. Eppen 等(1997)在数量柔性契约的基础上建立了补偿协议(backup agreements)模式。可以描述为：在销售周期之前，零售商根据历史数据订购总量为 y 的产品，并以价格 c 预付 $(1-\rho)y$ 种产品的订金，销售周期开始后，零售商再以价格 c 购买 ρy 种产品，若市场需求低于原来的订购量，则零售商须对超额订购的产品支付补偿金，通过补偿协议可以同时提高供应商和零售商的期望收益并协调分散供应链系统。

2.2 供应链系统的马尔可夫模型

2.2 节～2.4 节主要参考 M. L. Puterman(1994)的专著。在考虑包含时序决策的随机供应链系统中，决策者需要在当前阶段给出时域内的决策序列以最优化供应链系统的绩效。由于本书研究的供应链系统是随机动态的，故当前的决策会影响下一阶段供应链系统的状态和决策。马尔可夫决策过程(Markov decision processes，MDP)就是描述和解决这一类随机供应链系统。马尔可夫模型包括以下 5 个元素：决策时点、供应链系统状态、行动空间、转移概率和收益。

2.2.1 决策时点

决策时点是指决策者进行决策的时间点。本书仅考虑决策时点为离散时的情形。相邻决策时点的时间间隔称为决策周期。$E=\{i\}_{i=0}^{I}$ 为决策时点的集合，其中，元素 i 表示第 i 个决策时点；$I \leqslant +\infty$。当 $I<+\infty$ 时，称决策模型为有限时域决策问题，反之称无限时域决策问题。因此，决策周期可以表示为 $PE=\left\{p_{i-1,i}\right\}_{i\in E\backslash 0}$，其中，元素 $p_{i-1,i}$ 表示第 i 个决策周期。本书采用的决策时点和决策周期之间的关系如图 2.4 所示。

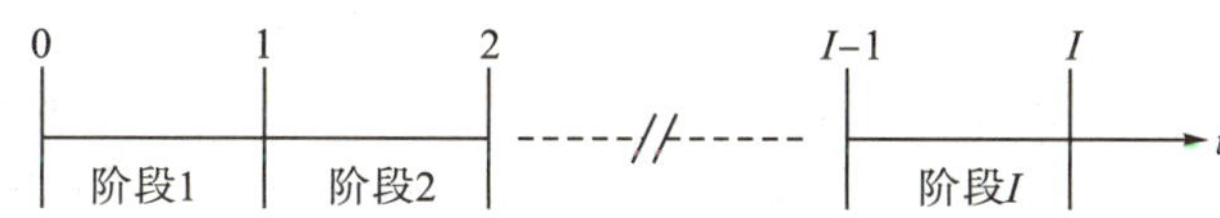

图 2.4　离散决策时点与决策阶段

2.2.2 供应链系统状态与行动空间

在决策阶段 $p_{i-1,i}$ 的初期，即在决策时点 $i-1$，供应链系统所处的环境被称为状态。记 χ_i 为第 i 个决策时点供应链系统的状态空间。在该时点，如果决策者观察到供应链系统的状态是 $x\in\chi_i$，记在该状态下，决策者的可用行动空间为 $A_i(x)$。本书假设状态空间是有限离散的，行动空间是有限的。不失一般性，本书假设状态空间和行动空间与决策时点以及与决策阶段是无关的，即

$$\chi=\cup_{i\in E}\chi_i\ ,A(x)=\cup_{i\in E}A_i(x),\quad x\in\chi \tag{2.24}$$

2.2.3 收益与转移概率

决策者在决策时点 i 观测到供应链系统状态为 $x\in\chi$ 且选择行动 $a\in A(x)$ 后，将会产生两个结果：

(1) 决策者获得即得收益 $r_i(x,a)$。

(2) 供应链系统在决策时点 $i+1$ 所处的状态由转移概率 $P_i(\cdot|x,a)$ 决定。

在决策时点 i，$r_i(x,a)$ 是定义在 $x\in\chi_i$ 和 $a\in A(x)$ 上的实值函数。一般来说，既得收益还依赖决策时点 $i+1$ 的状态 z，即

$$r_i(x,a)\triangleq\sum_{z\in\chi}P_i(z|x,a)r_i(x,a,z) \tag{2.25}$$

其中，非负函数 $P_i(z|x,a)$ 称为转移概率函数，表示决策者在决策时点 i 选择行动 a

后，供应链系统由当前的状态 x 转移到决策时点 $i+1$ 状态 z 的概率，其满足 $\sum_{z\in\chi} P_i\left(z|x,a\right)r_i=1$ 。相对应的收益为 $r_i\left(x,a,z\right)$。

综上所述，供应链系统的马尔可夫模型可以描述为

$$\left\{E,\chi,A(x),P_i\left(\cdot|x,a\right),r_i\left(x,a\right)\right\} \tag{2.26}$$

马尔可夫模型的优化目的是选择一组包含决策规则的决策序列，最大化供应链系统的效用。马尔可夫模型的特点在于获得的既得收益以及产生的转移概率只依赖于供应链系统的当前状态和选取的行动，与过去历史无关。

2.2.4 决策规则与策略

决策规则描述的是在一个具体的决策时点上对每一个状态选择行动的顺序。本书仅考虑确定性马尔可夫决策规则，因为，在此规则下，行动更为简易地被执行、绩效更容易被计算。

供应链系统的马尔可夫模型可以理解为一条由决策者相继选取的状态和行动组成的轨迹。记 h_i 为供应链系统到达决策时点 i 时的一条轨迹，即

$$h_i \triangleq \left(x_0,a_0,\cdots,x_{i-1},a_{i-1},x_i\right),\quad i\in E \tag{2.27}$$

其中，$x_k\in\chi$ 和 $a_k\in A\left(x_k\right)$ 分别表示在决策时点 k 时供应链系统所处的状态和决策者选取的行动，$k=0,1,\cdots,i-1$；$x_i\in\chi$ 为供应链系统当前所处的状态；H_i 为供应链系统到达决策阶段 i 时的全体轨迹的集合，则可描述为

$$H_i \triangleq \left(\chi\times A\right)^i\times\chi = H_{i-1}\times A\times\chi,\quad i\in E \tag{2.28}$$

在决策阶段 i，决策者根据供应链系统所处的状态，依据一定的决策规则选取行动，最优化其供应链系统的绩效。

定义 2.1 在决策时点 i，如果函数 d_i 满足对每个 $x\in\chi$ 都有 $d_i\left(x\right)\in A\left(x\right)$，则称 d_i 为确定性马尔可夫决策规则。记 D_i 为全体确定性马尔可夫决策所成的集合，其中，

$$d_i:\chi\to A\left(x\right) \tag{2.29}$$

定义 2.1 给出了每个决策时点的决策规则，决策者要依据该决策规则制定一个策略，最大化供应链系统的绩效。因此一个策略是由每个决策时点，决策者选择的决策规则所构成的序列。记 π 为一个策略，则可描述为

$$\pi=\left(d_i\right)_{i\in E} \tag{2.30}$$

其中，$d_i\in D_i$，$i\in E$。记 $\varPi$ 为由 $d_i\in D_i$ 构成的所有策略 π 的集合。

从定义 2.1 可以看出，一般的策略使用起来很不方便，这里因为随着时间的推移，策略选取控制供应链系统的行动时需要考虑供应链系统的整个发展历史，

因此用简单的策略来控制供应链系统是决策者较为感兴趣的。

定义 2.2　称策略 $\pi=\left(d_i\right)_{i\in E}\in\Pi$ 为平稳策略，若对每个决策时点 $i\in E$ 都有 $d_i\equiv d_1$，则该策略又可记作为 d^∞。

假设供应链系统的初始状态为 $x\in\chi$ 且采用策略 $\pi\in\Pi$，记 $v(x,\pi)$ 为其效用函数，定义：

$$v(x)\triangleq\sup_{\pi\in\Pi}v(x,\pi)\tag{2.31}$$

为最优值函数。若一个策略 $\pi^*\in\Pi$ 最优，则它满足 $v\left(x,\pi^*\right)=v(x)$。

2.3　有限时域供应链系统马尔可夫模型

考虑马尔可夫模型：

$$\left\{E,\chi,A(x),P_i\ (\cdot|x,a),r_i\ (x,a)\right\}\tag{2.32}$$

其中，$\left|r_i\ (x,a)\right|\leqslant M$，$(x,a)\in\chi\times A$，$i\in E$；$I<+\infty$。

2.3.1　期望总贴现报酬和最优策略

对于初始状态为 $x\in\chi$ 且决策规则为 $\pi\in\Pi$，有限时域内供应链系统的期望总贴现报酬收益函数 $\upsilon_{I,\lambda}^{\pi}(x)$ 为

$$\upsilon_{I,\lambda}^{\pi}(x)=E_x^{\pi}\left\{\sum_{i=0}^{I-1}\lambda^i r_i\left[X_i,d_i\left(h_i\right)\right]+\lambda^I r_I\left(X_I\right)\right\}\tag{2.33}$$

其中，λ 为贴现因子，表示决策时点 $i+1$ 单位收益贴现到时点 i 处的价值，$\lambda\in[0,1]$；$X_i\in\chi$ 表示时点 i 处的供应链系统状态；$r_I\left(X_I\right)$ 表示供应链系统在决策时点 I 处的收益。由于在 I 之后供应链系统不再进行决策，故 $r_I\left(X_I\right)$ 的收益与后续决策无关。

有限时域马尔可夫模型就是要寻找最优策略 $\pi^*\in\Pi$，使得

$$\upsilon_{I,\lambda}^{\pi^*}(x)\geqslant\upsilon_{I,\lambda}^{\pi}(x);\quad\forall\pi\in\Pi^{MD},\ x\in\chi\tag{2.34}$$

有些情况下，这样的最优策略并不存在，因此模型退而求其次，寻找 ε-最优策略，即对于给定的 $\varepsilon>0$，存在 $\pi_\varepsilon^*\in\Pi$ 满足

$$\upsilon_{I,\lambda}^{\pi_\varepsilon^*}(x)+\varepsilon\geqslant\upsilon_{I,\lambda}^{\pi}(x);\quad\forall\pi\in\Pi,\ x\in\chi\tag{2.35}$$

定义马尔可夫模型最优值 $\upsilon_{I,\lambda}^{*}$ 为

$$\upsilon_{I,\lambda}^{*}(x) \equiv \sup_{\pi\in\Pi} \upsilon_{I,\lambda}^{\pi}(x), x \in \chi \tag{2.36}$$

则相应的最优策略 π^* 和 ε-最优策略 π_ε^* 分别满足

$$\upsilon_{I,\lambda}^{\pi^*}(x) = \upsilon_{I,\lambda}^{*}(x), x \in \chi;\quad \upsilon_{I,\lambda}^{\pi_\varepsilon^*}(x) + \varepsilon > \upsilon_{I,\lambda}^{*}(x),\quad x \in \chi \tag{2.37}$$

2.3.2 最优方程

马尔可夫模型的最优值是通过逆向归纳法的迭代求解获得。对于决策时点 i 的初始状态 $x\in\chi$ 且决策规则满足 $\pi\in\Pi$，令 $u_{i,\lambda}^{\pi}: H_i \to R^1$ 为从时点 i 开始的供应链系统总的期望贴现收益，即

$$u_{i,\lambda}^{\pi}(h_i) = E_x^{\pi}\left\{\sum_{i=0}^{N-1} \lambda^i r_i\left[X_i, d_i(h_i)\right] + \lambda^I r_I(X_I)\right\} \tag{2.38}$$

根据 $u_{i,\lambda}^{\pi}$，决策者希望得到 $i=0$ 时的最优值，记为 $U_{0,\lambda}^{*}$。

定义 2.3 令 $\pi\in\Pi$ 并设 $u_{i,\lambda}^{\pi}, i\leqslant I$，可由如下递归公式得

$$u_{i,\lambda}^{\pi}(h_i) = \sum_{a\in A(x)}\left[r_i(X_i,a) + \sum\nolimits_{z\in\chi} P_i(z|X_i,a)\lambda u_{i+1,\lambda}^{\pi}(h_i,a,z)\right]$$

令 $u_{i,\lambda}^{*}(h_i) = \sup\limits_{\pi\in\Pi} u_{i,\lambda}^{\pi}(h_i)$。

定义 2.4 定义最优方程为

$$u_{i,\lambda}(h_i) = \sup_{a\in A(x)}\left[r_i(X_i,a) + \sum_{z\in\chi} P_i(z|X_i,a)\lambda u_{i+1,\lambda}^{\pi}(h_i,a,z)\right] \tag{2.39}$$

式(2.39)对所有的 $i\in E$、I 和 $h_i=(h_{i-1},a_{i-1},X_i)$ 成立。当 $i=I$ 时，有边界条件成立。

$$u_{I,\lambda}(h_I) = r_I(h_I) \tag{2.40}$$

其中，$h_I=(h_{I-1},a_{I-1},X_I)\in H_I$。

定理 2.1 假设 $u_{i,\lambda}, i\leqslant I$ 是式(2.39)的解，且满足边界条件[式(2.40)]，那么：

(1) 当 $\forall h_i\in H_i$ 时，$u_{i,\lambda}(h_i) = u_{i,\lambda}^{*}(h_i)$，$i\in E$。

(2) 当 $\forall x\in\chi$ 时，$u_{0,\lambda}(x) = U_{0,\lambda}^{*}(x)$。

2.3.3 最优策略的存在性和迭代算法

记

$$a_i^{*}(h_i) \in \arg\max_{a\in A(x)}\left[r_i(X_i,a) + \lambda\sum\nolimits_{z\in\chi} P_i(z|X_i,a) u_{i+1,\lambda}^{\pi}(h_i,a,z)\right] \tag{2.41}$$

定义 2.5 令 $u_{i,\lambda}^{*}, i\in E$ 是式(2.39)和式(2.40)的解，那么：

(1) 若对 $\forall i \in E$，则 $u_{i,\lambda}^{*}(h_i)$ 对轨迹 h_i 的依赖只与元素 $X_i \in \chi$ 有关。

(2) 若对 $\forall \varepsilon > 0$，则存在 ε-最优马氏策略。

(3) 若对 $\forall i \in E$ 且 $x \in \chi$，$a' \in A(x_i)$ 满足式(2.41)，则存在最优马氏策略。

接下来给出求解有限时域马尔可夫模型最优策略及最优值的迭代算法(表 2.1)。

表 2.1　最优迭代值算法

迭代算法	逆向归纳算法
步骤 1	令 $i = I$，$u_{I,\lambda}^{*}(X_I) = r_I(X_I)$，$\forall X_I \in \chi$
步骤 2	对 $\forall X_i \in \chi$，令 $i-1 \to i$，计算： $u_{i,\lambda}^{*}(x_i) = \sup\limits_{a \in A(x)}\left[r_i(X_i, a) + \lambda \sum\limits_{z \in \chi} P_i(z \mid X_i, a) u_{i+1,\lambda}^{*}(z)\right]$ 和最优行动集合 $A_i^{*}(x_i) \in \arg\max\limits_{a \in A(x)}\left[r_i(X_i, a) + \lambda \sum\limits_{z \in \chi} P_i(z \mid X_i, a) u_{i+1,\lambda}^{*}(z)\right]$ 从 $A_i^{*}(x_i)$ 中任意选择行动 a_i^{*}，并构成 $\pi^{*} = \{a_i^{*}\}_{i \in E}$
步骤 3	如果 $i = 0$，则算法停止，π^{*} 为最优策略，$U_{0,\lambda}^{*}(x)$ 为最优的值函数。否则跳入步骤 2

2.4　无限时域供应链马尔可夫模型

考虑马尔可夫模型：

$$\left[S, A(i), P(\cdot \mid i, a), r(i, a)\right]$$

对于策略 π 和固定的贴现因子 β，折扣模型的报酬效可用函数定义为

$$V_\beta(i, \pi) = \sum_{t=0}^{+\infty} \beta^t E_\pi^i\left[r_i(Y_i, \Delta_t)\right],\ i \in S \tag{2.42}$$

式(2.42)表示在 t 时刻从状态 i 出发的条件下，使用策略 π 供应链系统的折扣期望总报酬。由 $r(i,a)$ 是有界的，从而可得如下的定义。

定义 2.6　令 $V_\beta^{*}(i)$ 为最优值函数。对 $\varepsilon \geqslant 0$，如果存在策略 π^{*} 使得 $V_\beta(i, \pi^{*}) \geqslant V_\beta^{*}(i) - \varepsilon$ 对所有状态 $i \in S$ 成立，则称 π^{*} 为折扣模型的 ε 最优策略。其中，

$$V_\beta^{*}(i) = \sup_{\pi \in \Pi} V_\beta(i, \pi)$$

2.4.1　最优方程

记 B 为 S 上的有界实值函数集，对于 $V \in B$，定义 B 上的范数为 $\|V\| \equiv \sup\limits_{i \in S}|V(i)|$。$B$ 上的偏序定义为：对一切 $i \in S$，如果 $V_1(i) \geqslant V_2(i)$，则记为

$V_1 \geqslant V_2$；如果$V_1(i)=V_2(i)$，则记为$V_1=V_2$；如果$V_1 \geqslant V_2$，且至少存在一个状态$i \in S$满足$V_1(i)>V_2(i)$，则记为$V_1>V_2$。

下面的定理说明任何一个随机马氏策略的总期望折扣报酬可以分为一周期的期望报酬与用第一个决策规则后以$V_\beta(\pi')$为终止报酬的和，这里π'的定义可参考定义 2.2。

定理 2.2 任取策略$\pi=(\pi_0,\pi_1,\cdots)$，若状态$i \in S$，则有

$$V_\beta(i,\pi)=\sum_{t=0}^{+\infty}\beta^t E_\pi^i\left[r_i\ (Y_i\ ,\Delta_t)\right]=\sum_{a\in A(i)}\left\{r(i,a)+\beta\sum_{j\in S}p(j|i,a)V_\beta(j,\pi')\right\} \tag{2.43}$$

其中，$\pi'=(\pi_1,\pi_2,\cdots)$。

用向量和矩阵表示为

$$\boldsymbol{V}_\beta(\pi)=\boldsymbol{r}(\pi_0)+\beta\boldsymbol{P}(\pi_0)\boldsymbol{V}_\beta(\pi') \tag{2.44}$$

其中，$\boldsymbol{V}_\beta(\pi)$的$i$分量为$V_\beta(i,\pi)$；$\boldsymbol{r}(\pi_0)$的$i$分量为$\sum_{a\in A(i)} r(i,a)$；$\boldsymbol{P}(\pi_0)$的$(i,j)$分量为$\sum_{a\in A(i)} p(j|i,a)$。

在定理 2.2 中，如果使用的策略是平稳策略，即$f^\infty \in \Pi_s^d$，则式(2.44)可以写成为

$$\boldsymbol{V}_\beta(f^\infty)=\boldsymbol{r}(f)+\beta\boldsymbol{P}(f)\boldsymbol{V}_\beta(f^\infty)$$

即$\boldsymbol{V}_\beta(f^\infty)$是方程：

$$\boldsymbol{v}=\boldsymbol{r}(f)+\beta\boldsymbol{P}(f)\boldsymbol{v} \tag{2.45}$$

的一个解。

定义 2.7 当$\boldsymbol{v}\in B$，对确定性决策规则f，有线性算子T_f和算子T分别为

$$T_f\boldsymbol{v}=\boldsymbol{r}(f)+\beta\boldsymbol{P}(f)\boldsymbol{v} \tag{2.46}$$

$$T\boldsymbol{v}=\sup_f T_f\boldsymbol{v} \tag{2.47}$$

定理 2.3 关于范数$\|\cdot\|$，T_f和T是B中的单调压缩映射，压缩因子为β。具体地，如果算子是T_f或T，则有：

(1) 如果$u,v\in B$且$u\geqslant v$，那么$T_f u\geqslant T_f v$或$Tu\geqslant Tv$。

(2) 如果$u,v\in B$，那么$\|T_f u-T_f v\|\leqslant\beta\|u-v\|$或$\|Tu-Tv\|\leqslant\beta\|u-v\|$。

定理 2.4 (Banach 不动点定理) 如果B是 Banach 空间，$T:B\to B$的压缩映射，那么，

(1) 存在唯一的$v^*\in B$满足$Tv^*=v^*$。

(2) 对任意的$v^0\in B$，序列$\{v^n\}$可定义为

$$v^{n+1}=Tv^n=T^{n+1}v^0 \tag{2.48}$$

且收敛到 v^*。

定理 2.5

(1) 存在 $v^*\in B$ 满足

$$Tv^*=v^* \tag{2.49}$$

(2) 对每个 f^∞，存在唯一的 v 满足 $T_f v=v$，且有 $v=\boldsymbol{V}_\beta\left(f^\infty\right)$。

其中，v^* 在 B 里唯一，且有 $v^*=\boldsymbol{V}_\beta^*$。式(2.49)被称为折扣模型的最优方程。

2.4.2 最优策略的存在性

这节将介绍使式(2.47)在 $v=v^*$ 时达到上确界决策规则的存在性蕴含了最优平稳策略的存在性。

定理 2.6　策略 $\pi^*\in\varPi$ 是最优的充要条件是 $\boldsymbol{V}_\beta\left(\pi^*\right)$ 是最优方程(2.49)的解。

定义 2.8　对于 $v\in B$，决策规则 $f_v\in F$ 被称为 $v-$改进规则，如满足条件：

$$f_v\in\arg\max_{f\in F}\left\{\boldsymbol{r}\left(f\right)+\beta\boldsymbol{P}\left(f\right)\boldsymbol{v}\right\} \tag{2.50}$$

且 $T\boldsymbol{v}\geqslant\boldsymbol{v}$。

定理 2.7　设状态空间 S 是离散的且对一切 $v\in B$，式(2.47)右端都可以取到极大值，那么：

(1) 存在保持决策规则 $f^*\in F$。

(2) 如果 f^* 是保持的，则平稳策略 $f^{*\infty}$ 最优。

(3) $v^*=\boldsymbol{V}_\beta^*\left(\pi^*\right)=\sup\limits_{f\in F}\boldsymbol{V}_\beta\left(f^\infty\right)$。

定理 2.8　如果下面两个条件之一成立，那么就存在平稳策略最优。

(1) 存在保持决策规则。

(2) 存在最优策略。

定理 2.9　假设状态空间 S 离散，如果下面条件之一成立，那么存在最优的平稳策略。

(1) $A(i)$ 对每个状态 $i\in S$ 均有限。

(2) 对每个 $i\in S$，$A(i)$ 紧致，$r(i,a)$ 关于 $a\in A(i)$ 连续且对 $i,j\in S$，$p(j|i,a)$ 关于 $a\in A(i)$ 连续。

(3) 对每个 $i\in S$，$A(i)$ 紧致，$r(i,a)$ 关于 $a\in A(i)$ 上半连续且对 $i,j\in S$，$p(j|i,a)$ 关于 $a\in A(i)$ 下半连续。

定理 2.10　如果状态空间 S 是有限的或可数的，那么对任意的 $\varepsilon>0$，存在 $\varepsilon-$最优的确定性平稳策略。

2.4.3 值迭代算法

值迭代(value iteration)算法是求解折扣 MDP 问题的最为广泛的方法之一。假设对任意的$v \in B$，式(2.47)右端总能取到极大值。将式(2.47)写成分量的形式：

$$v(i)=\max_{a\in A(i)}\left[r(i,a)+\beta\sum_{j\in S}p(j|i,a)v(j)\right] \tag{2.51}$$

下面具体寻求$\varepsilon-$最优的确定性平稳策略及其逼近值的值迭代算法(表 2.2)。

表 2.2 逼近值的值迭代算法

算法	值迭代算法
步骤 1	任取 $v^0 \in B$，给定 $\varepsilon>0$ 且令 $n=0$
步骤 2	对每个 $i\in S$，计算： $$v^{n+1}(i)=\max_{a\in A(i)}\left\{r(i,a)+\beta\sum_{j\in S}p(j|i,a)v^n(j)\right\} \tag{2.52}$$ 得到 $v^{n+1}(i)$
步骤 3	如果 $$\left\|v^{n+1}-v^n\right\|<\varepsilon(1-\beta)/2\beta \tag{2.53}$$ 进入步骤 4。否则令 $n+1\to n$，返回步骤 2，则算法停止。其中，π^* 为最优策略，$U_{0,\lambda}^*(x)$ 为最优的值函数。否则跳入步骤 2
步骤 4	对每个 $i\in S$，取 $$f_\varepsilon(i)=\arg\max_{a\in A(i)}\left\{r(i,a)+\beta\sum_{j\in S}p(j|i,a)v^{n+1}(j)\right\} \tag{2.54}$$ 算法停止

式(2.52)和式(2.54)分别记为

$$v^{n+1}=Tv^n \tag{2.55}$$

$$f_\varepsilon=\arg\max_{f\in F}\left\{\mathbf{r}(f)+\beta\mathbf{P}(f)\mathbf{v}^{n+1}\right\} \tag{2.56}$$

定理 2.11 令$v^0\in B$，$\varepsilon>0$以及对于$n>0$，$\left\{v^n\right\}$满足式(2.55)，则

(1) v^n依模$\|x\|$收敛到$\boldsymbol{V}_\beta^*$。

(2) 存在有限的一个整数N，使得当$n\geq N$时，式(2.53)总成立。

(3) 式(2.54)定义的平稳策略f_ε^∞是$\varepsilon-$最优的。

(4) 只要式(2.53)成立，就有$\left\|v^{n+1}-\boldsymbol{V}_\beta^*\right\|<\varepsilon/2$。

定理 2.12 设$v^0\in B$而且$\left\{v^n\right\}$是通过值迭代算法得到的序列。对于值迭代算法的整体收敛情况，则

(1) 值迭代算法的一步收敛速度为 β。

(2) 值迭代算法的渐进平均收敛压缩率为 β。

(3) 值迭代算法整体收敛的阶为 $O\left(\beta^n\right)$。

2.5　供应链系统中的博弈

以下内容主要参考张维迎(2004)的专著。博弈论(game theory)是研究决策主体的行为发生直接或相互作用时的决策及这种决策的均衡问题。其相关理论始于1944年冯·诺依曼和摩根斯坦恩合著的《博弈论和经济行为》。下面简要介绍博弈论的基本概念以及与本书研究相关的知识点——无限次重复博弈。

2.5.1　博弈论的基本概念

(1) 参与人(player)。参与人是指一个博弈中的决策主体，他的目的是通过选择行动(或战略)以最大化自己的支付(效用)水平。除了一般意义上的参与人之外，在博弈论中，“自然(nature)”作为“虚拟参与人(pseudo-player)”来处理。这里的“自然”是指决定外生的随机变量的概率分布的机制。从模型的角度考虑，一般用 $i=1,\cdots,n$ 代表参与人，N 代表“自然”。

(2) 行动(action or move)。行动是指参与人在博弈的某个时点的决策变量。一般地，用 a_i 表示第 i 个参与人的一个特定行动，$A_i=\left\{a_i\right\}$ 表示可供 i 选择的所有行动的集合。在 n 个人博弈中，n 个参与人的行动的有序集 $a=\left(a_i\right)_{i=1}^n$ 称为“行动组合”。其中，第 i 个元素 a_i 表示第 i 个参与人的行动。

(3) 信息(information)。信息是参与人有关博弈的知识，特别是有关“自然”的选择、其他参与人的特征和行动的知识。

(4) 战略(strategy)。战略是参与人在给定信息集的情况下的行动规则，它规定参与人在什么时候行动。一般地，用 s_i 表示第 i 个参与人的一个特定战略，$S_i=\left\{s_i\right\}$ 表示可供 i 选择的所有可选择的战略集合。如果 n 个参与者每人选择一个战略，则 n 维向量 $s=\left(s_i\right)_{i=1}^n$ 称为一个战略组合。其中，第 i 个元素 s_i 表示第 i 个参与人选择的战略。

(5) 支付(pay off)。在博弈论中，支付可指在一个特定的战略组合下参与人得到的确定效用水平，也可指参与人得到的期望效用水平。在用冯·诺依曼和摩根斯坦恩(v-N-M)期望效用函数表示参与者的偏好假设下，令 u_i 表示第 i 个参与人的支付，$u=\left(u_i\right)_{i=1}^n$ 为 n 个参与人的支付组合，则 u_i 是所有参与人的战略选择的函数：

$u_i = u_i\left(s_1, \cdots, s_i, \cdots, s_n\right)$。

(6) 结果(outcome)。结果是博弈分析者感兴趣的所有东西。

(7) 均衡(equilibrium)。均衡是所有参与人的最优战略组合，一般记为

$$s^* = \left(s_1^*, \cdots, s_i^*, \cdots, s_n^*\right)$$

其中，s_i^*是第i个参与人在均衡情况下的最优战略，它是i个所有可能的战略中使u_i最大化的战略。换言之，若s^*为博弈均衡，则有如下不等式成立。

$$u_i\left(s_i^*, s_{-i}\right) \geqslant u_i\left(s_i', s_{-i}\right), \quad \forall s_i' \neq s_i^*$$

其中，$s_{-i} = \left(s_1, \cdots, s_{i-1}, s_{i+1}, \cdots, s_n\right)$表示由除$i$之外的所有参与人的战略组成的向量。

记$G = \left\{S_1, \cdots, S_n; u_n, \cdots, u_n\right\}$表示战略式表述博弈。博弈分析的目的是预测博弈的均衡结果，即给定每个参与人都是理性的，且彼之知道，什么是每个参与人的最优战略？什么是所有参与人的最优战略组合？纳什均衡是完全信息静态博弈的一般概念，也是所有其他类型博弈解的基本要求。

定义 2.9 (纳什均衡，Nash equilibrium，NE；张维迎，2004)有n个参与人的战略式表述博弈G，战略组合s^*是一个纳什均衡，如果对于每一个人i，s_i^*是给定其他参与人选择s_{-i}^*的情况下第i个参与人的最优战略，即

$$u_i\left(s_i^*, s_{-i}^*\right) \geqslant u_i\left(s_i, s_{-i}^*\right), \quad \forall s_i \neq s_i^*, \ \forall i$$

2.5.2 无限次重复博弈

令G为一个n人的阶段博弈；$G(\infty, \delta)$为以G为阶段博弈的无限次重复博弈；δ为贴现因子，表示下一阶段收益贴现到当期的价值。

定义 2.10 称以下策略为触发策略：首先双方开始合作，直到某一方选择不合作，然后触发双方永远不再合作。

定义 2.11 在无限次重复博弈$G(\infty, \delta)$中，每一个从阶段$t+1$开始的子博弈都等同于初始博弈$G(\infty, \delta)$。

定义 2.12 如果参与者的策略在每一个子博弈中均是纳什均衡，则称一个纳什均衡为子博弈精炼纳什均衡。

定义 2.13 令G为一个n人阶段博弈；$G(\infty, \delta)$为以G为阶段博弈的无限次重复博弈；a^*是G的一个纳什均衡；$e = \left(e_1, \cdots, e_n\right)$是$a^*$决定的支付向量；$v = \left(v_1, \cdots, v_n\right)$是一个任意可行的支付向量；$V$是可行支付向量集合，那么对于任何满足$v_i > e_i$的$v \in V$，对于任意$i$，存在一个贴现因子$\delta^* < 1$使得对于所有的$\delta \geqslant \delta^*$，$v = \left(v_1, \cdots, v_n\right)$是一个特定的子博弈精炼纳什均衡结果。

定义 2.13 又称为无名氏定理(J. Friedman，1971)，表明在无限次重复博弈中，如果参与者有足够耐心，那么任何满足个人理性的可行支付向量都可以通过一个特定的子博弈精炼均衡得到。

2.6 小 结

本章主要介绍了供应链治理、马尔可夫随机决策过程和博弈论三个方面的知识，在后面章节中将看到，这些知识为本书的研究思路、模型的建立和分析提供了必要的支撑。在介绍了第 1 章和第 2 章之后，接下来进入本书研究的核心部分。

第 3 章　报童型供应链的最优产能决策模型

在报童型产品供应链管理中，首先需要考虑供应链系统的最优产能决策。这里的最优产能决策是指，在产品销售季节开始之前，需要确定本季节供应链系统的最优生产时间以及产品的最优生产量。报童型产品的生产提前期长和市场需求随机性大等特征给最优产能决策带来困难，而有效地采购提前期控制可以缓解这种困难，但是提前期控制产生了需求预测风险和生产成本的效益背反问题：一方面，为了降低需求预测风险，供应链中的下游参与者偏好临近销售季节订购产品；另一方面，下游参与者的这种订购决策给其上游供应企业带来了赶工成本，换言之，从供应链系统的角度来看，提前期控制带动产品生产成本的变化。

本章研究如何解决上述提到的效益背反问题，该问题的解决可为供应链系统的最优产能决策提供参考。不失一般性假设，供应链系统是由单一上、下游企业构成，生产和销售单一报童型产品，其中，上游企业为核心企业。市场需求随机且下游企业关于市场需求的认知是综合了所有的相关因素，包括第 4 章、第 6 章涉及的动态定价、事务性合作等因素。换言之，虽然这些因素影响市场需求，但在本章中均作为外生变量处理。这样的处理不但便于本章研究，同时，也不影响供应链系统的最优决策。此外，假设市场需求预测进程和生产成本结构分别是提前期的范式函数且二者均为共同知识。结合1.2 节的介绍，本章节分别在分布函数已知和需求分布自由两种市场环境下，研究供应链系统的最优产能决策，通过模型的建立和分析，给出供应链系统最优生产时点的存在性条件和计算方法以及供应链系统的最优生产量决策。

3.1　符号假设和问题描述

3.1.1　符号假设

为了便于后文模型的建立，本节先介绍若干模型中所使用的符号及其含义，如表 3.1 所示。

表 3.1　最优产能决策模型符号一览表

符号	含义	符号	含义
t	时间控制变量，$t\in\left[0,t_{\max}\right]$，为决策变量	p	产品的单位销售价格
$t_{\max}$	最大提前期压缩量	g	产品的单位缺货损失
X_t	t 时刻的市场随机需求	v	产品的单位剩余残值
μ_t	X_t 的均值	$(x)^+$	$\max\{x,0\}$
σ_t	X_t 标准差		
$\mathbb{E}[\cdot]$	数学期望算子	*	上标，表示取值最优
c_t	产品的单位生产成本	$\mathbb{E}\Pi(\cdot)$	分布函数已知时，供应链一体化利润
q_t	t 时刻供应链系统生产量，为决策变量	$\mathbb{E}\pi(\cdot)$	需求分布自由时，供应链一体化利润

3.1.2　需求预测进程

在传统的报童型产品供应链中，由于市场需求的随机性，基于固定采购提前期进行的产能决策增加了以下两类风险：①高估市场需求，产生供应链系统剩余库存风险；②低估市场需求，发生供应链系统缺货风险。因此，通过对提前期的控制，合理决策最优生产时点来控制这两类需求风险是十分有必要的。假设下游企业在零时刻提交订单，经过T时间段后接收产品，则称T为下游企业的固定采购提前期。现在考虑以下经济活动，如图 3.1 所示。在固定采购提前期内，上游企业允许下游企业在非零时刻，即在某个时点t，$0<t\leqslant t_{\max}<T$，提交订单，则下游企业可以在$[0,t)$时段内收集市场需求信息，在t时点对市场需求进行更新并根据更新结果向上游企业提交订购需求。上游企业在$(t,T]$内组织生产并将制成品输送给下游企业。在如上所述的经济活动中，由于下游企业将采购时点由 0 压缩至t，故采购提前期压缩为$T-t$。下游企业通过缩短采购提前期以提高对市场需求预测的精度，进而降低市场需求风险。

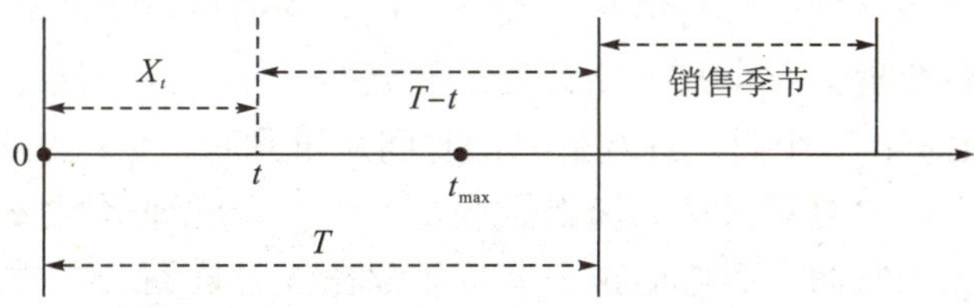

图 3.1　考虑提前期压缩的供应链系统示意图

参照 W. H. Hausman (1969)，S. C. MGraves 等(1986)，M. S. Chen 等(2000)，S. de Treville 等(2014)和 M. Jian 等(2015)学者的研究，上述描述的需求预测进程有如下假设。

假设 3.1 需求预测进程的标准差是 t 的线性递减函数，即 $\sigma_t' \equiv \kappa$，$\forall t \in \left[0, t_{\max}\right]$，其中，$\kappa$ 为负实数。

假设 3.2 需求预测进程的更新是无偏差的，即 $\mu_t \equiv \mu$，$\forall t \in \left[0, t_{\max}\right]$，其中，$\mu$ 为正实数。

3.1.3 生产成本函数

下游企业的采购提前期压缩增加了上游企业产品的单位生产成本。记 c_t 为决策时点 t，产品的单位生产成本由固定生产成本和赶工成本两部分组成。固定生产成本是指不考虑提前期压缩，即在固定采购提前期时，上游企业的生产成本；赶工成本是指由提前期压缩带来的额外成本。赶工成本是时间 t 的函数且可计算。例如，C. Liao 等(1991)假设赶工成本是 t 的线性函数，并计算赶工成本为 $c_i\left(T_{i-1}-L\right)+\sum_{j=1}^{i-1} c_j\left(b_j-a_j\right)$。其中，$L$ 表示提前期，$T_i < L \leqslant T_{i-1}$；$c_i$ 表示第 i 个生产流程中时间压缩产生的单位赶工成本 $\left(i=1,2,\cdots,n\right)$；$n$ 表示固定采购提前期内可压缩的流程个数；a_i 和 b_i 分别表示第 i 个生产流程中所需要的最短生产时间和正常生产时间；T_i 表示前 i 个生产流程中，每个流程均压缩至最小生产时间的累积时间长度。在考虑提前期可控的供应链管理中，关于生产成本的文献研究和计算方式请参考表 1.2。

假设 3.3 单位产品的生产成本是时间 t 的单调递增函数，即 $c_t' > 0$，$t \in \left[0, t_{\max}\right]$。

一般情况下，假设 c_t 是时间 t 的严格凸函数(M. Ben-Daya 等，1994；S. Priyan 等，2015；S. Yang 等，2010)。然而，在现实的经济活动中，虽然基于商业保密等因素，无法获悉企业的具体生产成本数据，但是企业的一些定价信息传递出企业的生产成本类型。例如，月饼是一类季节性较强的报童型产品，月饼生产商通常规定：下游企业提前六个月开始订货，打五折；提前五个月订货，打六折；提前四个月，打七折；三个月，打八折……时间从早到晚，价格从低到高[①]。王圣东等(2010)也指出："合肥鼓楼商厦凯撒服饰专柜是合肥地区凯撒(中国)服饰有限公司一个较大的加盟商。凯撒服饰公司每年都在 5 月底召开冬季产品订货会并发布当年的冬季最新流行款式。对于凯撒公司的加盟商来说，越早下订单，其购买

①宋玉峰. [2005-5-8]. 节庆促销：路在何方[DB/OL]? http://www.Emkt.com.cn/article/207/20704.html.

的单价就越低，越临近销售期，其购买的单价就越高。”在上述的月饼销售案例中，上游企业制定的销售价格是提前期的线性函数，虽然在服装销售案例中没有体现出两者之间的关系，但是基于理性人和企业追求收益最大化的假设，我们可以推断企业的生产成本和提前期存在线性甚至凹函数的可能。因此，本章还考虑产品的单位生产成本 c_t 是时间 t 的凹函数的情形。

基于上述分析和参考 M. Jian 等(2015)的研究，本章考虑以下两种类型的最优产能决策模型：类型Ⅰ，生产成本是时间的严格凸函数；类型Ⅱ，生产成本是时间的凹函数。在这两种类型下，生产成本均是提前期的单调递增函数，唯一区别在于函数的凸凹性。

3.2　分布函数已知

3.2.1　需求预测进程

假设下游企业是市场需求的分布函数，则图 3.1 可以进一步地修改为图 3.2。其中，$f_t(x)$ 和 $F_t(x)$ 分别表示市场需求 X_t 的密度函数和分布函数。与已有研究的不同是，本书放松 X_t 服从具体分布函数类型的假设，将 $F_t(x)$ 设为时间 t 的范式函数。

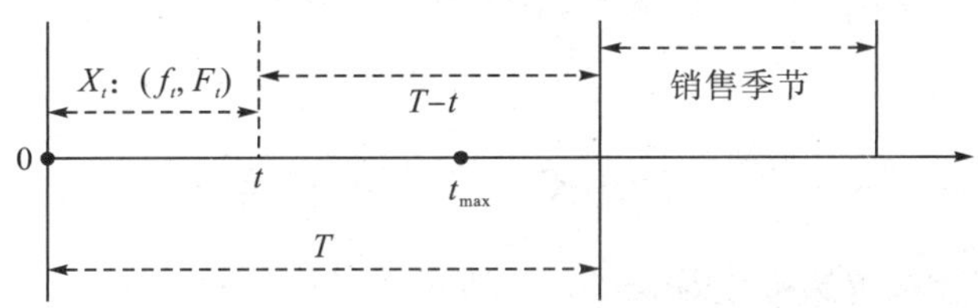

图 3.2　分布函数已知的供应链系统示意图

为了便于后文模型的建立和分析，首先给出“分布函数已知”在本书中所指的含义(定义 3.1)，然后讨论函数 $F_t(x)$ 分别关于 x 和 t 的单调性质。

定义 3.1　当且仅当 $F_t(x)$ 同时满足如下条件时，称 $F_t(x)$ 为分布函数已知。

(1)满足单调递增，二阶连续可微。

(2)满足 $F_t(0)>0$，$\lim\limits_{x\to+\infty} F_t(x)=1$。

定义 3.2　对 $\forall t\in\left[0,t_{\max}\right]$，称区间 $\left[q_{\min}^t,q_{\max}^t\right]$ 为 X_t 的有效区间，如果给定任意充分小的阈值 $\delta>0$，对 $\forall\varepsilon>0$，有下列不等式成立：

$$\lim_{x\to q_{\min}^{t^+}} F_t(x)\geqslant\delta,\quad \lim_{x\to q_{\min}^{t^+}} F_t(x-\varepsilon)<\delta$$

$$\lim_{x \to q_{\min}^{t^-}} F_t\left(x\right) \leqslant 1-\delta, \quad \lim_{x \to q_{\min}^{t^-}} F_t\left(x+\varepsilon\right) > 1-\delta$$

根据定义 3.2 可知 $F_t\left(x\right) \equiv 0$，$\forall x < q_{\min}^t$；$F_t\left(x\right) \equiv 1$，$\forall x > q_{\max}^t$。结合假设 3.1 和假设 3.2 可知，有效区间在 $\left[0, t_{\max}\right]$ 内的包含关系如图 3.3 所示。

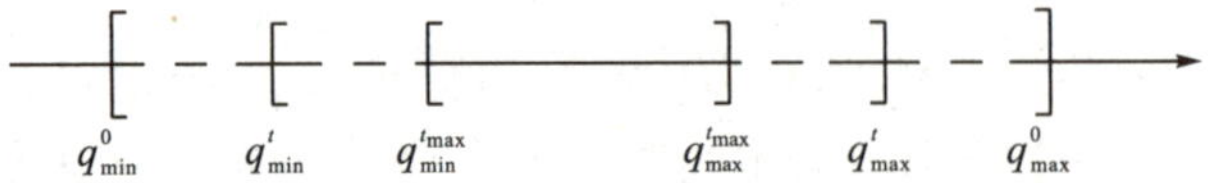

$q_{\min}^0$ $q_{\min}^t$ $q_{\min}^{t\max}$ $q_{\max}^{t\max}$ $q_{\max}^t$ $q_{\max}^0$

图 3.3 有效区间内的包含关系

有了以上的假设和定义，性质 3.1 和性质 3.2 分别描述了函数 $F_t\left(x\right)$ 关于参数 x 和 t 的单调性质。

性质 3.1 对 $\forall t \in \left[0, t_{\max}\right]$，下列结论成立：

(1) $\partial F_t\left(x\right)/\partial x \geqslant 0$，$\partial^2 F_t\left(x\right)/\partial x^2 \geqslant 0$；$x \in \left[q_{\min}^t, \mu\right]$。

(2) $\partial F_t\left(x\right)/\partial x \geqslant 0$，$\partial^2 F_t\left(x\right)/\partial x^2 \leqslant 0$；$x \in \left[\mu, q_{\max}^t\right]$。

证明略。

性质 3.2 在区间 $\left[0, t_{\max}\right]$ 内，下列结论成立：

(1) 如果 $x \in \left[q_{\min}^{\max\_t}, \mu\right]$，那么有 $\partial F_t\left(x\right)/\partial t \leqslant 0$，$\partial^2 F_t\left(x\right)/\partial t^2 \leqslant 0$。

(2) 如果 $x \in \left[\mu, q_{\max}^{\max\_t}\right]$，那么有 $\partial F_t\left(x\right)/\partial t \leqslant 0$，$\partial^2 F_t\left(x\right)/\partial t^2 \leqslant 0$。

证明 分析 $F_t\left(x\right)$ 关于 t 的一阶偏导数。对 $\forall t_1, t_2 \in \left[0, t_{\max}\right]$，$t_1 < t_2$ 有 $\left[q_{\min}^{t_2}, q_{\max}^{t_2}\right] \subset \left[q_{\min}^{t_1}, q_{\max}^{t_1}\right]$，区间 $\left[q_{\min}^{t_1}, q_{\max}^{t_1}\right]$ 可以展开为

$$\left[q_{\min}^{t_1}, q_{\max}^{t_1}\right] = \left[q_{\min}^{t_1}, q_{\min}^{t_2}\right] \cup \left[q_{\min}^{t_2}, \mu\right] \cup \left[\mu, q_{\max}^{t_2}\right] \cup \left[q_{\max}^{t_2}, q_{\max}^{t_1}\right]$$

在区间 $\left[q_{\min}^{t_1}, \mu\right] = \left[q_{\min}^{t_1}, q_{\min}^{t_2}\right] \cup \left[q_{\min}^{t_2}, \mu\right]$ 内，对 $F_t\left(x\right)$ 关于 t 的单调性质分析有以下两种情形：

(1) 对 $\forall x \in \left[q_{\min}^{t_2}, \mu\right]$，因为 $F_{t_2}\left(q_{\min}^{t_2}\right) = 0$，$F_{t_1}\left(q_{\min}^{t_2}\right) > 0$；$F_{t_2}\left(\mu\right) = 0.5$，$F_{t_1}\left(\mu\right) = 0.5$；$\partial F_{t_1}\left(x\right)/\partial x > 0$，$\partial F_{t_2}\left(x\right)/\partial x > 0$；$\partial^2 F_{t_1}\left(x\right)/\partial x^2 \geqslant 0$；$\partial^2 F_{t_2}\left(x\right)/\partial x^2 \geqslant 0$，所以 $F_{t_1}\left(x\right) > F_{t_2}\left(x\right)$。

(2) 对 $\forall x \in \left[q_{\min}^{t_1}, q_{\min}^{t_2}\right]$，因为 $F_{t_2}\left(x\right) = 0$；$F_{t_1}\left(x\right) \geqslant 0$ 且 $F_{t_1}\left(x\right) = 0$，即 $x = q_{\min}^{t_1}$，所以 $F_{t_1}\left(x\right) > F_{t_2}\left(x\right)$。

综上所述，对 $\forall x \in \left[q_{\min}^{t_1}, \mu\right]$，有 $F_{t_1}\left(x\right) > F_{t_2}\left(x\right)$，即 $\partial F_t\left(x\right)/\partial t \leqslant 0$。

同理对 $x\in\left[\mu,q_{\max}^{t_1}\right]=\left[\mu,q_{\max}^{t_2}\right]\cup\left[q_{\max}^{t_2},q_{\max}^{t_1}\right]$，利用类似的分析方法得 $\partial F_t(x)/\partial t\geqslant 0$。

为了分析函数 $F_t(x)$ 关于 t 的二阶偏导数，我们先求出 $F_\tau(x)$ 关于 x 的曲率，$\forall\tau\in[0,t]$，再根据曲率推导出 $F_t(x)$ 关于 t 的二阶偏导数。

(3) 对 $\forall x\in\left(q_{\min}^t,q_{\max}^t\right)$，因为函数 $F_\tau(x)$，$\tau\in[0,t]$ 关于 x 的一阶偏导数和二阶偏导数存在，所以根据曲率的定义，$K=\left|F_\tau''(x)\right|\Big/\sqrt[3]{1+\left[F_\tau'(x)\right]^2}$，求得函数 $F_\tau(x)$ 上任一点 $\left[x,F_\tau(x)\right]$ 处的曲率。其中，$F_\tau'(x)$ 和 $F_\tau''(x)$ 分别为曲线 $F_\tau(x)$ 关于 x 的一阶偏导数和二阶偏导数。

(4) 根据性质 3.1，因为对任意 $x\in\left(q_{\min}^t,\mu\right)$ 有 $\partial F_t(x)/\partial x>0$，$\partial^2 F_t(x)/\partial x^2\geqslant 0$。所以，当 $\partial^2 F_t(x)/\partial x^2>0$ 时，随着 x 的增大，K 的取值先增大后减小，存在点 $q_{\min}^{\max t}\in\left(q_{\min}^t,\mu\right)$，使得 $\arg\max\limits_x K=q_{\min}^{\max t}$；当 $\partial^2 F_t(x)/\partial x^2=0$ 时，对任意的 $x\in\left(q_{\min}^t,\mu\right)$，$K\equiv 0$，记 $q_{\min}^{\max t}=q_{\min}^t$；则在任意时点 $\tau\in[0,t]$，有 $\arg\max\limits_x K=q_{\min}^{\max\tau}$。记在区间 $[0,t]$ 内，$q_{\min}^{\max\_t}=\max\left\{q_{\min}^{\max\tau}\right\}$。则在区间 $\left(q_{\min}^{\max\_t},\mu\right)$，对任意的 $\tau\in[0,t]$，曲线 $F_\tau(x)$ 的曲率 K 随着 x 的增大而减小；又因为 $F_\tau(\mu)=0.5$ 并且 $\partial F_t(x)/\partial t<0$，所以 $\partial^2 F_t(x)/\partial t^2\leqslant 0$，$x\in\left[q_{\min}^{\max\_t},\mu\right]$。

利用类似的分析方法得 $\partial^2 F_t(x)/\partial t^2\geqslant 0$，$x\in\left[\mu,q_{\max}^{\max\_t}\right]$。由 t_1，t_2 的任意性可知性质

性质 3.2 得证。

性质 3.1 表示对于区间 $\left[0,t_{\max}\right]$ 上任意给定的时间 t，$F_t(x)$ 是 x 的单调递增函数，且在区间 $\left[q_{\min}^t,\mu\right]$ 上为凸函数，在区间 $\left[\mu,q_{\max}^t\right]$ 上为凹函数。性质 3.2 表示当 $x\in\left[q_{\min}^{\max\_t},\mu\right]$ 时，$F_t(x)$ 为时间 t 的单调减且边际递减函数；当 $x\in\left[\mu,q_{\max}^{\max\_t}\right]$ 时，$F_t(x)$ 为时间 t 单调递增且边际递增函数。

3.2.2 最优产能决策

上游企业为供应链系统中的核心企业，即决策供应链系统的最优生产时点和最优生产量。当市场实际需求量为 D_T 且上游企业在时点 t 组织生产 q_t 单位产品时，供应链系统的期望利润函数 $\mathbb{E}\Pi\left(q_t,t\right)$ 为

$$\mathbb{E}\Pi\left(q_t,t\right)=p\mathbb{E}\left[\min\left(q_t,D_T\right)\right]+v\mathbb{E}\left[\left(q_t-D_T\right)^+\right]-g\mathbb{E}\left[\left(D_T-q_t\right)^+\right]-c_t q_t \tag{3.1}$$

式中，$\mathbb{E}\left[\min\left(q_t, D_T\right)\right]$表示期望销售量；$\mathbb{E}\left[\left(q_t - D_T\right)^+\right]$表示期望剩余量；$\mathbb{E}\left[\left(D_T - q_t\right)^+\right]$表示期望缺货量。根据式(3.1)可分析供应链系统的最优产能。

定理 3.1 给定c_t和$F_t(x)$，下列结论成立：

(1)函数$\mathbb{E}\Pi\left(q_t, t\right)$是$q_t$的凹函数。

(2)存在唯一的最优生产量q_t^*，其满足$q_t^* = F_t^{-1}\left\{1 - \left(v - c_t\right) / \left[v - \left(p + g\right)\right]\right\}$。

证明 期望利润函数$\mathbb{E}\Pi\left(q_t, t\right)$关于$q_t$的一阶导数和二阶导数分别为

$$\partial \mathbb{E}\Pi\left(q_t, t\right) / \partial q_t = \left(p + g - c_t\right) - \left(p + g - v\right) F_t(q)$$

$$\partial^2 \mathbb{E}\Pi\left(q_t, t\right) / \partial q_t^2 = -\left(p + g - v\right) f_t(q)$$

(1)因为$\partial^2 \mathbb{E}\Pi\left(q_t, t\right) / \partial q_t^2 < 0$，所以$\mathbb{E}\Pi\left(q_t, t\right)$是$q_t$的凹函数。

(2) $\mathbb{E}\Pi\left(q_t, t\right)$存在唯一的最大点$q_t^*$，其满足$\partial \mathbb{E}\Pi\left(q_t^*, t\right) / \partial q_t = 0$，解得

$$q_t^* = F_t^{-1}\left\{1 - \left(v - c_t\right) / \left[v - \left(p + g\right)\right]\right\}$$

将q_t^*代入式(3.1)并化简得

$$\mathbb{E}\Pi\left(q_t^*, t\right) = \left(p + g - c_t\right) q_t^* - \left(p + g - v\right) \int_0^{q_t^*} F_t(x) \mathrm{d}x - g\mu \tag{3.2}$$

从q_t^*和$\mathbb{E}\Pi\left(q_t^*, t\right)$的函数表达式可以看出二者均为时间$t$的函数，因此，通过分析$\mathbb{E}\Pi\left(q_t^*, t\right)$和$q_t^*$关于$t$的单调性，进而可以求解供应链系统的最优生产时点$t^*$和最优生产量$q_t^*$。定理 3.2 给出了$q_t^*$关于时间$t$的函数性质，而定理 3.3 则阐述了供应链系统关于最优生产时刻的决策。

定理 3.2 最优生产量q_t^*的取值依赖于c_t和$F_t(x)$。具体地，

(1)当$\eta_t > 0.5$，$t \in \left[0, t_{\max}\right]$时有$\partial q_t^* / \partial t < 0$。

(2)当$\eta_t < 0.5$，$t \in \left[0, t_{\max}\right]$时有

$$\frac{\mathrm{d}q_t^*}{\mathrm{d}t}\begin{cases} > 0, & \eta_{t_2} \in \left(\eta_{t_1} - \Delta\eta_{t_1}^{t_2}, \eta_{t_1}\right);\ \forall t_1, t_2 \in \left[0, t_{\max}\right];\ t_1 < t_2 \\ \leqslant 0, & \text{其他} \end{cases}$$

(3)如果存在$t_0 \in \left[0, t_{\max}\right]$使得$\eta_{t_0} = 0.5$，则$q_t^*$在区间$\left[0, t_0\right]$内关于$t$的单调性如定理 3.2(1)所述；$q_t^*$在区间$\left[t_0, t_{\max}\right]$内关于$t$的单调性如定理 3.2(2)所述。其中，$\eta_t = \left(p + g - c_t\right) / \left(p + g - v\right)$；$\Delta\eta_{t_1}^{t_2} = F_{t_2}\left[F_{t_1}^{-1}\left(\eta_{t_1}\right)\right]$。

证明 因为$\eta_t' < 0$，所以对$\forall t_1$、$t_2 \in \left[0, t_{\max}\right]$、$t_1 < t_2$有$\eta_{t_1} > \eta_{t_2}$；根据定理 3.1 可得$q_{t_1}^* = F_{t_1}^{-1}\left(\eta_{t_1}\right)$，$q_{t_2}^* = F_{t_2}^{-1}\left(\eta_{t_2}\right)$。接下来根据$\eta_t$在区间$\left[0, t_{\max}\right]$上与 0.5 的大小

关系将定理的证明过程分为三种情形。

情形 I　对 $\forall t \in [0, t_{\max}]$，$\eta_t > 0.5$ 的情形。当 $\partial F_t(x)/\partial t > 0$，曲线 $F_{t_2}(\cdot)$ 位于曲线 $F_{t_1}(\cdot)$ 的右上区域，推导得 $q_{t_1}^* = F_{t_1}^{-1}(\eta_{t_1}) > F_{t_2}^{-1}(\eta_{t_1})$，同理可得当 $\partial F_t(x)/\partial x > 0$，$F_{t_2}^{-1}(\eta_{t_1}) > F_{t_2}^{-1}(\eta_{t_2}) = q_{t_2}^*$，故 $q_{t_1}^* > q_{t_2}^*$，由 t_1, t_2 的任意性可知 q_t^* 在区间 $[0, t_{\max}]$ 上是关于 t 的单调递减函数。

情形 II　对 $\forall t \in [0, t_{\max}]$，$\eta(t) < 0.5$ 的情形。当 $\partial F_t(x)/\partial t < 0$，曲线 $F_{t2}(x)$ 位于 $F_{t2}(x)$ 的左下区域，记 $\Delta\eta_{t_1}^{t_2} = F_{t_2}\left[F_{t_1}^{-1}(\eta_{t_1})\right]$，此时 $q_{t_1}^*$ 与 $q_{t_2}^*$ 的大小关系可细分为以下三种情形。

(1) 如果 $\eta_{t_2} \in (\eta_{t_1} - \Delta\eta_{t_1}^{t_2}, \eta_{t_1})$，那么 $q_{t_1}^* = F_{t_2}^{-1}(\Delta\eta_{t_1}^{t_2}) < F_{t_2}^{-1}(\eta_{t_2}) = q_{t_2}^*$。由 t_1，t_2 的任意性可知 q_t^* 在区间 $[0, t_{\max}]$ 上是关于 t 的单调递增函数。

(2) 如果 $\eta_{t_2} = \eta_{t_1} - \Delta\eta_{t_1}^{t_2}$，那么 $q_{t_1}^* = F_{t_2}^{-1}(\Delta\eta_{t_1}^{t_2}) = F_{t_2}^{-1}(\eta_{t_2}) = q_{t_2}^*$。由 t_1，t_2 的任意性可知 q_t^* 在区间 $[0, t_{\max}]$ 上是关于 t 的恒常数。

(3) 如果 $\eta_{t_2} \in (0, \eta_{t_1} - \Delta\eta_{t_1}^{t_2})$，那么 $q_{t_1}^* = F_{t_2}^{-1}(\Delta\eta_{t_1}^{t_2}) > F_{t_2}^{-1}(\eta_{t_2}) = q_{t_2}^*$。由 t_1，t_2 的任意性可知 q_t^* 在区间 $[0, t_{\max}]$ 上是关于 t 的单调递减函数。

情形 III　如果 $\exists t_0 \in [0, t_{\max}]$ 使得 $\eta_{t_0} = 0.5$，那么 $\eta_t > 0.5$，$t \in [0, t_0)$；$\eta_t < 0.5$，$t \in (t_0, t_{\max}]$。在情形 III 下，q_t^* 在相应区间上关于 t 的单调性证明分别见情形 I 和情形 II 所述。

定理 3.2 的直观解释如图 3.4 所示。其中，实线表示 t_0 时点，随机需求 X_{t_0} 的分布函数已知 $F_{t_0}(x)$；点画线表示 $t_0 + \Delta t$（$\Delta t > 0$）时点的随机需求 $X_{t_0+\Delta t}$ 的分布函数已知 $F_{t_0+\Delta t}(x)$。因为对任意的 $x \in (\mu, q_{\max}^{t_0})$，有 $F_{t_0+\Delta t}(x) > F_{t_0}(x)$；对任意 $x \in (q_{\min}^{t_0}, \mu)$，有 $F_{t_0+\Delta t}(x) < F_{t_0}(x)$，所以图 3.4 符合文章的假设。

若对任意的 $t \in [0, t_{\max}]$，有 $\eta_t > 0.5$，则曲线 $F_t(x)$ 落在图 3.4 的右上区域。令 $D = \eta_{t_0}$，$E = \eta_{t_0+\Delta t}$，因为 $\partial\eta_t/\partial t < 0$，所以点 E 在点 D 的下方。过 $D(E)$ 点分别作水平线，与实线和点画线分别交于点 A 和点 $B(C)$，记点 $A(B, C)$ 的横坐标为 A_x（B_x，C_x），因为 $F_{t_0+\Delta t}(x) > F_{t_0}(x)$，所以 $B_x < A_x$，又因为 $\partial F_t(x)/\partial x > 0$，所以 $C_x < B_x$，因此 $C_x < A_x$，即 $\mathrm{d}q_t^*/\mathrm{d}t < 0$ [定理 3.2(1) 的结论]。

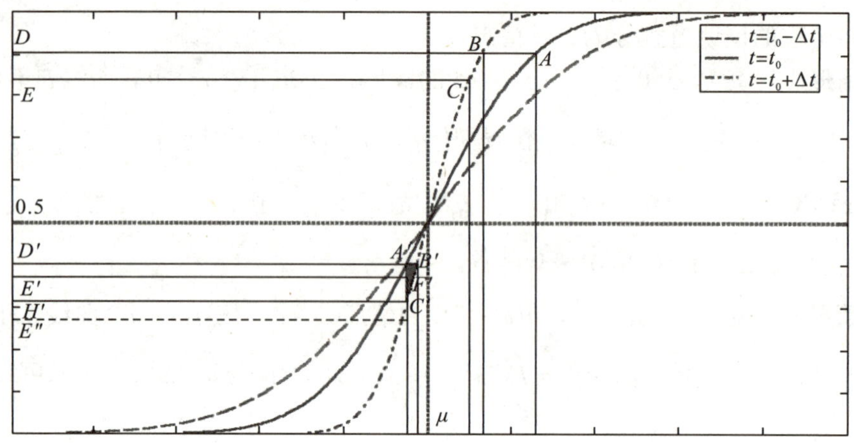

图 3.4 订单与时间的关系

若对任意的$t\in\left[0,t_{\max}\right]$，有$\eta_t<0.5$，则曲线$F_t(x)$落在图 3.4 的左下区域。令$D'=\eta_{t_0}$，$E'=\eta_{t_0+\Delta t}$，因为$\partial\eta_t/\partial t<0$，所以点$E'$在点$D'$的下方。过$D'(E')$点分别作水平线，与实线和点画线分别交于点$A'$和点$B'(F')$，记点$A'(B',F')$的横坐标为$A'_x$（$B'_x$，$F'_x$）；再过点$A'$作铅垂线，与点画线交于点$C'$，记点$C'$的横坐标为$C'_x$；再过点$C'$作水平线交于左纵坐标，交点为$H'$。因为$F_{t_0+\Delta t}(x)<F_{t_0}(x)$，所以$A'_x<B'_x$，又因为$\partial F_t(x)/\partial x>0$，所以$F'_x<B'_x$。因此$F'_x$与$A'_x$的关系分如下两种情形：

(1) 当$E'_x\in\left[H'_x,D'_x\right]$时，$F'_x\in\left[C'_x,B'_x\right]$，即$\mathrm{d}q_t^*/\mathrm{d}t>0$。

(2) 当$E'_x\in\left[0,H'_x\right]$时，$F'_x\in\left[q_{\min}^{t_0+\Delta t},H'_x\right]$，即$\mathrm{d}q_t^*/\mathrm{d}t\leqslant 0$。[定理 3.2(2)的结论]

当存在$t_0\in\left[0,t_{\max}\right]$，使得$\eta(t_0)=0.5$时，$q_t^*$关于$t$的直观解释与上述相似，此处不再赘述。

定理 3.3 供应链系统的最优生产时点t^*的取值依赖于c_t和$F_t(x)$。具体地，对$\forall t\in\left[0,t_{\max}\right]$，当$c_t''\leqslant 0$或$c_t''>0$且$\psi_t\geqslant 0$时，$t^*$的取值决策分为以下三种情形：

(1) 当$\lim\limits_{x\to 0^+}\Upsilon_t\geqslant 0$时，则有$t^*=t_{\max}$。

(2) 当$\lim\limits_{x\to t_{\max}^-}\Upsilon_t\leqslant 0$时，则有$t^*=0$。

(3) 当$\lim\limits_{x\to 0^+}\Upsilon_t\cdot\lim\limits_{t\to t_{\max}^-}\Upsilon_t<0$时，则有$t^*\in\left\{0,t_{\max}\right\}$。

当$c_t''>0$且$\psi_t<0$时，t^*的取值决策分为以下两种情形：

(1) 当$\lim\limits_{x\to t_{\max}^-}\Upsilon_t\geqslant 0$时，则有$t^*=t_{\max}$。

(2) 当 $\lim\limits_{x\to t_{\max}^{-}} \varUpsilon_t < 0$ 时，则有 $t^* = t'$。

其中，$\varUpsilon_t = -c_t' q_t^* - (p+g-v)\int_0^{q_t^*} \partial F_t(x)/\partial t \,\mathrm{d}x$；$\psi_t = -c_t'' q_t^* - (p+g-v)\int_0^{q_t^*} \partial^2 F_t(x)/\partial t^2 \,\mathrm{d}x$；$\mathrm{d}\mathbb{E}\varPi\left(q_t^*, t'\right)/\mathrm{d}t = 0$。

证明　收益函数 $\mathbb{E}\varPi\left(q_t^*, t\right)$ 关于 t 的一阶导数和二阶导数分别为

$$\mathrm{d}\mathbb{E}\varPi\left(q_t^*, t\right)/\mathrm{d}t = \varUpsilon_t$$

$$\mathrm{d}^2\mathbb{E}\varPi\left(q_t^*, t\right)/\mathrm{d}t^2 = \psi_t$$

为了分析 $\mathrm{d}^2\mathbb{E}\varPi\left(q_t^*, t\right)/\mathrm{d}t^2$ 关于 t 的单调性，首先需要判断 $\int_0^{q_t^*} \partial^2 F_t(x)/\partial t^2 \,\mathrm{d}x$ 的正负号，分为以下两种情形：

情形 I　若 $\eta_t < 0.5$，$t \in \left[0, t_{\max}\right]$，则 $q_t^* < \mu$，由 $\partial^2 F_t(x)/\partial t^2 < 0$，可得

$$\int_0^{q_t^*} \partial^2 F_t(x)/\partial t^2 \,\mathrm{d}x < 0$$

情形 II　若 $\eta_t > 0.5$，$\forall t \in \left[0, t_{\max}\right]$，则 $q_t^* > \mu$。由 $\partial^2 F_t(x)/\partial t^2 < 0$，$x < \mu$；$\partial^2 F_t(x)/\partial t^2 > 0$，$x > \mu$；$F_t(x)$ 在点 $(\mu, 0.5)$ 对称可得

$$\left|\int_{\mu-\Delta}^{\mu} \partial^2 F_t(x)/\partial t^2 \,\mathrm{d}x\right| \geqslant \left|\int_{\mu}^{\mu+\Delta} \partial^2 F_t(x)/\partial t^2 \,\mathrm{d}x\right|$$

又因为

$$\int_0^{q_t^*} \partial^2 F_t(x)/\partial t^2 \,\mathrm{d}x = \int_0^{\mu-\Delta} \partial^2 F_t(x)/\partial t^2 \,\mathrm{d}x + \int_{\mu-\Delta}^{\mu} \partial^2 F_t(x)/\partial t^2 \,\mathrm{d}x + \int_{\mu}^{\mu+\Delta} \partial^2 F_t(x)/\partial t^2 \,\mathrm{d}x$$

其中，$\Delta = q_t^* - \mu$；$\int_0^{q_t^*} \partial^2 F_t(x)/\partial t^2 \,\mathrm{d}x < 0$。

由情形 I 和情形 II 可知，在区间 $\left[0, t_{\max}\right]$ 上有 $\int_0^{q_t^*} \partial^2 F_t(x)/\partial t^2 \,\mathrm{d}x < 0$。

接下来根据成本函数的凸凹性分两种情形来讨论 $\partial\mathbb{E}\varPi\left(q_t^*, t\right)$ 关于 t 的单调性。

若对于 $\forall t \in \left[0, t_{\max}\right]$，有 $c_t'' \leqslant 0$ 或 $c_t'' > 0$ 且 $\psi_t \geqslant 0$，则 $\mathrm{d}^2\mathbb{E}\varPi\left(q_t^*, t\right)/\mathrm{d}t^2 \geqslant 0$，可得 $\mathrm{d}\mathbb{E}\varPi\left(q_t^*, t\right)/\mathrm{d}t$ 在区间 $\left[0, t_{\max}\right]$ 内是 t 的非减函数。因此有：

(1) 如果 $\lim\limits_{t\to 0^+} \varUpsilon_t \geqslant 0$，那么 $\mathbb{E}\varPi\left(q_t^*, t\right)$ 在区间 $\left[0, t_{\max}\right]$ 内是 t 的非减函数。

(2) 如果 $\lim\limits_{t\to t_{\max}^-} \varUpsilon_t \leqslant 0$，那么 $\mathbb{E}\varPi\left(q_t^*, t\right)$ 在区间 $\left[0, t_{\max}\right]$ 内是 t 的非增函数。

(3) 如果 $\lim\limits_{t\to 0^+} \varUpsilon_t \cdot \lim\limits_{t\to t_{\max}^-} \varUpsilon_t < 0$，那么 $\mathbb{E}\varPi\left(q_t^*, t\right)$ 在区间 $\left[0, t_{\max}\right]$ 内是 t 的凸函数。

若对于 $\forall t \in \left[0, t_{\max}\right]$，有 $c_t'' > 0$ 且 $\psi_t < 0$，则 $\mathrm{d}^2\mathbb{E}\varPi\left(q_t^*, t\right)/\mathrm{d}t^2 < 0$，可得 $\mathrm{d}\mathbb{E}\varPi\left(q_t^*, t\right)/\mathrm{d}t$ 在区间 $\left[0, t_{\max}\right]$ 内是 t 的单调递减函数。因此有：

(1)如果 $\lim\limits_{t\to t_{\max}^-}\varUpsilon_t \geqslant 0$，那么 $\mathbb{E}\Pi\left(q_t^*,t\right)$ 在区间 $\left[0,t_{\max}\right]$ 内是 t 的单调递增函数。

(2)如果 $\lim\limits_{t\to t_{\max}^-}\varUpsilon_t < 0$，那么 $\mathbb{E}\Pi\left(q_t^*,t\right)$ 在区间 $\left[0,t_{\max}\right]$ 内是 t 的凹函数。

除此之外，根据 $\mathbb{E}\Pi\left(q_t^*,t\right)$ 在区间 $\left[0,t_{\max}\right]$ 内关于 t 的函数性质也可推导出相应条件下的最优生产时点 t^*。

定理 3.3 的直观解释可参考 6.2 节。

由定理 3.3 最优生产时点 t^*，再结合定理 3.2，决策供应链系统的最优生产量 q_t^*。此外定理 3.3 给出了由提前期控制引起的需求风险与生产成本之间的效益背反问题的均衡解：对于给定的 c_t 和 $F_t\ (x)$，满足下列 5 种情形之一时，由提前期压缩带来的边际收益大于由此产生的边际风险，因此，提前期压缩增加了供应链系统的期望收益。本章是基于供应链系统最优进行的产能决策，目的是为分散供应链中参与者的博弈提供参照基准，在第 5 章“供应链契约设计与协调模型”中将看到，通过构造恰当的供应链契约，分散供应链系统中参与者的产能决策等同于由定理 3.2 和定理 3.3 确定的 q_t^* 和 t^*。

情形Ⅰ $c_t''\leqslant 0$，$t\in\left[0,t_{\max}\right]$ 且 $\lim\limits_{t\to 0^+}\varUpsilon_t \geqslant 0$。

情形Ⅱ $c_t''>0$，$\psi_t\geqslant 0$，$t\in\left[0,t_{\max}\right]$ 且 $\lim\limits_{t\to 0^+}\varUpsilon_t \geqslant 0$。

情形Ⅲ $c_t''\leqslant 0$，$t\in\left[0,t_{\max}\right]$，$\lim\limits_{t\to 0^-}\varUpsilon_t\cdot\lim\limits_{t\to t_{\max}^+}\varUpsilon_t<0$ 且 $\mathbb{E}\Pi\left(q_t^*,0\right)<\mathbb{E}\Pi\left(q_t^*,t_{\max}\right)$。

情形Ⅳ $c_t''>0$，$\psi_t\geqslant 0$，$t\in\left[0,t_{\max}\right]$，$\lim\limits_{t\to 0^-}\varUpsilon_t\cdot\lim\limits_{t\to t_{\max}^+}\varUpsilon_t<0$ 且 $\mathbb{E}\Pi\left(q_t^*,0\right)<\mathbb{E}\Pi\left(q_t^*,t_{\max}\right)$。

情形Ⅴ $c_t''>0$，$\psi_t<0$，$t\in\left[0,t_{\max}\right]$。

此外，根据定理 3.3 可推导出供应链系统的最大提前期压缩量 $t_{\max}$。

推论 3.1 对于给定的 c_t 和 $F_t\ (x)$，称 $t_{\max}$ 为最大生产提前期压缩量，如果对 $\forall\varepsilon>0$ 和 $\forall t\in\left[0,t_{\max}\right]$，下列结论同时成立，但当用 $t_{\max}+\varepsilon$ 代替 $t_{\max}$ 时，条件(1)或者(2)不成立。

(1)当 $c_t''>0$，$\psi_t<0$ 时，有 $\lim\limits_{t\to t_{\max}^-}\varUpsilon_t \geqslant 0$ 成立。

(2)当 $c_t''\leqslant 0$ 或 $c_t''>0$，$\psi_t\geqslant 0$ 时，有 $\lim\limits_{t\to 0^-}\varUpsilon_t\cdot\lim\limits_{t\to t_{\max}^+}\varUpsilon_t<0$ 且 $\mathbb{E}\Pi\left(q_t^*,0\right)<\mathbb{E}\Pi\left(q_t^*,t_{\max}\right)$ 成立。

证明略。

3.3　需求分布自由

3.3.1　需求自由方法

在实际的经济活动中，当下游企业为行业的新进入者，或其运营的产品缺乏充分的销售数据，或产品的市场需求波动性较大时，下游企业通常无法使用标准的概率理论刻画该产品的市场需求，这种现象在报童型产品供应链中尤为普遍。当决策者无法描述产品的分布函数已知时，对市场需求均值和方差的估计成为首选(G. Gallego 等，1993；I. Moon 等，1994；S. A. Raza，2013；H. E. Scarf，1958)。在这种情形下，G. Gallego 研究供应链系统的最优产能决策，讨论供应链系统在“最坏的市场预测下如何获得最优利润”是十分有必要的。当下游企业仅预测了市场需求的均值和方差，而无法掌握市场需求的分布函数时，图 3.2 可以进一步地修改为图 3.5。

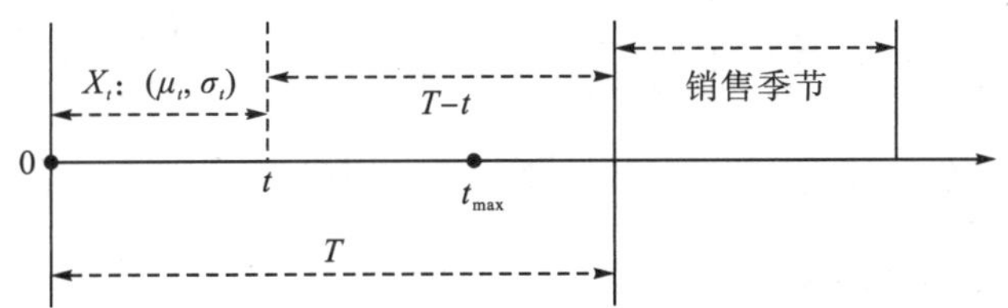

图 3.5　需求分布自由时的供应链系统示意图

需求分布自由方法为研究如何在最坏的市场预测下获得最优利润提供了理论支撑。该方法最早由 H. E. Scarf(1958)提出，G. Gallego 等(1993)对 H. E. Scarf(1958)的订购规则进行了修正和简化。需求分布自由方法下的供应链管理思路是：基于最大-最小原则，建立供应链系统的上界期望利润模型和下界期望利润模型，分析供应链系统在最理想环境和最坏市场需求环境下的最优决策。其中，最理想的情况是指企业的订购量刚好等于市场的实际需求量，在销售末期，没有任何单位的库存剩余，也没有发生任何的缺货损失；最坏的市场环境是指企业仅预测到市场需求的均值和方差。相较于最理想的市场环境，讨论和分析最坏市场环境下，供应链的产能决策更有理论价值和实际意义，这也是本书的侧重点。

在报童问题中，令 D 为市场的随机需求，其分布函数已知 F 类型未知但服从均值和方差分别为 μ 和 σ^2 的函数类 Γ 。

性质 3.3　当报童型产品的订购量为 Q 时，其期望剩余库存 $\mathbb{E}(D-Q)^+$ 满足如下不等式：

$$\mathbb{E}(D-Q)^{+} \leqslant \frac{\left[\sigma^{2}+(Q-\mu)^{2}\right]^{1/2}-(Q-\mu)}{2} \tag{3.3}$$

证明 因为

$$(D-Q)^{+}=\frac{|D-Q|+(D-Q)}{2}$$

则结合期望理论和 Cauchy-Schwarz 不等式可得

$$\mathbb{E}|D-Q| \leqslant \left[\mathbb{E}(D-Q)^{2}\right]^{1/2}=\left[\sigma^{2}+(Q-\mu)^{2}\right]^{1/2}$$

性质 3.4 对任意的$Q \in \mathbb{R}$，存在一个分布函数已知$F' \in \Gamma$使得式(3.3)的等式成立。

证明 对任意的$Q \in \mathbb{R}$，考虑二点分布函数已知F'以及在此分布下确定的权重β和$1-\beta$分别满足

$$\mu-\sigma\left(\frac{1-\beta}{\beta}\right)^{1/2}=Q-\left[\sigma^{2}+(Q-\mu)^{2}\right]^{1/2}$$

$$\mu+\sigma\left(\frac{1-\beta}{\beta}\right)^{1/2}=Q+\left[\sigma^{2}+(Q-\mu)^{2}\right]^{1/2}$$

其中，$\beta=\left\{\left[\sigma^{2}+(Q-\mu)^{2}\right]^{1/2}+(Q-\mu)\right\} \Big/ \left\{2\left[\sigma^{2}+(Q-\mu)^{2}\right]^{1/2}\right\}$。则式(3.3)在$F'$下的等式成立且显然$F' \in \Gamma$。

3.3.2 最优产能决策

假设参与者关于市场需求均值和方差的设定如假设 3.1 和假设 3.2 所示。上游企业为供应链系统中的核心企业，其决策供应链系统的最优产能。当市场实际需求量为D_T且上游企业在时点t组织生产q_t单位产品时，供应链系统的期望利润函数$\mathbb{E}\Pi(q_t,t)$为

$$\mathbb{E}\Pi(q_t,t)=(p+g-c_t)q_t-0.5(p+g-v)\mathbb{E}\left[(q_t-D_T)^{+}\right]-g\mu \tag{3.4}$$

式中，$\mathbb{E}\left[(q_t-D_T)^{+}\right]$表示期望剩余量。

由性质 3.3 可知，当市场随机需求X_t的均值为μ，方差为σ_t^2时，有如下不等式成立：

$$\mathbb{E}\left[(q_t-D_T)^{+}\right] \leqslant 0.5\left[\sqrt{\sigma_t^{2}+(q_t-\mu)^{2}}+(q_t-\mu)\right] \tag{3.5}$$

将式(3.5)带入式(3.4)中得供应链系统在需求分布函数类型未知时的下界期望

利润 $\mathbb{E}\pi(q_t,t)$ 为

$$\mathbb{E}\pi(q_t,t)\geqslant(p+g-c_t)q_t-0.5(p+g-v)\left[\sqrt{\sigma_t^2+(q_t-\mu)^2}+(q_t-\mu)\right]-g\mu=\mathbb{E}\pi(q_t,t) \tag{3.6}$$

其中，$\mathbb{E}\pi(q_t,t)$ 表示在市场需求分布自由时，供应链系统的下界期望利润函数。通过对下界期望利润的分析，可以预测供应链系统在“最坏的市场需求环境下如何获得最优利润”，因此，本书接下来主要研究基于 $\mathbb{E}\pi(q_t,t)$ 来确定供应链系统的最优产能决策。

定理 3.4　给定 c_t 和 σ_t，下列结论成立：

(1) 下界期望利润函数 $\mathbb{E}\pi(q_t,t)$ 是 q_t 的凹函数。

(2) 存在唯一最大点 q_t^*，且满足 $q_t^*=\mu+0.5\sigma_t(\gamma_t-1/\gamma_t)$。

(3) 最大点 q_t^* 是 t 的单调递减函数。

其中，$\gamma_t=\sqrt{(p+g-c_t)/(c_t-v)}$。

证明　下界期望利润函数 $\mathbb{E}\pi(q_t,t)$ 关于 q_t 的一阶偏导数和二阶偏导数分别为

$$\partial\mathbb{E}\pi(q_t,t)/\partial q_t=(p+g-c_t)-0.5(p+g-v)\left[1+(q_t-\mu)\Big/\sqrt{\sigma_t^2+(q_t-\mu)^2}\right]$$

$$\partial^2\mathbb{E}\pi(q_t,t)/\partial q_t^2=-0.5\sigma_t^2(p+g-v)\Big/\left[\sigma_t^2+(q_t-\mu)^2\right]^{3/2}$$

(1) 因为 $\partial^2\mathbb{E}\pi(q_t,t)/\partial q_t^2<0$，所以 $\mathbb{E}\pi(q_t,t)$ 是 q_t 的凹函数。

(2) 由 (1) 知，$\mathbb{E}\pi(q_t,t)$ 关于 q_t 最大点 q_t^* 存在且唯一，其满足 $\partial\mathbb{E}\pi(q_t^*,t)/\partial q=0$，求解得

$$q_t^*=\mu+0.5\sigma_t(\gamma_t-1/\gamma_t)$$

(3) 求 q_t^* 关于 t 的一阶导数为

$$\mathrm{d}q_t^*/\mathrm{d}t=0.5\sigma_t'(\gamma_t-1/\gamma_t)+0.5\sigma_t\gamma_t'(1+1/\gamma_t^2)$$

因为 $\sigma_t'<0$，$\gamma_t-1/\gamma_t>0$；$\sigma_t>0$，$\gamma_t'<0$，$1+1/\gamma_t^2>0$，所以 $\mathrm{d}q_t^*/\mathrm{d}t<0$。将 q_t^* 代入 $\mathbb{E}\pi(q_t,t)$ 中，则下界期望利润函数 $\mathbb{E}\pi(q_t^*,t)$ 可进一步化简为

$$\mathbb{E}\pi(q_t^*,t)=(p-c_t)\mu-\sigma_t\sqrt{(p+g-c_t)(c_t-v)} \tag{3.7}$$

由式 (3.7) 可知，函数 $\mathbb{E}\pi(q_t^*,t)$ 仅是 t 的函数。接下来通过分析 $\mathbb{E}\pi(q_t^*,t)$ 关于 t 的单调性质可求解最优生产时点 t^*。

定理 3.5　供应链系统的最优生产时点 t^* 取决于 c_t 和 σ_t。具体地，对

$\forall t \in [0, t_{\max}]$，当 $c_t'' \leqslant 0$ 或 $c_t'' > 0$ 且 $\varGamma_t c_t'' + \varUpsilon_t > 0$ 时，最优生产时点 t^* 可分为如下三种情形：

(1) 如果 $\lim\limits_{t \to 0^+} \varPsi_t \geqslant 0$，那么 $t^* = t_{\max}$。

(2) 如果 $\lim\limits_{t \to t_{\max}^-} \varPsi_t \leqslant 0$，那么 $t^* = 0$。

(3) 如果 $\lim\limits_{t \to 0^+} \varPsi_t \cdot \lim\limits_{t \to t_{\max}^-} \Psi_t < 0$，那么 $t^* \in \{0, t_{\max}\}$。

当 $c''(t) > 0$ 且 $\varGamma_t c_t'' + \varUpsilon_t \leqslant 0$ 时，最优生产时点 t^* 分如下两种情形。

(1) 如果 $\lim\limits_{t \to t_{\max}} \varPsi_t \geqslant 0$，那么 $t^* = t_{\max}$。

(2) 如果 $\lim\limits_{t \to t_{\max}^-} \varPsi_t < 0$，那么 $t^* = t'$。

其中，$R_t = (v - c_t) / [c_t - (p + g)]$；$\varGamma_t = -0.5\left[2\mu + \sigma_t \sqrt{1/R_t}(1 - R_t)\right]$；$\mathrm{d}\mathbb{E}\pi(q_t^*, t')/\mathrm{d}t = 0$；$\varUpsilon_t = \dfrac{1}{4}\dfrac{\sigma_t (c_t')^2 (p + g - v)^2}{\{[c_t - (p + g)](v - c_t)\}^{3/2}} - \dfrac{\sigma_t' c_t'}{2}\sqrt{\dfrac{1}{R_t}}(1 - R_t)$；$\varPsi_t = \varGamma_t c_t' + \sigma_t'[c_t - (p + g)]\sqrt{R_t}$。

证明 首先可以确定不等式 $\varGamma_t < 0$，$\varUpsilon_t > 0$ 成立，而 $\varPsi_t$ 的正负号则需根据具体的市场参数而定。

其次，下界期望利润函数 $\mathbb{E}\pi(q_t^*, t)$ 关于 t 的一阶导数和二阶导数分别为

$$\mathrm{d}\mathbb{E}\pi(q_t^*, t)/\mathrm{d}t = \varPsi_t \text{；} \quad \mathrm{d}^2\mathbb{E}\pi(q_t^*, t)/\mathrm{d}t^2 = \varGamma_t c_t'' + \varUpsilon_t$$

对于 $\forall t \in [0, t_{\max}]$，若 $c_t'' \leqslant 0$ 或 $c_t'' > 0$ 且 $\varGamma_t c_t'' + \varUpsilon_t > 0$，则二阶导数 $\mathrm{d}^2\mathbb{E}\pi(q_t^*, t)/\mathrm{d}t^2 > 0$。可进一步推导得一阶导数 $\mathrm{d}\mathbb{E}\pi(q_t^*, t)/\mathrm{d}t$ 在区间 $[0, t_{\max}]$ 内是单调增函数。因此有：

(1) 如果 $\lim\limits_{t \to 0} \varPsi_t \geqslant 0$，那么 $\mathbb{E}\pi(q_t^*, t)$ 在区间 $[0, t_{\max}]$ 内是 t 的非减函数。

(2) 如果 $\lim\limits_{t \to t_{\max}} \varPsi_t < 0$，那么 $\mathbb{E}\pi(q_t^*, t)$ 在区间 $[0, t_{\max}]$ 内是 t 的非增函数。

(3) 如果 $\lim\limits_{t \to 0} \varPsi_t \cdot \lim\limits_{t \to t_{\max}} \varPsi_t < 0$，那么 $\mathbb{E}\pi(q_t^*, t)$ 在区间 $[0, t_{\max}]$ 内是 t 的凸函数。

若 $c_t'' > 0$ 且 $\varGamma_t c_t'' + \varUpsilon_t \leqslant 0$，则二阶导数 $\mathrm{d}^2\mathbb{E}\pi(q_t^*, t)/\mathrm{d}t^2 \leqslant 0$。可进一步得推导一阶导数 $\mathrm{d}\mathbb{E}\pi(q_t^*, t)/\mathrm{d}t$ 在区间 $[0, t_{\max}]$ 内是非增函数。因此有：

(1) 如果 $\lim\limits_{t \to t_{\max}} \varPsi_t \geqslant 0$，那么 $\mathbb{E}\pi(q_t^*, t)$ 在区间 $[0, t_{\max}]$ 内是 t 的单调非减函数。

(2) 如果 $\lim\limits_{t \to t_{\max}^-} \varPsi_t < 0$，那么 $\mathbb{E}\pi(q_t^*, t)$ 在区间 $[0, t_{\max}]$ 内是 t 的凹函数。

最后，根据 $\mathbb{E}\pi(q_t^*, t)$ 在区间 $[0, t_{\max}]$ 内关于 t 的单调性质即可推导得相应的最优生产时点 t^*。

定理 3.5 的直观解释可参考第 7 章的数值分析。

定理 3.5 表明，在需求分布自由的市场环境下，核心企业可以根据其生产成本结构和需求更新进程决策供应链系统的最优生产时点 t^*，再结合定理 3.4，得出决策供应链系统的最优生产量 q_t^*。由定理 3.4 和定理 3.5 确定的最优产能决策可以确保供应链系统在最坏的市场环境中获得最好的收益。此外定理 3.5 给出了由提前期控制引起的需求风险与生产成本之间的效益背反问题的均衡解：对于给定的 c_t 和 σ_t，当两者满足以下 5 种情形之一时，由提前期压缩带来的边际收益大于由此产生的边际风险，因此，提前期压缩增加了供应链系统的期望收益。同理，本小结是基于供应链系统最优进行的产能决策，目的是为分散供应链中参与者的博弈提供参照基准，在第 4 章供应链契约设计与协调模型”中将看到，通过构造恰当的供应链契约，分散供应链系统中参与者的产能决策等同于由定理 3.4 和定理 3.5 确定的 q_t^* 和 t^*。

情形 I $c_t'' \leqslant 0$，$t \in \left[0, t_{\max}\right]$ 且 $\lim\limits_{t \to 0^+} \varPsi_t \geqslant 0$。

情形 II $c_t'' > 0$，$\varGamma_t c_t'' + \varUpsilon_t > 0$，$t \in \left[0, t_{\max}\right]$ 且 $\lim\limits_{t \to 0^+} \varPsi_t \geqslant 0$。

情形III $c_t'' \leqslant 0$，$t \in \left[0, t_{\max}\right]$；$\lim\limits_{t \to 0^+} \varPsi_t \cdot \lim\limits_{t \to t_{\max}^-} \varPsi_t < 0$ 且 $\mathbb{E}\pi\left(q_t^*, 0\right) < \mathbb{E}\pi\left(q_t^*, t_{\max}\right)$。

情形IV $c_t'' > 0$，$\psi_t \geqslant 0$，$t \in \left[0, t_{\max}\right]$；$\lim\limits_{t \to 0^+} \varPsi_t \cdot \lim\limits_{xt \to t_{\max}^-} \varPsi_t < 0$ 且 $\mathbb{E}\pi\left(q_t^*, 0\right) < \mathbb{E}\pi\left(q_t^*, t_{\max}\right)$。

情形V $c_t'' > 0$，$\varGamma_t c_t'' + \varUpsilon_t \leqslant 0$，$t \in \left[0, t_{\max}\right]$。

此外，根据定理 3.5 可推导出供应链系统的最大提前期压缩量 $t_{\max}$。

推论 3.2 对于给定的 c_t 和 σ_t，称 $t_{\max}$ 为最大生产提前期压缩量，如果对 $\forall \varepsilon > 0$ 和 $\forall t \in \left[0, t_{\max}\right]$，下述结论同时成立，但当用 $t_{\max} + \varepsilon$ 代替 $t_{\max}$ 时，条件或者 (2) 不成立。

(1) 当 $c_t'' > 0$，$\varGamma_t c_t'' + \varUpsilon_t \leqslant 0$ 时，有 $\lim\limits_{t \to t_{\max}} \varPsi_t \geqslant 0$ 成立。

(2) 当 $c_t'' \leqslant 0$ 或 $c_t'' > 0$，$\varGamma_t c_t'' + \varUpsilon_t > 0$ 时，有 $\lim\limits_{t \to 0^+} \varPsi_t \cdot \lim\limits_{t \to t_{\max}^-} \varPsi_t < 0$ 且 $\mathbb{E}\pi(q_t^*, 0) < \mathbb{E}\pi(q_t^*, t_{\max})$ 成立。

3.4 小 结

本章基于采购提前期控制的时间管理，分别在市场分布函数已知和需求分布自由两种市场环境下，研究供应链系统在产品销售季节开始前的最优产能决策，包括最优生产量和最优生产时点的决策。相应地，通过模型的构建和分析，定理3.2和定理3.3分别给出了分布函数已知市场环境下，供应链系统的最优生产量和最优生产时点决策；定理3.4和定理3.5分别给出在市场需求分布自由的市场环境下，供应链系统的最优生产量和最优生产时点决策。

本章选择从供应链一体化的角度研究供应链系统的最优产能决策，一方面是为了寻找供应链系统市场需求风险最优控制时的均衡点，另一方面也为本质上是分散决策的参与者在进行决策时提供参照标准，在第5章“供应链契约设计与协调模型”中构造的供应链协调性契约将会依此最优产能决策作为参照基准，与其同时，根据定理3.2～定理3.5可知，无论供应链系统处于何种市场环境，供应链系统的最优产能决策均是产品销售价格的反应函数，因此，接下来的章节将研究时间管理下，报童型产品的最优动态定价问题。

第4章　报童型产品的最优动态定价决策模型

报童型产品供应链的最优动态定价是本章研究的重点。本章的撰写源于以下两个方面。一方面，在第3章“报童型供应链的最优产能决策模型”中，作者基于时间管理，分析出了报童型产品供应链在任意销售季节开始前的最优生产时点和最优生产量决策，这两个决策变量均是产品销售价格的反应函数；另一方面，价格策略是提升报童型产品供应链参与新常态下国际市场竞争力的重要因素。然而，由于报童产品的易逝性，容易导致其价值或效用随着时间的变化发生衰退或萎缩，因此，需要在销售过程中，适时地通过动态调整产品的销售价格来维持产品的市场竞争力和改善参与者的利润率。

在现有的研究文献中，通常假设产品的易逝率是固定不变的，事实上，随着科学发展和技术创新的突飞猛进，通过有效的“保鲜”技术投入是可以控制或降低产品的易逝率，改变产品的质量状态和销售生命周期，进而影响供应链系统的绩效，如通过流程优化、采购专业设备、提高技术投资等。在实际的经济活动中，制冷设备常用于来控制和降低水果、鲜花以及新鲜海产品的易逝率。但由于产品的报童特征，其质量改变具有随机性，同时，这样的技术投入增加了供应链系统的整体运营成本，降低参与者的利润率。因此，本章主要研究如何均衡供应链系统的“保鲜”技术投入水平和产品的最优动态定价，进而确保在产品退出销售渠道之前最大化供应链系统的绩效。本章基于供应链系统整体绩效最优的角度研究产品的销售动态定价，不失一般性假设上游企业为供应链系统中的核心企业，与此同时，基于有限时域马尔可夫随机决策理论，构建供应链系统的最优动态定价模型，通过模型的分析，得出“保鲜”技术投入水平和动态定价的均衡路径。在此路径下，供应链系统的绩效是最优的。

4.1　符号假设和问题描述

4.1.1　符号假设

本章构建动态定价决策模型所使用的符号及其含义如表4.1所示。

表 4.1 最优动态定价模型符号一览表

符号	含义	符号	含义
t	决策点，也为销售单元	e_t	决策点 t 的“保鲜”技术投入水平
c	产品的单位生产价格	c_t	当决策点 t 的投入水平为 e_t 时的成本
χ	质量状态空间	D_t	决策点 t 的市场需求
$\bar{\chi}$	库存状态空间	p_t	决策点 t 的产品的单位销售价格
X_t	决策点 t 的质量状态，$X_t \in \chi$	Υ_t	决策点 t 的供应链系统的当期既得收益
$\bar{X}_t$	决策点 t 的库存状态，$\bar{X}_t \in \bar{\chi}$	$\mathbb{E}[\cdot]$	数学期望算子
$\sigma_t \in \{0,1\}$	决策点 t 的销售决策	$\mathcal{H}$	决策点 t 时的历史信息
$P_{X_t, X_{t+1}}(e_t)$	当决策点 t 的投入水平为 e_t 时，产品质量状态由 X_t 转移到 X_{t+1} 的概率	$\Upsilon(x,\bar{x};e_t,p_t)$	当 $(X_t,\bar{X}_t)=(x,\bar{x})$，投入水平为 e_t 且定价为 p_t 时，Υ_t 的期望值
$F_{(x,z)}$	取值在 $\left[\underline{r}_{(x,z)},\bar{r}_{(x,z)}\right]$ 上 Υ_t 的连续分布函数		

4.1.2 问题描述

由于报童型产品具有销售周期短的特征，在每个销售季节中存在多个批次的销售周期，因此，本章研究任意给定销售周期产品的动态定价问题。假设在某一个销售周期的初期，供应链系统销售数量为 $\bar{X}_1$ 的单一报童型产品，数量 $\bar{X}_1$ 的获取可根据第 3 章中最优产能决策模型进行确定。由于报童型产品的易逝性，该批次产品的销售生命周期是有限的且存在有限个销售单元。产品的销售单元是其销售生命周期的离散化，每个销售单元对应一个决策点，两者之间的关系如图 4.1 所示。核心企业在决策点 t 的销售流程分为如下 4 个步骤，如图 4.2 所示。该流程的介绍涉及两个时间节点：①决策点 t，也就是销售单元 t 的初期；②销售单元 t 的末期。此处强调这两个时间节点的目的是便于后文流程的介绍，通常情况下，销售单元 t 的末期与决策点 $t+1$ 可视为同一个时间点。

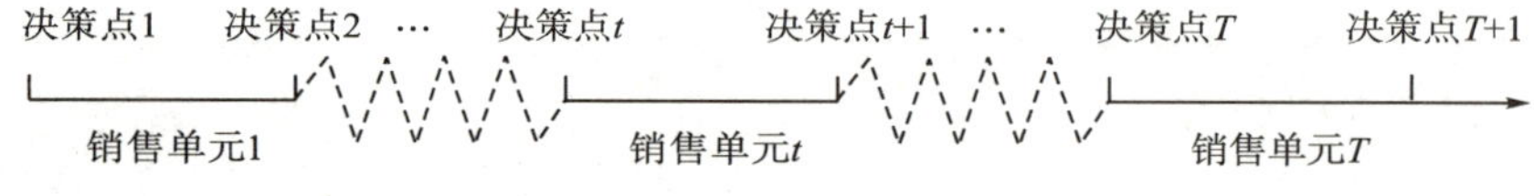

图 4.1 销售单元和决策点之间的关系

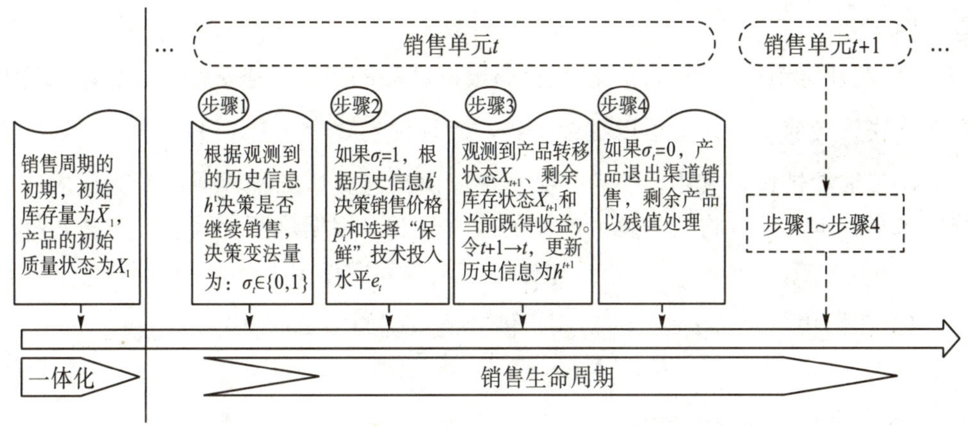

图 4.2　报童型产品销售流程图

步骤 1：在决策点t，核心企业观测到产品的历史信息h^t，包括产品的质量状态X_t，决策当前单元是否继续销售，决策变量为$\sigma_t\in\{0,1\}$。若$\sigma_t=1$，则依次进行步骤 2～步骤 3，否则跳至步骤 4。

步骤 2：核心企业根据历史信息h^t决策当前单元内产品的销售价格$p_t\in\Omega\left(h^t\right)$，同时，选择“保鲜”技术投入水平$e_t\in E\left(h^t\right)$来控制产品的易逝率，其中，$\Omega\left(h^t\right)$为有界闭区间；$E\left(h^t\right)$为有限离散空间。相应地，由“保鲜”技术投入产生的成本为c_t。

步骤 3：在销售单元t的末期，核心企业观测到产品的质量转移状态X_{t+1}，剩余库存状态$\bar{X}_{t+1}$和当前既得收益$\varUpsilon_t$。令$t+1\to t$，更新历史信息为h^{t+1}，转入步骤 1。

步骤 4：若$\sigma_t=0$，则产品退出渠道销售，剩余产品以残值处理。

4.2　动态定价模型

对于有限销售单元$T\geqslant 1$，核心企业根据产品的初始信息h^1采用策略π时，供应链系统的期望收益函数$\mathcal{V}_T^{\pi}\left(h^1\right)$为

$$\mathcal{V}_T^{\pi}(h_1)\triangleq E_{\pi}^{h_1}\left[\sum\nolimits_{t=1}^{T}\sigma_1(\varUpsilon_t-c_t)+\varUpsilon_{T+1}\right]_1-c\bar{X}_1 \tag{4.1}$$

式(4.1)表示核心企业根据产品的初始信息h^1采用策略π时，供应链系统从决策点 1 开始到决策点T时，获得的期望总利润。其中，$\varUpsilon_{T+1}=\varUpsilon_{T+1}\left(h^{T+1}\right)$表示供应链系统的残值收益；$c\bar{X}_1$表示当期销售周期的生产成本。对于式(4.1)，有以下 5

点说明。

(1)在任意销售决策点t，核心企业根据产品的质量状态X_t和收益$\mathcal{V}_T^{\pi}\left(h^t\right)$两方面来决策当前单元是否可以继续销售，当且仅当$X_t \geqslant \hat{x}$且$\mathcal{V}_T^{\pi}\left(h^t\right) \geqslant \hat{\mathcal{V}}$时，核心企业决策继续销售。其中，$\hat{x}$为产品质量退出流通渠道的临界值；$\hat{\mathcal{V}}$为供应链系统的机会成本，可以将其理解为产品的残值收益。根据这两个因素，定义T为

$$T = \sup\left\{t \in \mathbb{Z}^+ \middle| X_t \geqslant \hat{x}, \mathcal{V}_T^{\pi}(h^t)\hat{\mathcal{V}}\right\} \tag{4.2}$$

(2)在销售单元t，$t \leqslant T$的初期，供应链系统的历史信息为

$$h^t = \left\{X_1, \cdots, X_t; \bar{X}_t, \cdots, \bar{X}_t; \sigma_1, \cdots, \sigma_{t-1}; \Upsilon_1, \cdots, \Upsilon_{t-1}\right\} \tag{4.3}$$

记H^t为由所有h^t构成的空间。

(3)如果核心企业决策在销售单元t继续销售，则在决策点t，核心企业需要决策两个参数。一是确定当前销售单元选择控制产品易逝率的“保鲜”技术投入水平e_t，该投入水平影响了产品的质量状态，记其状态以$P_{X_t, X_{t+1}}\left(e_t\right)$的概率由$X_t$转移到$X_{t+1}$。由报童型产品的易逝性可知$\max\left\{X_{t+1}\right\} \leqslant X_t$，如图 4.3 所示，其中，$P_{X_t, X_{t+1}}(e_t) = Pr\left\{X_{t+1} \middle| X_t, e_t\right\}$由“保鲜”技术投入水平$e_t$产生的成本为$c_t$，其取值一方面受限于当前的库存量$\bar{X}_t$；另一方面受限于当前选择的投入水平$e_t$和外部选择的既得收益$\gamma_t$。因此$c_t$又可记为$c_t\left(\bar{X}_t, e_t, \gamma_t\right)$。

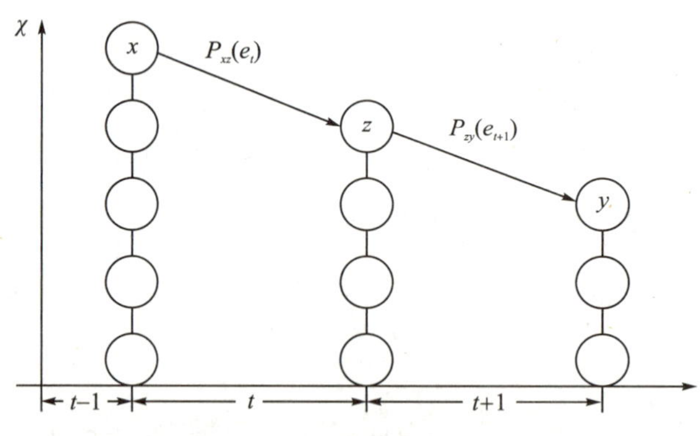

图 4.3 状态转移$(x \to z)$（一）

二是确定产品的单位销售价格p_t。给定价格p_t，当前单元内的市场需求D_t为

$$D_t = D\left(X_t, p_t, \varepsilon_t\right), \quad v \leqslant p_t \leqslant \max\left\{v, D^{-1}\left(X_t\right)\right\} \tag{4.4}$$

其中，X_t为质量状态，满足$\partial D\left(X_t, p_t\right) / \partial X_t > 0$，$\partial D\left(X_t, p_t\right) / \partial p_t < 0$；$\varepsilon_t$为除价格和质量之外影响产品需求的因素，其为随机变量。

(4) 在销售单元 t 的期末，企业获得既得收益为 Υ_t，其取值依赖于产品的质量状态 X_t、库存状态 $\bar{X}_t$、选择的行动 e_t 以及当前产品的销售价格 p_t。因此，Υ_t 又记为 $\Upsilon_t\left(X_t, \bar{X}_t, e_t, p_t\right)$。

(5) 策略 $\pi = \left\{d_t\right\}_{t=1}^{T}$，这里 $d_t : \chi \times \bar{\chi} \to E\left(h^t\right) \times \Omega\left(h^t\right)$ 为函数映射，表示对 $\forall (x,y) \in \chi \times \bar{\chi}$，有 $d_t(x,y) \in E\left(h^t\right) \times \Omega\left(h^t\right)$ 成立。记由所有 π 构成的空间为 Π。则核心企业的优化目标是从策略空间 Π 中选定最优策略 π^*，使其满足

$$\mathcal{V}_T^{\pi^*}(X_1,\ \bar{X}_1) \geqslant \mathcal{V}_T^{\pi}(X_1,\ \bar{X}_1),\ \ \forall \pi \in \Pi \tag{4.5}$$

以及由此最优策略产生的最优期望收益：

$$\mathcal{V}_T^{*}(X_1,\ \bar{X}_1) = \max_{\pi \in \Pi} \mathcal{V}_T^{\pi}(X_1,\ \bar{X}_1) \tag{4.6}$$

接下来，求解满足式 (4.5) 的最优策略和满足式 (4.6) 的最优期望总利润。求解思路是：首先介绍值迭代方法和最优方程；然后，证明最优策略的存在性，并计算由此最优策略获得的最优期望总利润；最后，讨论最优策略的单调性，以简化计算复杂度和提高现实的操作性。

4.3　模型的最优策略

式 (4.5) 和式 (4.6) 是通过逆向归纳法的迭代估值获得最优期望收益。本节将介绍给定固定策略 π，$\pi \in \Pi$ 时通过此迭代方法计算期望总利润。

记函数 $\mathcal{U}_t^{\pi} : H^t \to \mathbb{R}^1$ 为核心企业采用策略 π，$\pi \in \Pi$ 时，供应链系统从决策点 t 到时刻 T 的期望利润之和。若在决策点 t 的历史信息 $h^t \in H^t$，则对 $t \leqslant T$，定义：

$$\mathcal{U}_t^{\pi}(h^t) \triangleq \mathbb{E}_{\pi}^{h^t}\left\{\left[\sum_{\tau=t}^{T} e_\tau(\Upsilon_\tau - c_\tau) + \Upsilon_{T+1}\right] \middle| h^t, X_t, \bar{X}_t\right\} - c\bar{X}_t \tag{4.7}$$

式 (4.7) 将期望收益函数的条件写成 $\left(h^t, X_t, \bar{X}_t\right)$，主要是强调在决策时点 t，核心企业了解过去的历史信息 h^t 和产品的状态变量 $\left(X_t, \bar{X}_t\right)$。特别地，记 $\mathcal{U}_{T+1}^{\pi}\left(h^{T+1}\right) = r_{T+1}\left(X_{T+1}, \bar{X}_{T+1}\right)$，其中，$h^{T+1} = \left(h^T, X_{T+1}, \bar{X}_{T+1}\right)$。显然，当 $h^1 = \left\{X_1; \bar{X}_1\right\}$ 时，式 (4.7) 与式 (4.1) 等值。定义函数 $\mathcal{U}_t^{\pi}$ 的目的是通过接下来介绍的有限时域值迭代算法，推算 $\mathcal{U}_t^{\pi}$ 的最优值，进而计算出 $\mathcal{V}_T^{\pi}$ 的最优值。

定理 4.1　对 $\forall t \in \{1, \cdots, T\}$，给定历史信息 h^t 和策略 $\pi \in \Pi$，式 (4.8) 可转化为

$$\begin{aligned}\mathcal{U}_t^{\pi}\left(h^t\right) \triangleq &\left[\Upsilon\left(X_t, \bar{X}_t; e_t, p_t\right) - c_t\left(\bar{X}_t, e_t, \gamma_t\right) - c\bar{X}_t\right] \\ &+ \sum_{X_{t+1} \in \chi} P_{X_t, X_{t+1}}\left(e_t\right) \mathcal{U}_{t+1}^{\pi}\left(h^t, e_t, p_t, X_{t+1}, \bar{X}_{t+1}\right)\end{aligned} \tag{4.8}$$

证明 由式(4.7)可知，

$$
\begin{aligned}
\mathcal{U}_t^{\pi}\left(h^t\right) &\triangleq \mathbb{E}_{\pi}^{h^t}\left\{\left[\sum_{\tau=t}^{T} e_\tau\left(\Upsilon_\tau - c_\tau\right) + \Upsilon_{T+1}\right]\middle|\left(h^t, X_t, \bar{X}_t\right)\right\} - c\bar{X}_t \\
&= \mathbb{E}_{\pi}^{h^t}\left[\left(\Upsilon_t - c_t\right)\middle|\left(h^t, X_t, \bar{X}_t\right)\right] \\
&\quad + \mathbb{E}_{\pi}^{h^t}\left\{\left[\sum_{i=t+1}^{T} \sigma_i\left(\Upsilon_i - c_i\right) + \Upsilon_{T+1}\right]\middle|\left(h^t, X_t, \bar{X}_t\right)\right\} - c\bar{X}_t \\
&= \mathbb{E}_{\pi}^{h^t}\left[\left(\Upsilon_t - c_t\right)\middle|\left(h^t, X_t, \bar{X}_t\right)\right] \\
&\quad + \mathbb{E}_{\pi}^{h^t}\left(\mathbb{E}_{\pi}^{h^t}\left[\sum_{i=t+1}^{T} \sigma_i\left(\Upsilon_i - c_i\right) + \Upsilon_{T+1}\middle|\left(h^t, e_t, p_t, X_{t+1}, \bar{X}_{t+1}\right)\right]\middle|\left(h^t, X_t, \bar{X}_t\right)\right) - c\bar{X}_t \\
&= \left[-c_t\left(\bar{X}_t, e_t, \gamma_t\right) - c\bar{X}_t + \sum_{X_{t+1}\in\bar{\chi}}\left(e_t\right)P_{X_t, X_{t+1}}\Upsilon_t\left(X_t, \bar{X}_t, a_t, p_t\right)\right] \\
&\quad + \left(\sum_{X_{t+1}\in\bar{\chi}} P_{X_t, X_{t+1}}\left(e_t\right)\cdot\mathbb{E}_{\pi}^{h^t}\left\{\left[\sum_{i=t+1}^{T} \sigma_i\left(\Upsilon_t - c_t\right) + r_{T+1}\right]\middle|\left(h^t, e_t, p_t, X_{t+1}, \bar{X}_{t+1}\right)\right\}\right) \\
&= \left[\Upsilon\left(X_t, \bar{X}_t; e_t, p_t\right) - c_t\left(\bar{X}_t, e_t, \gamma_t\right) - c\bar{X}_t\right] \\
&\quad + \sum_{X_{t+1}\in\bar{\chi}} P_{X_t, X_{t+1}}\left(e_t\right)\mathcal{U}_{t+1}^{\pi}\left(h^t, e_t, p_t, X_{t+1}, \bar{X}_{t+1}\right)
\end{aligned}
$$

定理 4.1 表示从销售单元 t 开始，核心企业根据供应链系统的状态变量 $\left(X_t, \bar{X}_t\right)$ 采取策略 π 时的期望利润之和等于销售单元 t 获得的既得期望收益加上直至产品销售生命周期结束时的期望利润。因此，如果计算出 $\mathcal{U}_t^{\pi}\left(h^t\right)$ 的值，则通过逆向归纳法就可以求解出从销售单元 1 开始，核心企业采用策略 π 时，供应链系统的期望总利润。给定策略 $\pi\in\Pi$ ，式(4.8)的函数值可以通过表 4.2 的值迭代算法求解。

表 4.2 基于逆向归纳法的有限时域值迭代算法

步骤 1	令 $t=T+1$ 且 $\forall h^{T+1}=\left(h^T, X_{T+1}, \bar{X}_{T+1}\right)\in H^{T+1}$ 有 $\mathcal{U}_{T+1}^{\pi}\left(h^{T+1}\right)=\Upsilon_{T+1}\left(X_{T+1}, \bar{X}_{T+1}\right)$
步骤 2	如果 $t=1$，算法停止，否则，令 $t-1\to t$ 后，进入步骤 3
步骤 3	对状态 $\left(X_t, \bar{X}_t\right)\in\chi\times\bar{\chi}$ 和历史信息 $h^t=\left(h^{t-1}, X_t, \bar{X}_t\right)\in H^t$，通过式(4.8)计算 $\mathcal{U}_t^{\pi}\left(h^t\right)$
步骤 4	返回步骤 2

定理 4.2 假设 $\mathcal{U}_t^{\pi}$，$t\leqslant T$ 的函数值是由表 4.2 得到，则对一切 $t\leqslant T$ ，$\mathcal{U}_t^{\pi}$ 满足表(4.2)。特别地，对一切 $\left(X_1, \bar{X}_1\right)\in\chi\times\bar{\chi}$，有 $\mathcal{U}_1^{\pi}\left(X_1, \bar{X}_1\right)=\mathcal{V}_T^{\pi}\left(X_1, \bar{X}_1\right)$。

证明 当 $t=T$ 时，结论显然成立。假设对 $t+1,\cdots,T$ ，式(4.7)均成立。则由归纳法结合定理 4.1 可得：对决策点t，式(4.7)亦成立。由t的任意性可知，定理 4.2 得证。

对$\forall t\in\{1,\cdots,T\}$和历史信息$h^t=\left(h^{t-1},X_t,\bar{X}_t\right)\in H^t$，令

$$\mathcal{U}_t^*\left(h^t\right)=\max_{\pi\in\Pi}\mathcal{U}_t^\pi\left(h^t\right) \tag{4.9}$$

同时，定义$\mathcal{U}_t\left(h^t\right)$为最优方程，其满足

$$\begin{aligned}\mathcal{U}_t\left(h^t\right)=\max_{(e,p)\in E\left(h^t\right)\times\Omega\left(h^t\right)}&\left\{\left[\Upsilon\left(X_t,\bar{X}_t;e,p\right)-c_t\left(\bar{X}_t,e_t,\gamma_t\right)-c\bar{X}_t\right]\right.\\&\left.+\sum_{X_{t+1}\in\bar{\chi}}P_{X_t,X_{t+1}}(e)\mathcal{U}_{t+1}\left(h^t,e,p,X_{t+1},\bar{X}_{t+1}\right)\right\}\end{aligned} \tag{4.10}$$

对于$t=T+1$和$h^{T+1}=\left(h^T,X_{T+1},\bar{X}_{T+1}\right)$，定义$\mathcal{U}_{T+1}\left(h^{T+1}\right)$为边界条件，其满足

$$\mathcal{U}_{T+1}\left(h^{T+1}\right)=r_{T+1}\left(X_{T+1},\bar{X}_{T+1}\right) \tag{4.11}$$

最优方程在本章的动态定价研究中十分重要，主要由于①对每个决策点t，最优方程的解是从时刻t到结束阶段的最优期望收益；②提供了确定策略是否最优的方法。换言之，如果对于一切决策点t，该策略从t时刻到决策结束时的期望收益满足$t=1,2,\cdots,T$的方程组，那么该策略就是最优的。定理 4.3 给出最优方程的性质。

定理 4.3　假设$\mathcal{U}_t$，$t\leqslant T$是式(4.10)的解，且满足$\mathcal{U}_{T+1}=r_{T+1}$，那么：

(1) 对$\forall t\in\{1,\cdots,T\}$及相应的历史信息$h^t\in H^t$,有$\mathcal{U}_t\left(h^t\right)=\mathcal{U}_t^*\left(h^t\right)$成立。

(2) 对于供应链系统的初始状态$\left(X_1,\bar{X}_1\right)\in\chi\times\bar{\chi}$，有$\mathcal{U}_1\left(X_1,\bar{X}_1\right)=\mathcal{V}_T^*\left(X_1,\bar{X}_1\right)$成立。

证明　首先，证明对$\forall t\in\{1,\cdots,T\}$和历史信息$h^t\in H^t$有$\mathcal{U}_t\left(h^t\right)\geqslant\mathcal{U}_t^*\left(h^t\right)$。对于决策点$T+1$，由于产品是以残值销售。因此对$\forall\pi\in\Pi$和历史信息$h^{T+1}\in H^{T+1}$，有

$$\mathcal{U}_{T+1}\left(h^{T+1}\right)=r_{T+1}\left(X_{T+1},\bar{X}_{T+1}\right)=\mathcal{U}_{T+1}^\pi$$

故$\mathcal{U}_{T+1}\left(h^{T+1}\right)=\mathcal{U}_{T+1}^*\left(h^{T+1}\right)$。

假设对$\forall t\in\{i+1,\cdots,T\}$和$h^t\in H^t$都有$\mathcal{U}_t\left(h^t\right)\geqslant\mathcal{U}_t^*\left(h^t\right)$成立。令$\forall\pi'=\{d_t'\}_{t=1}^T\in\Pi$。当$t=i$时，由式(4.11)和归纳假设可得

$$\begin{aligned}\mathcal{U}_t\left(h^t\right)=&\max_{e\in E\left(h^t\right),p\in\Omega\left(h^t\right)}\left\{\left[\Upsilon\left(X_t,\bar{X}_t;e,p\right)-c_t\left(\bar{X}_t,e_t,\gamma_t\right)-c\bar{X}_t\right]\right.\\&\left.+\sum_{X_{t+1}\in\chi}P_{X_t,X_{t+1}}(e)\cdot\mathcal{U}_{t+1}\left(h^t,e,p,X_{t+1},\bar{X}_{t+1}\right)\right\}\\\geqslant&\max_{e\in E\left(h^t\right),p\in\Omega\left(h^t\right)}\left\{\left[\Upsilon\left(X_t,\bar{X}_t;e,p\right)-c_t\left(\bar{X}_t,e_t,\gamma_t\right)-c\bar{X}_t\right]\right.\\&\left.+\sum\nolimits_{X_{t+1}\in\chi}P_{X_t,X_{t+1}}(e)\mathcal{U}_{t+1}^*\left(h^t,e,p,X_{t+1},\bar{X}_{t+1}\right)\right\}\end{aligned} \tag{4.12}$$

$$\geqslant \max_{e\in E(h^t),p\in\Omega(h^t)}\left\{\left[\Upsilon\left(X_t,\bar{X}_t;e,p\right)-c_t\left(\bar{X}_t,e_t,\gamma_t\right)\right]\right.$$

$$\left.+\sum_{X_{t+1}\in\chi}P_{X_t,X_{t+1}}(e)\mathcal{U}_{t+1}^{\pi'}\left(h^t,e,p,X_{t+1},\bar{X}_{t+1}\right)\right\} \tag{4.13}$$

$$\geqslant\left[\Upsilon\left(X_t,\bar{X}_t;e_t,p_t\right)-c_t\left(\bar{X}_t,e_t,\gamma_t\right)-c\bar{X}_t\right]$$

$$+\sum_{X_{t+1}\in\chi}P_{X_t,X_{t+1}}\left(e_t\right)\mathcal{U}_{t+1}^{\pi'}\left(h^t,e_t,p_t,X_{t+1},\bar{X}_{t+1}\right) \tag{4.14}$$

$$=\mathcal{U}_t^{\pi'}\left(h^t\right)$$

其中，由归纳假设可得不等式(4.12)；由式(4.10)的定义可得不等式(4.13)；由式(4.11)的定义可得不等式(4.14)；而最后的等式可由定理 4.2 获得。由π'的任意性可得不等式$\mathcal{U}_t\left(h^t\right)\geqslant\mathcal{U}_t^*\left(h^t\right)$成立。再由归纳法可得当$t=i$时，结论成立。

其次，证明对$\forall t\in\{1,\cdots,T\}$和$h^t\in H^t$有$\mathcal{U}_t\left(h^t\right)\leqslant\mathcal{U}_t^*\left(h^t\right)$成立。对$\forall\varepsilon>0$，存在$\pi'\in\Pi$使其满足

$$\mathcal{U}_t^{\pi'}\left(h^t\right)+(N-t)\varepsilon\geqslant\mathcal{U}_t\left(h^t\right) \tag{4.15}$$

为了使得式(4.15)成立，构造策略$\pi'=\{d_t\}_{t=1}^T$使得

$$\begin{aligned}&\left\{\Upsilon\left[X_t,\bar{X}_t;d_t\left(h^t\right)\right]-c_t\left(h^t,e_t,\gamma_t\right)-c\bar{X}_t\right\}\\&+\sum\nolimits_{X_{t+1}\in\chi}P_{X_t,X_{t+1}}\left(e_t\right)\cdot\mathcal{U}_{t+1}^{\pi'}\left[h^t,d_t\left(h^t\right),X_{t+1},\bar{X}_{t+1}\right]+\varepsilon\geqslant u_t\left(h^t\right)\end{aligned} \tag{4.16}$$

对$\forall t\in\{1,\cdots,T\}$和$h^t\in H^t$成立。不等式 4.15 可通过以下归纳法得以证明。

因为$\mathcal{U}_{T+1}^{\pi'}\left(h^{T+1}\right)=\mathcal{U}_{T+1}\left(h^{T+1}\right)$，所以对$t=T+1$，不等式(4.16)成立。假设对$t=i+1,\cdots,T$，有$\mathcal{U}_t^{\pi'}(h^t)+(N-t)\varepsilon\geqslant\mathcal{U}_t(h^t)$成立。则根据定理 4.2 和式(4.16)，对$t=i$，有

$$\begin{aligned}\mathcal{U}_i^{\pi'}(h^2)&\triangleq\left\{\Upsilon\left[X_t,\bar{X};d_t\left(h^t\right)\right]-c_t\left(h^t,e_t,\gamma_t\right)-c\bar{X}_t\right\}\\&\quad+\sum_{X_{t+1}\in\chi}P_{X_t},X_{t+1}\left(e_t\right)\mathcal{U}_{t+1}^{\pi'}\left[h^t,d_t\left(h^t\right),X_{t+1},\bar{X}_{t+1}\right]\\&\geqslant\left\{\Upsilon\left[X_1,\bar{\chi};d_t\left(h^t\right)\right]-c_t\left(h^t,e_t,\gamma_t\right)-c\bar{X}_t\right\}\\&\quad+\sum_{\bar{X}_{t+1}\in\bar{X}}P_{X_t,X_{t+1}}\left(e_t\right)\mathcal{U}_{t+1}\left[h^t,d_t\left(h^t\right),X_{t+1},\bar{X}_{t+1}\right]-(N-i-1)\varepsilon\\&\geqslant\mathcal{U}_t\left(h^t\right)-(N-i)\varepsilon\end{aligned}$$

因此上述假设对$t=i$也成立，即由归纳法和i的任意性可得式(4.15)成立。故对$\forall_\varepsilon>0$，存在策略$\pi\in\Pi$使得$\mathcal{U}_t^{\pi}\left(h^t\right)+(N-t)\varepsilon\geqslant\mathcal{U}_t\left(h^t\right)\geqslant\mathcal{U}_t^*\left(h^t\right)$成立。

定理 4.3(1)表示式(4.10)的解是供应链系统从销售单元 t 开始获得的最优期望

收益；定理 4.3(2)表示式(4.10)在 t=1 时求解的值是供应链系统在产品初始质量状态 X_1 和初始库存状态 $\bar{X}_1$ 时获得的最优期望收益。接下来基于最优方程［式(4.11)］求解最优“保鲜”技术投入水平和最优动态定价，即确定最优策略 π^*。

定理4.4 假设 $\mathcal{U}_t^*$，$t=1,\cdots,T+1$ 是最优方程［式(4.10)］的解，且满足式(4.11)的边界条件，则策略 $\pi^*=\left\{\mathrm{d}_t^*\right\}_{t=1}^T\in\Pi$ 对 $\forall t\in\{1,\cdots,T\}$ 满足

$$\left[\Upsilon\left(X_t,\bar{X}_t;e_t^*,p_t^*\right)-c_t\left(h^t,e_t^*,\gamma_t\right)-c\bar{X}_t\right]+\sum_{X_{t+1}\in\chi}P_{X_t,X_{t+1}}\left(e_t^*\right)\mathcal{U}_{t+1}^*\left(h^t,e_t^*,p_t^*,X_{t+1},\bar{X}_{t+1}\right)$$

$$=\max_{e\in E\left(h^t\right),p\in\Omega\left(h^t\right)}\left\{\left[\Upsilon\left(X_t,\bar{X}_t;e,p\right)-c_t\left(h^t,e,\gamma_t\right)-c\bar{X}_t\right]+\sum_{\chi_{t+1}\in X}P_{X_t,X_{t+1}}(\mathrm{e}_t^*)\mathcal{U}_{t+1}^*\left(h^t,e,p,X_{t+1},\bar{X}_{t+1}\right)\right\} \tag{4.17}$$

那么：

(1) $\forall t\in\{1,\cdots,T\}$，有

$$\mathcal{U}_t^{\pi^*}\left(h^t\right)=\mathcal{U}_t^*\left(h^t\right),\ h^t\in H^t \tag{4.18}$$

(2) π^* 是最优策略且对供应链系统的初始状态 $\left(X_1,\bar{X}_1\right)\in\chi\times\bar{\chi}$，有

$$\mathcal{V}_T^{\pi^*}\left(X_1,\bar{X}_1\right)=\mathcal{V}_T^*\left(X_1,\bar{X}_1\right) \tag{4.19}$$

证明 对 $t=T+1$，显然有 $\mathcal{U}_{T+1}^{\pi_t^*}\left(h^{T+1}\right)=\mathcal{U}_{t+1}^*\left(h^{T+1}\right)$，$h^{T+1}\in H^{T+1}$。假设当 $t=i+1,\cdots,T$ 时，等式 $\mathcal{U}_t^{\pi^*}\left(h^t\right)=\mathcal{U}_t^*\left(h^t\right)$，$h^t\in H^t$ 成立。则当 $t=i$ 时，有

$$\begin{aligned}\mathcal{U}_t^*\left(h^t\right)&=\max_{e\in E\left(h^t\right),p\in\Omega(h^t)}\left\{\left[\Upsilon\left(X_t,\bar{X}_t;e,p\right)-c_t\left(h^t,e,\gamma_t\right)-c\bar{X}_t\right]+\sum_{X_{t+1}\in\chi}P_{X_t,X_{t+1}(e)}\mathcal{U}_{t+1}^*\left(h^t,e,p,X_{t+1},\bar{X}_{t+1}\right)\right\}\\&=\left[\Upsilon\left(X_t,\bar{X}_t;e_t^*,p_t^*\right)-c_t\left(h^t,e_t^*,\gamma_t\right)-c\bar{X}_t\right]+\sum_{X_{t+1}\in\chi}P_{X_t,X_{t+1}(\mathrm{e}_t^*)\mathcal{U}_{t+1}^*}\left(h^t,e_t^*,p_t^*,X_{t+1},\bar{X}_{t+1}\right)\\&=\mathcal{U}_t^{\pi^*}\left(h^t\right)\end{aligned}$$

因此，当 $t=i$ 时上述假设也成立，即由归纳法和 i 的任意性可得定理 4.4 成立。定理 4.4(2)可由定理 4.1 和定理 4.3(2)得证。

定理 4.5 假设 $\mathcal{U}_t^*$，$t\leqslant \mathrm{T}+1$ 是式(4.10)且是边界条件［式(4.11)］的解。那么对 $\forall t=1,\cdots,T$，$\mathcal{U}_t^*\left(h^t\right)$ 的确定仅与供应链系统的初始状态 $\left(X_1,\bar{X}_1\right)\in X\times\bar{\chi}$ 有关。

证明 对于 $t=T+1$，由于 $\mathcal{U}_{T+1}^*\left(h^{T+1}\right)=\mathcal{U}_{T+1}^*\left(h^T,e_T,p_T,X_{T+1},\bar{X}_{T+1}\right)=r_{t+1}\left(X_{t+1},\bar{X}_{t+1}\right)$；$e_T\in E\left(h^T\right)$；$h^{T+1}\in H^{T+1}$，$p_T\in\Omega\left(h^T\right)$ 可得 $\mathcal{U}_{T+1}^*\left(h^{T+1}\right)=U_{T+1}^*\left(X_{t+1},\bar{X}_{t+1}\right)$，其中，$e_T\in E\left(h^T\right)$；$h^{T+1}\in H^{T+1}$，$p_T\in\Omega\left(h^T\right)$ 可得 $\mathcal{U}_{T+1}^*\left(h^{T+1}\right)=U_{T+1}^*\left(X_{t+1},\bar{X}_{t+1}\right)$。因为假设对 $t=i+1,\cdots,T$ 时，有命题 $\mathcal{U}_t^*\left(h^t\right)$=$\mathcal{U}_t^*\left(X_t,\bar{X}_t\right)$ 成立，所以对 $t=i$，有

$$
\begin{aligned}
\mathcal{U}_t^*\left(h^i\right) &= \max_{e\in E\left(h^t\right), p\in\Omega\left(h^t\right)} \left\{\left[\Upsilon(X_t, \bar{X};e,\ p)\left(h^t, e, \gamma_t\right) - c\bar{X}_t\right]\right. \\
&\quad \left. + \sum_{X_{t+1}\in\chi} P_{X_t, X_{t+1}}(e)\,\mathcal{U}_{t+1}^*\left(h^t, e, p, X_{t+1}, \bar{X}_{t+1}\right)\right\} \\
&= \max_{e\in E\left(h^t\right), p\in\Omega\left(h^t\right)} \left\{\left[\Upsilon\left(X_t, \bar{X}_t;e, p\right) - c_t\left(h^t, a, \gamma_t\right) - c\bar{X}_t\right]\right. \\
&\quad \left. + \sum_{X_{t+1}\in\chi} P_{X_t, X_{t+1}}(e)\,\mathcal{U}_{t+1}^*\left(X_{t+1}, \bar{X}_{t+1}\right)\right\}
\end{aligned}
\tag{4.20}
$$

以上定理证明了供应链系统最优策略的存在性，下面通过逆向递归迭代算法来计算供应链系统的最优值和最优策略(表 4.3)。

表 4.3　有限阶段逆向递归迭代算法

步骤 1	令 $t=T+1$ 且对供应链系统状态 X_{T+1} 和 $\bar{X}_{T+1}$，有 $u_{T+1}^*\left(X_{T+1}, \bar{X}_{t+1}\right) = r_{T+1}^*\left(X_{T+1}, \bar{X}_{t+1}\right)$ 成立
步骤 2	如果 $t=0$，那么 $\pi^* = \left\{d_t^*\right\}_{t=1}^T$ 为最优策略；$\mathcal{V}_T^*\left(X_1, \bar{X}_1\right) = u_1^*\left(X_1, \bar{X}_1\right)$ 为供应链系统的最优期望收益，算法停止，否则，令 $t-1\to t$，进入步骤 3
步骤 3	对 $\forall\left(X_t, \bar{X}_t\right)\in\chi\times\bar{\chi}$ 计算： $\mathcal{U}_t^*\left(X_t, \bar{X}_t\right) = \max_{e\in A\left(h^t\right),\ p\in\Omega\left(h^t\right)} \left\{\left[\Upsilon\left(X_t, \bar{X}_t;e, p\right) - c_t\left(h^t, a, \gamma_t\right) - c\bar{X}_t\right] + \sum_{X_{t+1}\in\chi} P_{X_t, X_{t+1}}, X_{t+1}(e)\,\mathcal{U}_{t+1}^*\left(X_{t+1}, \bar{X}_{t+1}\right)\right\}$　(4.21) 且记集合： $\Pi_t^* \in \arg\max_{e\in E\left(h^t\right), p\in\Omega\left(h^t\right)} \left\{\left[\Upsilon\left(X_t, \bar{X}_t;e, p\right) - c_t\left(h^t, e, \gamma_t\right) - c\bar{X}_t\right] + \sum_{X_{t+1}\in\chi} P_{X_t, X_{t+1}}\left(X_{t+1}, \bar{X}_{t+1}\right)\right\}$　(4.22) 任意取定 $\left(e_t^*, p_t^*\right)\in\Pi_t^*$，确定销售单元 t 时的最优“保鲜”技术投入水平 e_t^* 和最优定价 p_t^*
步骤 4	返回步骤 2

综上所述，文章分析了销售周期内，供应链系统的最优“保鲜”技术投入水平 $e^* = \left\{e_t^*\right\}_{t=1}^T$、最优动态定价 $p^* = \left\{p_t^*\right\}_{t=1}^T$ 以及在此策略下供应链系统的最优期望收益 $\mathcal{V}_t^*\left(X_1, \bar{X}_1\right)$。值得注意的是，由以上方法推导出的策略空间比较大，不利于实际操作，接下来，进一步分析最优策略的单调性。

4.4　策略的单调性

在分析最优策略的单调性之前，首先介绍一些预备知识。

定义4.1 (M. L. Puterman，1994)　令 X 和 Y 为定义在实数空间上的偏序集，令 $f(x,y)$ 为定义在 $X\times Y$ 上的实值函数。如果对任意的 $x_1 < x_2 \in X$ 和 $y_1 < y_2 \in Y$，函数 $f(x,y)$ 满足

$$f(x_2,y_2)+f(x_1,y_1)\geqslant f(x_2,y_1)+f(x_1,y_2) \tag{4.23}$$

则称函数 $f(x,y)$ 为上可加的(superadditive)。如果式(4.24)的不等性反过来，则称函数 $f(x,y)$ 为下可加的(subadditive)。

引理 4.1(M. L. Puterman，1994)　如果 $f(x,y)$ 是定义在 $X\times Y$ 上的上可加函数且对 $\forall x\in X$，存在 $\max\limits_{y\in Y} f(x,y)$，那么函数 $g(x)$ 是关于 x 的单调非减函数。其中，

$$g(x)=\max\left\{y'\in \arg\max_{y\in Y}\left[f(x,y)\right]\right\} \tag{4.24}$$

证明　令 $x_1<x_2\in X$，并任意选择 $y\leqslant g(x_1)$，由函数 $g(x)$ 的定义，得

$$f\left[x_1,g(x_1)\right]-f(x_1,y)\geqslant 0$$

进一步由式(4.23)得

$$\begin{aligned}&f(x_1,y)+f\left[x_2,g(x_1)\right]\geqslant f\left[x_1,g(x_1)\right]+f(x_2,y)\\&\Rightarrow f\left[x_2,g(x_1)\right]\geqslant f(x_2,y)+f\left[x_1,g(x_1)\right]-f(x_1,y)\end{aligned}$$

因为对所有的 $y\leqslant g(x_1)$，均有不等式 $f\left[x_2,g(x_1)\right]\geqslant f(x_2,y)$ 成立，所以，$g(x_2)\geqslant g(x_1)$。

引理 4.2(M. L. Puterman，1994)　令数列 $\{x_i\}$ 和 $\{y_i\}$ 为非负实值序列，且满足对 $\forall j\geqslant 0$，有

$$\sum_{i=j}^{+\infty}x_i\geqslant\sum_{i=j}^{+\infty}y_i \tag{4.25}$$

式(4.25)中等式成立的充分条件是 $j=0$。假设对 $i=0,1,\cdots$，有 $v_{i+1}>v_i$。那么，

$$\sum_{i=0}^{+\infty}v_ix_i\geqslant\sum_{i=0}^{+\infty}v_iy_i \tag{4.26}$$

证明　对任意的 $\forall j\in N$，令 $v_{-1}=0$，则，

$$\begin{aligned}\sum_{i=0}^{+\infty}v_ix_i&=\sum_{i=0}^{+\infty}x_i\sum_{j=0}^{j}\left(v_j-v_{j-1}\right)\\&=\sum_{i=0}^{+\infty}\left(v_i-v_{i-1}\right)\sum_{j=i}^{+\infty}x_j\\&=\sum_{i=1}^{+\infty}\left(v_i-v_{i-1}\right)\sum_{j=i}^{+\infty}x_j+v_0\sum_{j=0}^{+\infty}x_j\\&\geqslant\sum_{i=1}^{+\infty}\left(v_i-v_{i-1}\right)\sum_{j=i}^{+\infty}x_j+v_0\sum_{j=0}^{+\infty}y_j\\&=\sum_{i=1}^{+\infty}v_iy_i\end{aligned}$$

接下来分析供应链系统最优策略的单调性。对 $\forall t\in\{1,\cdots,T\}$，有

$$q_t\left(X_{t+1}\middle|X_t,e_t\right)=\sum_{X_{t+1}\geqslant z}^{+\infty}P_{X_t,X_{t+1}}\left(e_t\right) \tag{4.27}$$

式(4.27)表示在决策点t，当供应链系统的初始质量状态为X_t时，其采取“保鲜”技术投入水平为e_t后，在销售单元t中产品的质量状态不低于z的概率。记

$$\begin{aligned}\mathcal{U}_t^*\left(X_t,\bar{X}_t\right)=&\max_{e\in E\left(h^t\right),p_t\in\Omega\left(h^t\right)}\left\{\left[\Upsilon\left(X_t,\bar{X}_t;e,p\right)-c_t\left(h^t,a,\gamma_t\right)-c\bar{X}_t\right]\right.\\&\left.+\sum_{X_{t+1}\in\chi}P_{X_t,X_{t+1}}\left(e\right)\mathcal{U}_{t+1}\left(X_{t+1},\bar{X}_{t+1}\right)\right\}\end{aligned} \tag{4.28}$$

定理 4.6 当下述条件同时成立时，$\mathcal{U}_t^*\left(X_1,\bar{X}_t\right)$是$X_t$的非减函数，$t=1,\cdots,T$。

(1)对所有的$\left(e_t,p_t\right)\in E\left(h^t\right)\times\Omega\left(h^t\right)$，$R_t\left(X_t,\bar{X}_t;e_t,p_t\right)$是$X_t$的非减函数。

(2)对所有的$\left(e_t,p_t\right)\in E\left(h^t\right)\times\Omega\left(h^t\right)$和$X_t\in\chi$，$q_t\left(X_{t+1}\middle|X_t,e_t\right)$是$X_t$的非减函数。

(3) $R\left(X_{T+1},\bar{X}_{T+1}\right)$是$X_{T+1}$的非减函数。

其中，$R_t\left(X_t,\bar{X}_t;e_t,p_t\right)=\Upsilon\left(X_t,\bar{X}_t;e_t,p_t\right)-c_t\left(h^t,e_t\gamma_t\right)-c\bar{X}_t$。

证明 因为$\mathcal{U}_{T+1}^*\left(X_{T+1},\bar{X}_{T+1}\right)=R\left(X_{T+1},\bar{X}_{T+1}\right)$，所以由定理4.6(3)得定理4.6成立。假设对$\forall i=t+1,\cdots,T$, 定理4.6成立。现在考虑$i=t$，存在最优策略$\left(e_t^*,p_t^*\right)\in E\left(h^t\right)\times\Omega\left(h^t\right)$，使得下式成立：

$$\mathcal{U}_t^*\left(X_t,\bar{X}_t\right)=R_t\left(X_t,\bar{X}_t;e_t^*,p_t^*\right)+\sum\nolimits_{X_{t+1}\in\chi}P_{X_t,X_{t+1}}\left(e_t^*\right)\mathcal{U}_{t+1}^*\left(X_{t+1},\bar{X}_{t+1}\right)$$

假设$\bar{X}_t\geqslant X_t$，则根据引理4.2，令$y_i=P_{x_t,X_{t+1}}\left(e_t^*\right)$，$x_i=P_{X_t',X_{t+1}}\left(e_t^*\right)$，$v_i=\mathcal{U}_{t+1}^*\left(X_{t+1},\bar{X}_{t+1}\right)$，根据定理4.6(1)和定理4.6(2)可得

$$\begin{aligned}\mathcal{U}_t^*\left(X_t,\bar{X}_t\right)&\leqslant \mathrm{R}_t\left(X_t,\bar{X}_t;e_t^*,p_t^*\right)+\sum_{X_{t+1}\in\chi}P_{x_t',X_{t+1}}\left(e_t^*\right)\mathcal{U}_{t+1}^*\left(X_{t+1},\bar{X}_{t+1}\right)\\&\leqslant\max_{e\in E\left(h^t\right),P_t\in\Omega\left(h^t\right)}\left[R_t\left(X_t,\bar{X}_t';e_t^*,p_t^*\right)+\sum_{X_{t+1}\in\chi}P_{X_t',X_{t+1}}\left(e_t^*\right)\mathcal{U}_{t+1}^*\left(X_{t+1},\bar{X}_{t+1}\right)\right]\\&=\mathcal{U}_t^*\left(X_t,\bar{X}_t'\right)\end{aligned}$$

定理 4.7 设$t=1,\cdots,T$，且满足

(1)对所有的$\left(e_t,p_t\right)\in E\left(h^t\right)\times\Omega\left(h^t\right)$, $R_t\left(X_t,\bar{X}_t;e_t,p_t\right)$是$x_t$的非减函数。

(2)对所有的$\left(e_t,p_t\right)\in E\left(h^t\right)\times\Omega\left(h^t\right)$和$X_t\in\chi$, $q_t\left(X_{t+1}\middle|X_t,e_t\right)$是$x_t$的非减函数。

(3) $R_t\left(X_t,\bar{X}_t;e_t,p_t\right)$是$E\left(h^t\right)\times\Omega\left(h^t\right)$上的上可加函数。

(4)存在$\forall X_t\in\chi$, 使得$q_t\left(X_{t+1}\middle|X_t,a_t\right)$是$E\left(h^t\right)\times\Omega\left(h^t\right)$上的上可加函数。

(5) $R_{T+1}\left(X_{T+1},\bar{X}_{T+1}\right)$是关于$X_{T+1}$的非减函数。

那么存在最优策略 $\pi^* = \left\{e^*_, p^*_t\right\}_{t=1}^{T}$ 是关于 $X_t \in \chi$ 的非减函数。

证明　令 $\mathcal{U}_t\left(X_t, \bar{X}_t\right) = R_t\left(X_t, \bar{X}_t; e_t, p_t\right) + \sum_{X_{t+1} \in \chi} P_{X_t, X_{t+1}}\left(e_t\right) \mathcal{U}_{t+1}^*\left(X_{t+1}, \bar{X}_{t+1}\right)$。由定理 4.7(4)和上可加函数的定义可知，对任意的 $X_t^1 \leqslant X_t^2 \in \chi$， $z \in \chi$，有

$$\sum_{X_{t+1} \geqslant z}\left[P_{X_t^1, X_{t+1}}\left(e_t^1\right) + P_{X_t^2, X_{t+1}}\left(e_t^2\right)\right] \geqslant \sum_{X_{t+1} \geqslant z}\left[P_{X_t^1, X_{t+1}}\left(e_t^2\right) + P_{X_1^2, X_{t+1}}\left(e_t^1\right)\right]$$

由定理 4.6 可知，对任意的 $t = 1, \cdots, T, u_t^*\left(X_t, \ \bar{X}_t\right)$ 是 X_t 的非减函数。结合引理 4.1 可得

$$\sum_{X_{t+1} \geqslant z}\left[P_{X_t^1, X_{t+1}}\left(e_t^1\right) + P_{X_t^2, X_{t+1}}\left(e_1^2\right)\right] \mathcal{U}_t\left(X_{t+1}, \bar{X}_{t+1}\right)$$

$$\geqslant \sum_{X_{t+1} \geqslant z}\left[P_{X_t^1, X_{t+1}}\left(e_t^2\right) + P_{X_t^2, X_{t+1}}\left(e_t^1\right)\right] \mathcal{U}_t\left(X_{t+1}, \bar{X}_{t+1}\right)$$

因此，对每一个 t，$\sum_{X_{t+1} \geqslant z} P_{X_t, X_{t+1}}\left(e_t\right) \mathcal{U}_t\left(X_{t+1}, \bar{X}_{t+1}\right)$ 是上可加的且 $R_t\left(X_t, \bar{X}_t; e_t, p_t\right)$ 是 $E\left(h^t\right) \times \Omega\left(h^t\right)$ 上的上可加函数［定理 4.7(3)］，由上可加函数的和是上可加的可得 $\mathcal{U}_t\left(X_t, \bar{X}_t\right)$ 是上可加函数。结合引理 4.1，定理 4.7 得证。

定理 4.7 表明：供应链系统的最优策略是产品的初始状态 $X_t \in \chi$ 的非减函数关系，结合前文提到，由于报童产品的易逝性，下一销售单元产品的质量状态不可能大于当前产品的质量状态，因此，根据定理可知，随着时间流逝，供应链系统的最优策略空间在逐渐收缩，进而极大地降低了计算的复杂度。

4.5　小　　结

本章节考虑供应链系统“保鲜”技术投入可以控制和降低报童型产品的易逝率，但是产品的质量改变是随机的。作者基于有限时域马尔可夫随机决策理论，建立报童型产品供应链的最优定价决策模型，研究了供应链系统“保鲜”技术投入水平和最优动态定价的均衡路径，并讨论了最优“保鲜”技术投入水平策略的单调性质。对报童型产品供应链系统而言，由于产品的报童型特征，产品一旦发生易逝性，就意味着供应链系统的利润受损，因此适时地动态调整产品的销售价格，对供应链系统的重要性不言而喻。然而，在现实的经济活动中，下游企业一般承担零售任务，其承受了由易逝性导致价格变动带来的损失，如何激励下游企业的定价决策与供应链系统的最优决策趋于一致，如何分配由价格变动产生的损失，都将影响供应链系统的绩效和竞争力，带着这些问题，结合第 3 章研究的最优产能决策和第 4 章分析的最优动态定价决策，第 5 章将讨论分散供应链系统的协调性问题。

第 5 章　供应链契约设计与协调模型

在第 3 章、第 4 章中，本书基于供应链系统整体最优的角度，分别研究了供应链系统的最优产能决策和产品的最优动态定价决策。如果参与者按照这些最优决策进行供应链系统的生产和销售，供应链系统整体的绩效是最优的，然而，实际中，供应链系统中的每个参与者均为独立的经济主体，其决策依据是最优化个体收益，这样的决策行为偏离了供应链系统的整体最优水平。因此，为让本质上是分散决策的参与者采取供应链系统整体最优的决策行动，设计恰当的供应链契约机制是十分有必要的。

根据 2.1 节供应链契约介绍可知，现有的供应链契约研究均是基于序贯优化的博弈思想，参与者之间的博弈关系表现为领导者和跟随者的主从关系，换言之，双方是在主从博弈框架下进行最优决策。此外，已有的研究指出，在此博弈思想下设计的契约无法激励参与者同时采用供应链系统的最优产能决策和最优动态定价决策。随着参与者之间的博弈关系越来越呈现为协同和对等，供应链系统中各参与者的决策目标逐渐由序贯最优演变为追求供应链系统的全局最优。在全局优化的博弈思想下，参与者之间可以通过“对等”的身份参与分享供应链系统整体最优收益。基于此，本章从时间管理的视角，以第 3 章、第 4 章的最优决策为参照基准，构造了三类时间敏感型供应链契约，分别为时间敏感型批发价格契约。该契约的构建基于现实中“订购越早，批发价格越低”的思想。相应地，后两种契约的构建是基于在博弈时域内，批发价格为恒定值，但是下游企业分摊由时间管理引起的成本。因此，后两种契约相应地称为时间敏感型成本分担契约和时间敏感型收益共享契约。与第 3 章研究的市场环境一致，本章分别基于分布函数已知和需求分布自由两种市场环境，探讨上述三种时间敏感型契约的协调性，对比分析每类契约的优缺点，并给出若干管理的启示。

5.1　符 号 说 明

本章建立时间敏感型供应链契约协调模型所使用的符号及其含义如表 5.1 所示。

从时间管理的角度，本章构造了三种时间敏感型供应链契约。分别为①时间敏感型批发价格契约(简称批发价格契约)，契约参数为$\{w_t\}$，表示上游企业制定产品的单位批发价格是时间 t 的函数；②时间敏感型成本分担契约(简称：成本分担契约)，契约参数为 $\{w_t,\kappa_t\}$，表示无论下游企业在何时订购产品，上游企业提供的产品单位批发价格恒定为 w_0，但下游企业需要按比例 κ_t 承担由时间管理引起的单位生产成本；③时间敏感型收益共享契约(简称收益共享契约)，契约参数为 $\{w_0,\varphi_t\}$，表示无论下游企业在何时订购产品，上游企业提供产品的单位批发价格恒定为 w_0，但上游企业按照 φ_t 比例共享下游企业的销售收益。

表 5.1 供应链契约模型符号一览表

符号	含义	符号	含义
r_i	相对损失风险	w_i	上游企业制定的单位批发价格
θ_i	期望剩余库存风险	w	固定采购提前期下，产品的单位批发价格
ϑ_i	期望销售风险	$j\in\{R,S,C\}$	R 表示下游企业；S 表示下游企业；C 表示供应链一体化系统
κ_i	下游企业分担单位生产成本的比例	$\mathbb{E}\Pi_j(\cdot)$	分布函数已知市场环境下，企业 j 的期望收益函数
φ_i	上游企业分享下游企业销售收益的比例	$\mathbb{E}\pi_j(\cdot)$	需求分布自由环境下，企业 j 的期望收益函数

时间敏感型批发价格契约的构造源于现实商业活动中“订购越早，批发价格越低”的现象。较早提交订单可以获得较低批发价格的策略激励下游企业尽早地提交订单，同时，因为较早的接收订单，上游企业可以节省赶工成本。即便如此，这样的策略仍会引起两方面的不足：一方面，从供应链系统的角度来看，下游企业较早的提交订单，势必降低了需求预测的精度，进而提高了供应链系统的需求风险；另一方面，在该契约下，由于下游企业完全承担市场需求风险，因此，下游企业会尽可能地提早提交订单，进而造成供应链系统需求风险和较早提交订单的恶性循环。为了弥补这些不足，有人提出了一个可行的方案——维持恒定的批发价格，上下游共同分担市场需求风险。基于此，本书分别构造了时间敏感型成本分担契约和时间敏感型收益共享契约。二者的区别在于在时间敏感型成本分担契约中，上下游企业分担实际的需求风险，而在时间敏感型收益共享契约中，上下游企业分摊的是市场的期望需求风险。

5.2 分布函数已知

5.2.1 供应链契约构造

参照定理 3.1(2)，供应链系统的最优生产量可作以下变换：

$$F\left(q_t^*\right)=1-\frac{1}{1+\dfrac{c_t-(p+g)}{v-c_t}} \tag{5.1}$$

从式(5.1)可以得出，供应链系统的最优生产量决策受以下三个因子的影响：①单位产品的剩余损失$(v-c_t)$；②单位产品的期望利润损失$\left[c_t-(p+g)\right]$；③函数$\left[F(\cdot)\right]$。因此有以下两个定义。

定义 5.1 称r_t为相对损失风险，其满足

$$r_t=\frac{v-c_t}{c_t-(p+g)} \tag{5.2}$$

参数r_t反映产品的单位剩余损失相对于单位期望利润损失的比率。

定义 5.2 称θ_t为期望剩余库存风险，其满足

$$\theta_t=\frac{\int_0^{q_t}F(x)\mathrm{d}x}{q_t} \tag{5.3}$$

参数θ_t反映当供应链系统的生产量为q_t时，将产生θq_t单位的期望剩余库存。结合定义 5.1、定义 5.2，分别构造三类具有时间属性的供应链契约。它们的契约参数分别见定义 5.3～定义 5.5。

定义 5.3 记w_t为产品的单位批发价格，其满足

$$w_t=c_t+(1-\delta)(p+g-v)\left(\frac{1}{1+r_t}-\theta_t\right) \tag{5.4}$$

定义 5.4 记κ_t为产品单位生产成本分担比例，其满足

$$\kappa_t=\delta-\frac{1}{c_t}\left\{w_0-(1-\delta)\left[(p+g-v)(1-\theta_t)+v\right]\right\} \tag{5.5}$$

定义 5.5 记φ_t为上游企业共享下游企业销售收益的比例，其满足：

$$\varphi_t=(1-\delta)+\frac{(1-\delta)(1-\theta_t)}{(p-v)(1-\theta_t)+v}+\frac{\delta c_t-w_0}{(p-v)(1-\theta_t)+v} \tag{5.6}$$

在定义 5.3～定义 5.5 中，参数δ为定义在区间［0,1］上的常数值，为外生变量。这样假设的原因是参照 1.2.3 节，新常态下参与者之间的博弈关系越来越呈现为协同和对等，因此，本书假设上下游企业不再是主从博弈关系，而是双方可以以“对等”的身份就供应链一体化的最优利润分割进行协商。后文将会看到，δ在利润分割中起到关键作用。值得注意的是，本书提及的“对等”是一种经营理念和市场意识，与企业的规模、大小、市场地位或企业的性质等因素无关。参数w_0为固定采购提前期下产品的单位批发价格，根据第 2 章中固定提前期的描述可知，不等式$w_0\leqslant w_t$恒成立。

5.2.2　契约的协调性分析

G. P. Cachon (2003) 在其研究中指出：供应链契约的协调性分析分为以下三个方面：

(1) 如何设计能协调分散供应链的契约机制？如果在供应链契约的激励下，供应链的最优行动集是纳什均衡，则称该契约能协调分散供应链。换言之，在该激励机制下，分散供应链中的参与者没有积极性，偏离最优行动集。

(2) 在众多能协调分散供应链的契约中，哪些契约的灵活性最强？如果在供应链契约的激励下，参与者能任意分割供应链系统的最优利润，则称该契约具有较强的灵活性。在具有较强灵活性的供应链契约激励下，总会存在一组或若干组契约参数，使得分散供应链中的每个参与者实现帕累托改进。

(3) 哪类供应链契约最受参与者的欢迎？虽然具有可协调性和灵活性的供应链契约能使得供应链系统的绩效达到最优，但是，执行这样的契约通常伴随着管理成本。因此，实际上，契约设计者也许更偏好采用一个简单的契约，即使这个契约并不能最优化供应链系统的绩效，如果简单契约的效率是高的且契约设计者能获得较高的收益份额。

接下来本书基于以上三个方面分析4.2.1 节中构造的三个时间敏感型供应链契约的协调性，如定理 5.1。

定理 5.1　无论供应链系统采用何种时间敏感型供应链契约，上下游企业均按照一定比例分摊供应链系统的最优利润。

定理 5.1 表明，在 4.2.1 节中构造的三类时间敏感型供应链契约均可以同时协调分散供应链系统的产能决策和定价决策，且具有相同的、灵活的协调能力。

证明　定理 5.1 的证明可分为三种情形。

情形 I　当供应链系统采用时间敏感型批发价格契约作为激励机制，且市场实际需求量为 D 、上游企业在时点 t 生产 q_t 单位产品时，上下游企业和供应链系统的期望利润函数 $\mathbb{E}\Pi_s(w_t,q_t,t)$、$\mathbb{E}\Pi_R(w_t,q_t,t)$ 和 $\mathbb{E}\Pi_C(q_t,t)$，分别为

$$\mathbb{E}\Pi_S(w_t,q_t,t)=(w_t-c_t)q_t \tag{5.7}$$

$$\mathbb{E}\Pi_R(w_t,q_t,t)=p\mathbb{E}\left[\min(q_t,D_T)\right]+v\mathbb{E}\left[(q_t-D_T)^+\right]-g\mathbb{E}\left[(D_T-q_t)^+\right]-w_tq_t \tag{5.8}$$

$$\mathbb{E}\Pi_C(q_t,t)=p\mathbb{E}\left[\min(q_t,D_T)\right]+v\mathbb{E}\left[(q_t-D_T)^+\right]-g\mathbb{E}\left[(D_T-q_t)^+\right]-c_tq_t \tag{5.9}$$

(1) 充分条件。将式 (5.4) 代入式 (5.8) 中，结合式 (5.2) 和式 (5.3) 化简得

$$
\begin{aligned}
\mathbb{E}\Pi_R(w_t,q_t,t) &= (p+g-w_t)q_t-(p+g-v)\int_0^{q_t} F_t(x)\mathrm{d}x-g\mu \\
&= \left\{p+g-\left[c+(1-\delta)(p+g-v)\left(\frac{1}{1+r_t}-\theta_t\right)\right]\right\}q-(p+g-v)\int_0^{q_t} F_t(x)\mathrm{d}x-g\mu \\
&= \delta\left[(p+g-c)q_t-(p+g-v)\int_0^{q_t} F_t(x)\mathrm{d}x-g\mu+g\mu\right]-g\mu
\end{aligned}
$$

故由式(5.4)可推导得 $\mathbb{E}\Pi_R(w_t,q_t,t)=\delta\left[\mathbb{E}\Pi_C(q_t,t)+g\mu\right]-g\mu$。

(2)必要条件。由于，

$$\mathbb{E}\Pi_R(\mathrm{w}_t, q_t, t)=(p+g-w_t)q_t-(p+g-v)\int_0^{q_t} F_t(x)\mathrm{d}x-g\mu$$

$$\mathbb{E}\Pi_C(q_t,t)=(p+g-c)q_t-(p+g-v)\int_0^{q_t} F_t(x)\mathrm{d}x-g\mu$$

故当 $\mathbb{E}\Pi(w_t,q_t,t)=\delta\left[q\mathbb{E}\Pi_C(q_t,t)+g\mu\right]-g\mu$ 时，式(5.10)成立。

$$(p+g-w_t)q_t-(p+g-v)\int_0^{q_t}F_1(x)\mathrm{d}x-g\mu=\delta\left[(p+g-c)q_t-(p+g-v)\int_0^{q_t}F_t(x)\mathrm{d}x\right]-g\mu \tag{5.10}$$

结合式(5.2)和式(5.3)，化简得

$$w_t=c_t+(1-\delta)(p+g-v)\left(\frac{1}{1+r_t}-\theta_t\right)$$

情形Ⅱ 当上下游企业采用时间敏感型成本分担契约作为激励机制，且市场实际需求量为 D，上游企业在时点 t 生产 D 单位产品时，上下游企业的期望利润函数 $\mathbb{E}\Pi_S(q_t,t;w_0,\kappa_t)$ 和 $\mathbb{E}\Pi_R(q_t,t;w_0,\kappa_t)$ 分别为

$$\mathbb{E}\Pi_S(q_t,t;w_0,\kappa_t)=\left[w_0-(1-\kappa_t)C_t\right]q_t \tag{5.11}$$

$$
\begin{aligned}
\mathbb{E}\Pi_R(q_t,t;w_0,\kappa_t) &= P\mathbb{E}\left[\min(q_t,D_T)\right] \\
&\quad +v\mathbb{E}\left[(q_t-D_T)^+\right]-g\mathbb{E}\left[(D_T-q_t)^+\right]-(w_0+\kappa_tC_t)q_t
\end{aligned} \tag{5.12}
$$

(1)充分条件。将式(5.5)代入式(5.12)中，结合式(5.2)和式(5.3)，化简得

$$
\begin{aligned}
\mathbb{E}\Pi_R(q_t,t;w_0,K_t) &= \left[p+g-(w_0+\kappa_tc_t)\right]q_t-(p+g-v)\int_0^{q_t}F(x)\mathrm{d}x-g\mu \\
&= \delta\left[(p+g-c_t)q_t-(p+g-v)\int_0^{q_t}F_t(x)\mathrm{d}x\right]-g\mu
\end{aligned}
$$

由(5.9)可知：

$$\mathbb{E}\Pi_R(q_t,t;w_0,\kappa_t)=\delta\left[\mathbb{E}\Pi_C(q_t,t)+g\mu\right]-g\mu$$

(2) 必 要 条 件 。 根 据 式 (5.9) 和 式 (5.12) 可 知 ， 当 $\mathbb{E}\Pi_R(w_t,q_t,t)=\delta\left[\mathbb{E}\Pi_C(q_t,t)+g\mu\right]-g\mu$ 时，式(5.13)成立。

$$\left[p+g-(w_0+\kappa_tc_t)\right]q_t-(p+g-v)\int_0^{q_t}F_t(x)\mathrm{d}x=\delta\left[(p+g-c_t)q_t-(p+g-v)\int_0^{q_t}F_t(x)\mathrm{d}x\right] \tag{5.13}$$

结合式(5.2)和式(5.3)，化简得

$$\kappa_t = \delta - \frac{1}{c_t}\left\{w_0 - (1-\delta)\left[(p+g-v)(1-\theta_t)+v\right]\right\}$$

情形Ⅲ　当供应链系统采用时间敏感型收益共享契约作为激励机制，且市场实际需求量为 D，上游企业在时点 t 生产 q_t 单位产品时，上下游企业的期望利润函数 $\mathbb{E}\Pi_S(q_t,t;w_0,\varphi_t)$ 和 $\mathbb{E}\Pi_R(q_t,t;w_0,\varphi_t)$ 分别为

$$\mathbb{E}\Pi_S(q_t,t;w_0,\varphi_t) = (w_0 - c_t)q_t + \varphi_t\left\{p\mathbb{E}\left[\min(q_t,D_T)\right] + v\mathbb{E}\left[(q_t - D_T)^+\right]\right\} \tag{5.14}$$

$$\mathbb{E}\Pi_R(q_t,t;w_0,\varphi_t) = (1-\varphi_t)\left\{p\mathbb{E}\left[\min(q_t,D_T)\right] + v\mathbb{E}\left[(q_t - D_T)^+\right]\right\} - g\mathbb{E}\left[(D_T - q_t)^+\right] - w_0 q_t \tag{5.15}$$

(1)充分条件。将式(5.6)代入式(5.15)中，结合式(5.2)和式(5.3)，化简得

$$\begin{aligned}\mathbb{E}\Pi_R(q_t,t;w_0,\varphi_t) &= \left[(1-\varphi_t)p - w_0 + g\right]q_t - \left[(1-\varphi_t)(p-v)+g\right]\int_0^{q_t} F(x)\mathrm{d}x - g\mu \\ &= \delta\left[(p+g-c_t)q_t - (p+g-v)\int_0^{q_t} F_t(x)\mathrm{d}x\right] - g\mu\end{aligned}$$

由式(5.9)可知，$\mathbb{E}\Pi_R(q_t,t;w_0,\kappa_t) = \delta\left[\mathbb{E}\Pi_C(q_t,t) + g\mu\right] - g\mu$。

(2)必要条件。由式(5.9)和式(5.15)可得，当 $\mathbb{E}\Pi_R(q_t,t;w_0,\varphi_t) = \delta\left[\mathbb{E}\Pi_C(q_t,t)+g\mu\right] - g\mu$ 时，式(5.16)成立。

$$\begin{aligned}&\left[(1-\varphi_t)p - w_0 + g\right]q_t - \left[(1-\varphi)(p-v)+g\right]\int_0^{q_t} F(x)\mathrm{d}x = \\ &\delta\left\{(p+g-c_t)q_t - (p+g-v)\int_0^{q_t} F(x)\mathrm{d}x\right\}\end{aligned} \tag{5.16}$$

结合式(5.2)和式(5.3)化简得公式(5.16)成立。

通过以上三种情形的分析可知，无论采用何种契约作为供应链系统的激励机制，下游企业均获得相同的收益 $\mathbb{E}\Pi_R$，即

$$\mathbb{E}\Pi_R = \delta\left[\mathbb{E}\Pi_C + g\mu\right] - g\mu \tag{5.17}$$

令上游企业获得的利润为 $\mathbb{E}\Pi_S$，因为 $\mathbb{E}\Pi_R + \mathbb{E}\Pi_S = \mathbb{E}\Pi_C$，所以相对应的上游企业获得的收益为

$$\mathbb{E}\Pi_S = (1-\delta)\left[\mathbb{E}\Pi_C + g\mu\right] \tag{5.18}$$

定理 5.2　由 4.2.1 节中构造的三个时间敏感型供应链契约灵活地协调供应链。

证明　首先，在式(5.17)中，因为 δ 和 $g\mu$ 均为与 q_t 和 p 无关的外生变量，所以有以下 4 个等式成立：

$$\frac{\mathrm{d}\mathbb{E}\Pi_R}{\mathrm{d}q_t} = \delta\frac{\mathrm{d}\mathbb{E}_C}{\mathrm{d}q_t};\quad \frac{\mathrm{d}^2\mathbb{E}\Pi_R}{\mathrm{d}q_t^2} = \delta\frac{\mathrm{d}^2\mathbb{E}\Pi_C}{\mathrm{d}q_t^2}$$

$$\frac{\mathrm{d}\mathbb{E}\Pi_R}{\mathrm{d}p} = \delta\frac{\mathrm{d}\mathbb{E}\Pi_C}{\mathrm{d}p};\quad \frac{\mathrm{d}\mathbb{E}\Pi_R}{\mathrm{d}p^2} = \delta\frac{\mathrm{d}^2\mathbb{E}\Pi_C}{\mathrm{d}p^2}$$

即下游企业的产能决策和定价决策行动精确地等同供应链一体化的最优行动，因此，由 4.2.1 节构造的三个时间敏感型均可以协调分散供应链系统。再者，定理 5.2 表明无论供应链系统采用何种契约作为激励机制，上下游企业均可按照式(5.17)和式(5.18)分享供应链系统的收益。因为$\delta \in (0,1)$，所以，这三种契约均可以灵活的协调供应链。由于下游企业的期望利润是δ的增函数，上游企业的期望利润是δ的减函数，故参数δ在两个企业中扮演着利润分配的角色。从下游企业的期望利润函数可知，当$\delta \to 1$时，下游企业获得供应链系统的全部利润；从上游企业的期望利润函数可知，当$\delta = g\mu / \left(\mathbb{E}\Pi_C^* + g\mu\right) \geqslant 0$时，上游企业获得供应链系统的全部利润。故只要确定$\delta \in \left[g\mu / \left(\mathbb{E}\Pi_C^* + g\mu\right), 1\right]$能保证各自的利润大于机会成本，上下游企业均可实现帕累托改进，此时，上下游企业获得的利润分别为

$$\mathbb{E}\Pi_S^* = (1-\delta)\left[\mathbb{E}\Pi_C^* + g\mu\right]$$

$$\mathbb{E}\Pi_R^* = \delta\left[\mathbb{E}\Pi_C^* + g\mu\right] - g\delta$$

本节结构造了三类时间敏感性供应链契约，它们均可以灵活地协调分布函数已知的市场环境下的分散供应链系统。接下来，本书将研究视角转向需求分布自由的市场环境，探讨这三类供应链契约的设计方法、协调性和协调能力。

5.3 需求分布自由

5.3.1 供应链契约构造

根据 3.3 节的定理 3.4(2) 可知，在需求分布自由的市场环境下，供应链系统的最优生产量为

$$q_t^* = \mu + 0.5\sigma_t \sqrt{\frac{p+g-c_t}{c_t - v}} \left(1 - \frac{v - c_t}{c_t - (p+g)}\right) \tag{5.19}$$

从式(5.19)可以看出，供应链系统的最优生产量决策受以下三部分的影响。①单位产品的剩余损失$(v - c_i)$；②单位产品的期望利润损失$\left[c_t - (p+g)\right]$；③函数σ_t。因此，参照定义 5.7，式(5.19)可进一步地修改为

$$q_t^* = \mu + 0.5\sigma_t \sqrt{\frac{1}{r_t}(1 - r_t)} \tag{5.20}$$

定义 5.6 称ϑ_t为期望销售风险，其满足

$$\vartheta_t = \frac{\mu - 0.5\sigma_t\sqrt{r_t}}{q_t} \tag{5.21}$$

参数ϑ_t表示当供应链系统的生产量为q_t时，将产生$\vartheta_t q_t$单位的期望销售量。结合式(5.20)和式(5.21)，分别构造具有时间属性的供应链契约，相应的契约参数分别

见定义 5.7～定义 5.9。

定义 5.7　记 w_t 为产品的单位批发价格，其满足

$$w_t = \delta c_t + (1-\delta)\left[v + (p+g-v)\vartheta_t\right] \tag{5.22}$$

定义 5.8　记 κ_t 为产品单位生产成本分担比例，其满足

$$\kappa_t = \delta - \frac{1}{c_t}\left\{w_0 - (1-\delta)\left[(p+g-v)\vartheta_t + v\right]\right\} \tag{5.23}$$

定义 5.9　记 φ_t 为上游企业共享下游企业销售收益的比例，其满足

$$\varphi_t = (1-\delta) + g\frac{(1-\delta)\vartheta_t}{(p-v)\vartheta_t + v} + \frac{\delta c_t - w_0}{(p-v)\vartheta_t + v} \tag{5.24}$$

其中，δ 为定义在区间［0,1］上的常数值，为外生变量，其经济含义同 5.2.1 节。参数 w_0 为固定采购提前期下产品的单位批发价格，根据第 2 章中固定提前期的描述可知 $w_0 \leqslant w_t$ 恒成立。

5.3.2 契约的协调性分析

本章节遵循 5.2.2 小结中阐述的三个方面来分析供应链契约的协调性。定理 5.4 表明，无论供应链系统采用何种契约作为激励机制，上下游企业均可按照一定比例分摊供应链系统的最优利润。定理 5.5 表明，在 4.2.1 节中构造的三个时间敏感型供应链契约均可以协调分散供应链系统的产能决策和定价决策，且具有相同的、灵活的协调能力。

定理 5.4　在需求分布自由的市场环境下，无论供应链系统采用何种时间敏感型供应链契约，上下游企业均按照一定比例分摊供应链系统的最优利润。

证明　定理 5.4 的证明分为三种情形。

情形 I　当供应链系统采用时间敏感型批发价格契约作为激励机制，且市场实际需求量为 D，上游企业在时点 t 生产 q_t 单位产品时，上下游企业和供应链系统的下界期望利润函数 $\mathbb{E}\pi_S(w_t,q_t,t)$、$\mathbb{E}\pi_R(w_t,q_t,t)$ 和 $\mathbb{E}\pi_C(q_t,t)$ 分别为

$$\mathbb{E}\pi_S(w_t,q_t,t) = (w_t - c_t)q_t \tag{5.25}$$

$$\mathbb{E}\pi_R(w_t,q_t,t) = (p+g-w_t)q_t - 0.5(p+g-v)\left[\sqrt{\sigma_t^2 + (q_t-\mu)^2} + (q_t-\mu)\right] - g\mu \tag{5.26}$$

$$\mathbb{E}\pi_R(q_t,t) = (p+g-c_t)q_t - 0.5(p+g-v)\left[\sqrt{\sigma_t^2 + (q_t-\mu)^2} + (q_t-\mu)\right] - g\mu \tag{5.27}$$

(1) 充分条件。将式(5.22)代入式(5.26)中，结合式(5.2)和式(5.21)，化简得

$$\mathbb{E}\pi_R(w_t,q_t,t) = (p+g-w_t)q_t - 0.5(p+g-v)\left[\sqrt{\sigma_t^2 + (q_t-\mu)^2} + (q_t-\mu)\right] - g\mu$$

$$=\left(p+g-\left\{c_t-(1-\delta)\left[c_t-v-(p+g-v)\vartheta_t\right]\right\}\right)q_t$$
$$-0.5(p+g-v)\left[\sqrt{\sigma_t^2+(q_t-\mu)^2}+(q_t-\mu)\right]-g\mu$$

因为$r_t=(v-c_t)/\left[c_t-(p+g)\right]$，$q_t^*=\mu+0.5\sigma_t\sqrt{\frac{1}{r_t}}(1-r_t)$，所以，

$$\mu-0.5\sigma_t\sqrt{r_t}=\mu+0.5\sigma_t\sqrt{\frac{p+g-c_t}{c_t-v}}\left[1-\frac{v-c_t}{c-(p+v)}\right]-0.5\sigma_t\sqrt{\frac{p+g-c_t}{c_t-v}}$$
$$=q_t-0.5\left[\sqrt{\sigma_t^2+(q_t-\mu)^2}+\pi(q_t-\mu)\right]$$

所以有

$$\mathbb{E}\pi_R(w_t,q_t,t)=\delta\left\{(p+g-w_t)q_t-0.5(p+g-v)\left[\sqrt{\sigma_t^2+(q_t-\mu)^2}+(q_t-\mu)\right]\right\}-gu$$

再结合式(5.27)，得

$$\mathbb{E}\pi_R(w_t,q_t,t)=\delta\left[\mathbb{E}\pi_C(q_t,t)+g\mu\right]-g\mu$$

(2) 必要条件。由式(5.26)和式(5.27)可知，当$\mathbb{E}\pi_R(w_t,q_t,t)=\delta\left[\mathbb{E}\pi_C(q_t,t)+g\mu\right]-v\mu$时，式(5.28)成立。

$$(p+g-w_t)q_t-0.5(p+g-v)\left[\sqrt{\sigma_t^2+(q_t-\mu)^2}+(q_t-\mu)\right]$$
$$=\delta\left\{(p+g-c_t)q_t-0.5(p+g-v)\left[\sqrt{\sigma_t^2+(q_t-\mu)^2}+(q_t-\mu)\right]\right\} \quad (5.28)$$

结合式(5.2)和式(5.21)，化简得

$$w_t=\delta c_t+(1-\delta)\left[v+(p+g-v)\vartheta_t\right]$$

情形Ⅱ 当供应链系统采用时间敏感型成本分担契约作为激励机制，且市场实际需求量为D、上游企业在时点t生产q_t单位产品时，上下游企业的下界期望利润函数$\mathbb{E}\pi_S(q_t,t;w_0,\kappa_t)$和$\mathbb{E}\pi_R(q_t,t;w_0,\kappa_t)$分别为

$$\mathbb{E}\pi_S(q_t,t;w_0,\kappa_t)=\left[w_0-(1-\kappa_t)c_t\right]q_t \quad (5.29)$$

$$\mathbb{E}\pi_R(q_t,t;w_0,\kappa_t)=\left[p+g-(w_0+\kappa_t c_t)\right]q_t-0.5(p+g-v)\left[\sqrt{\sigma_t^2+(q_t-\mu)^2}+(q_t-\mu)\right]-g\mu \quad (5.30)$$

(1)充分条件。将式(5.23)代入式(5.30)，结合式(5.2)和式(5.21)，化简得

$$\mathbb{E}\pi_R(q_t,t;w_0,\kappa_t)=\left[p+g-(w_0+\kappa_1 c_t)\right]q_t-0.5(p+g-v)\left[\sqrt{\sigma_t^2+(q_t-\mu)^2}+(q_t-\mu)\right]-g\mu$$
$$=\delta\left\{(p+g-c_t)q_t-0.5(p+g-v)\left[\sqrt{\sigma_t^2+(q_t-\mu)^2}+(q_t-\mu)\right]\right\}-g\mu$$

由式(5.27)可知，$\mathbb{E}\pi_R(q_t,t;w_0,\kappa_t)=\delta\left[\mathbb{E}\pi_C(q_t,t)+g\mu\right]-g\mu$。

(2) 必要条件。根据式 (5.27) 和式 (5.30) 知，当 $\mathbb{E}\pi_R\left(w_t,q_t,t\right)=\delta\left[\mathbb{E}\pi_C\left(q_t,t\right)+g\mu\right]-g\mu$ 时，有等式(5.13)成立。

$$\begin{aligned}&\left[p+g-\left(w_0+\kappa_t c_t\right)\right]q_t-0.5\left(p+g-v\right)\left[\sqrt{\sigma_t^2+\left(q_t-\mu\right)^2}+\left(q_t-\mu\right)\right]\\&\quad=\delta\left\{\left(p+g-c_t\right)q_t-0.5\left(p+g-v\right)\left[\sqrt{\sigma_1^2+\left(q_t-\mu\right)^2}+\left(q_t-\mu\right)\right]\right\}\end{aligned}\tag{5.31}$$

结合式(5.2)和式(5.21)，化简得

$$\kappa_t=\delta-\frac{1}{c_t}\left\{w_0-\left(1-\delta\right)\left[\left(p+g-v\right)\vartheta_t+v\right]\right\}$$

情形III　当供应链系统采用时间敏感型收益共享契约作为激励机制，且市场实际需求量为 D、上游企业在时点 t 生产 q_t 单位产品时，上下游企业的下界期望利润函数 $\mathbb{E}\pi_S\left(q_t,t;w_0,\varphi_t\right)$ 和 $\mathbb{E}\pi_R\left(q_t,t;w_0,\varphi_t\right)$ 分别为

$$\mathbb{E}\pi_S\left(q_t,t;w_0,\varphi_t\right)=\left[\varphi_t p+w_0-c_t\right]q_t-0.5\varphi_t\left(p-v\right)\left[\sqrt{\sigma_t^2+\left(q_t-\mu\right)^2}+\left(q_t-\mu\right)\right]\tag{5.32}$$

$$\begin{aligned}\mathbb{E}\pi_R\left(q_t,t;w_0,\varphi_t\right)=&\left[\left(1-\varphi_t\right)p+g-w_0\right]q_t\\&-0.5\left[\left(1-\varphi_t\right)\left(p-v\right)+g\right]\left[\sqrt{\sigma_1^2+\left(q_t-\mu\right)^2}+\left(q_t-\mu\right)\right]-g\mu\end{aligned}\tag{5.33}$$

(1) 充分条件。将式(5.24)代入式(5.33)，结合式(5.2)和式(5.21)化简得

$$\begin{aligned}\mathbb{E}\pi_R\left(q_t,t;w_0,\varphi_t\right)=&\left[\left(1-\varphi_t\right)p+g-w_0\right]q_t-0.5\left[\left(1-\varphi_t\right)\left(p-v\right)+g\right]\\&\cdot\left[\sqrt{\sigma_1^2+\left(q_t-\mu\right)^2}+\left(q_t-\mu\right)\right]-g\mu\\=&\delta\left\{\left(p+g-c_t\right)q_t-0.5\left(p+g-v\right)\left[\sqrt{\sigma_1^2+\left(q_t-\mu\right)^2}+\left(q_t-\mu\right)\right]\right\}-g\mu\end{aligned}$$

由式(5.27)可知，$\mathbb{E}\pi_R\left(q_1,t;w_0,\varphi_t\right)=\delta\left[\mathbb{E}\pi_C\left(q_t,t\right)+g\mu\right]-g\mu$。

(2) 必要条件。由式 (5.27) 和式 (5.33) 可知，当 $\mathbb{E}\pi_R\left(q_t,t;w_0,\varphi_t\right)=\delta\left[\mathbb{E}\pi_C\left(q_t,t\right)+g\mu\right]-g\mu$ 时，式(5.34)成立。

$$\begin{aligned}&\left[\left(1-\varphi_t\right)p+g-w_0\right]q_t-0.5\left[\left(1-\varphi_t\right)\left(p-v\right)+g\right]\left[\sqrt{\sigma_1^2+\left(q_t-\mu\right)^2}+\left(q_t-\mu\right)\right]\\&\quad=\delta\left\{\left(p+g-c_t\right)q_t-0.5\left(p+g-v\right)\left[\sqrt{\sigma_1^2+\left(q_t-\mu\right)^2}+\left(q_t-\mu\right)\right]\right\}\end{aligned}\tag{5.34}$$

结合式(5.2)和式(5.21)得式(5.24)成立。

定理 5.4　由 4.2.1 节中构造的三个时间敏感型供应链契约灵活地协调供应链。

证明　该定理的证明同定理 5.3 类似，此处证明省略。

5.2 节和 5.3 节依次在相应的市场环境下，分别构造了三类时间敏感性供应链契约，它们均可以灵活地协调分散供应链系统。接下来的，本书将对比分析这三类契约的优缺点，讨论它们对供应链管理的启示意义。

5.4 构造契约的对比分析

随着市场国际化和竞争全球化的发展，供应链系统中参与者之间的博弈关系也由主从、对抗逐渐演变为对等、协同。本书从参与者“对等”的博弈视角，依次在分布函数已知和需求分布自由两种市场环境下，分别构造了三类时间敏感型供应链契约，并证明了这些契约均可灵活地协调分散供应链系统以及实现参与者的帕累托改进。

推论5.1 从契约的协调绩效来看，三种时间敏感型供应链契约具有完全等价性。

证明 从定理 5.2 可知，上下游企业采用任意的契约作为供应链系统的激励机制，上下游企业获得的利润分别为 $\mathbb{E}\Pi_S^*=(1-\delta)\left(\mathbb{E}\Pi_C^*+g\mu\right)$ 和 $\mathbb{E}\Pi_R^*=\delta\left(\mathbb{E}\Pi_C^*+g\mu\right)-g\mu$。从定理 5.4 可知，上下游企业采用任意的契约作为供应链系统的激励机制，上下游企业获得的利润分别为 $E\pi_S^*=(1-\delta)\left(E\pi_C^*+g\mu\right)$ 和 $E\pi_R^*=\delta\left(E\pi_C^*+g\mu\right)-g\mu$，推论得证。

虽然本书构造的三类供应链契约在协调绩效方面具有等价性，但在实际操作中还是存在一定的差异性。

(1)时间敏感型批发价格契约是一种在现实商业活动中普适性较强的契约。该契约具有结构简单，执行便利等特点，同时，该契约的特点也决定了下游企业完全承担市场需求风险。因此，如果存在风险偏好的参与者，该契约的协调性或被选择的可能性会受到影响。

(2)时间敏感型成本分担契约和时间敏感型收益共享契约均是批发价格契约的衍生形式，在这两类契约中，上下游企业按比例分摊市场需求风险，弥补了批发价格契约的不足，但相较于批发价格契约，这两类契约的执行流程和管理成本都较为复杂且具有一定的差异性。体现在：①信息获取方式不同，在成本分担契约中，要求下游企业具有探知上游企业真实生产成本的能力，而在收益共享契约中，要求上游企业具有掌握下游企业真实销售的能力；②风险分担方式不同，在成本分担契约中，上下游企业是按照订购量进行需求风险的分担，双方分担的是实际需求风险，而在收益共享契约中，上下游企业是按照销售收益进行需求风险分担，双方分担的是期望需求风险。

综上分析，本书构造的三类时间敏感型契约各具优缺点，在现实的商业活动中，具体选定哪种契约作为供应链系统的激励机制还需根据其他因素进行综合判断。即使如此，本书提出的一般化抽象研究对现实的供应链管理仍然具有一定程度的启示作用。例如，在“对等”的博弈框架下，由式(5.4)构造的协调性批发价格为供应链系统及其参与者如何根据产品特征和市场环境制定批发价格提供了决策支撑。在实际的经济活动中，θ_t 可以反映市场销售状态。θ_t 值越大，表示产品的销售越不景气，相反，θ_t 值越小，表明产品的销售市场越趋于成熟。特别地，当 $\theta_t = 0$ 时，可以理解为市场供不应求。r_t 则可以表示产品的附加值或利润空间。r_t 值越大，表示产品的附加值越低或者利润空间越低，相反，r_t 值越小，表明产品的附加值越高或者利润空间越高。因此，由式(5.4)可得：

(1) 当 $1-\theta_t(1+r_t) \geqslant 0$ 时，有 $w_t \geqslant c$。即当产品供不应求或当产品的市场销售趋于成熟且具有高附加值或高利润时，上游企业通常会采取较高的销售价格。特别地，当 $1-\theta_t(1+r_t) \to 0$ 时，上游企业趋向于按成本销售。如常见的直营店就是一种按成本销售的经济现象。

(2) 当 $1-\theta_t(1+r_t) < 0$ 时，有 $w_t < c$。该情况在现实的商业活动中，常见于市场不成熟或刚投放市场的新产品且附加值不高或低利润的产品。如为了拓展新产品的市场，上游企业往往会低价将其产品销售给零售商。

结论(2)可以很好地解释录像带租赁案例(G. P. Cachon 等，2005)。用于租赁的录像带可以归属为低利润的新产品，因为一张新的录像带的批发价格为 65 美元，而一次租赁费仅为 3 美元。后来，Blockbuster InC.和其上游供应商改变博弈关系，这种关系改变可视为由主从博弈演化为“对等”博弈，即供应商将批发价格由 65 美元下调至 8 美元，而 Blockbuster InC.同意将租赁收益的 30%～45%分享给供应商。

5.5　小　　结

本书首先以第 3 章的最优产能决策和第 4 章的最优动态定价决策为参照基准，依次在分布函数已知和需求分布自由两种市场环境下，探讨具有时间属性的分散供应链的协调问题。然后，从时间管理的角度，构造了三类供应链契约，研究了它们的协调性和协调能力，结果表明，这三类时间敏感型供应链契约均能灵活地协调分散供应链系统。最后，本书对比分析了它们的优缺点，并给出若干个供应链管理启示。

第6章　供应链系统的稳定性机制设计模型

在第3章、第4章、第5章中，本书基于时间管理，分别研究了销售季节开始前供应链系统的最优产能决策、每个销售周期产品的最优动态定价决策以及分散供应链系统的契约协调机制。若参照传统供应链契约的工作机制和供应链管理方法，参与者按照契约条款的规定，按部就班地执行契约，即①在销售季节开始前，上游企业根据下游企业的订购需求安排产能，并在每个销售周期开始前将制成品输送给下游企业；②下游企业接收产品并在每个销售单元中按供应链系统最优定价销售产品；③双方完成契约条款并开始下一销售季节的最优产能决策、定价决策和契约的协调机制设计。然而，在实际的经济活动中，存在大量的供应链中断现象，尤其是报童型产品供应链，更甚者，在当前销售季节中就存在参与者的违约现象，这给本章的研究提供了客观事实依据，本章将引起这种现象的原因归纳为以下两方面。

一是传统的供应链契约机制局限在"端点"设计，忽略了参与者在博弈过程中的参与度。传统供应链契约的参数是可被第三方观测和证实的，并且这种具有强制力契约的设计条款只涉及销售季节初期上游企业的最优产能决策、下游企业的最优定价决策、双方的收益转移支付方式以及末期剩余产品的处理措施等。因此，上游企业仅负责生产或供给，而下游企业的主要任务就是销售，在交易过程中，双方缺乏非证实的具有改善供应链绩效的事务性合作。特别是随着科学技术的飞速发展，报童型产品的销售周期越来越短，换言之，在一个销售季节中产品的销售周期越来越多，同时由于该类产品具有需求随机性大和剩余残值低的特征，当前周期产品的销售状态影响供应链系统下一销售周期的延续性。这就要求企业充分地发挥自身优势，积极参与到供应链系统的生产和销售中，以提高供应链系统的市场竞争力和改善自身的利润率，显然，当前的供应链契约机制无法实现这一点。

二是契约设计局限于最优化供应链系统的当期收益，忽略了长期合作的预期价值。伴随着供应链在空间上变得越来越广和企业高度的非核心业务外包，维持长期稳定的供应链关系已成为每个企业的战略目标，尤其是时间敏感性的报童型产品行业。供应链系统的长期稳定有助于减少企业间由再搜索、沟通和谈判产生的成本，增强企业彼此之间的信任，提高双方的合作效率、产品创新和质量改进等，同时，由长期稳定的合作带来的对未来交易的预期价值可以抑制企业在"单周期"交易中的机会主义行为。但由于现有的供应链契约设计仅考虑博弈的当期既得收益最优，故当参与者在合作过程中出现收益不理想时，参与者的违约风险和供应链系统的中断风险就会增大。

本章在研究框架和结论(第 5 章)基础上，建立上下游企业基于时间敏感型供应链契约和事务性合作的分散供应链稳定性机制设计模型。这里的事务性合作是指企业之间在博弈过程中，通过额外的无法被第三方证实的活动，如信息共享、产出控制、质量改进或促销努力等，以提升供应链系统的市场竞争力和参与者的利润率。该模型在一定程度上可以消除上述两种不利因素对供应链系统稳定性的影响。在该模型中，上下游企业不再是各自承担生产(或供给)和销售的功能，而是在博弈过程中进行事务性合作，与此同时，该模型以无限次重复博弈为研究框架，考虑了未来预期价值。

6.1　符号说明和问题描述

6.1.1　符号说明

为了便于后文描述问题和建立模型，引入以下符号并给予含义解释(表 6.1)。其中，ρ_{st}、τ_{Rt}、σ_{St}、e_{St} 是上游企业 S 的决策变量；ρ_{Rt}、τ_{Rt}、σ_{Rt}、e_{Rt}、θ_t、Θ_t 是下游企业 R 的决策变量。

表 6.1　供应链稳定机制设计模型符号一览表

符号	含义	符号	含义
t	销售周期	$F_{(X_t,X_{t+1})}$	取值在 $\left[y_{(X_t,X_{t+1})},\bar{y}_{(X_t,X_{t+1})}\right]$ 上 Υ_t 的分布函数已知
D_t	周期 t 的市场随机需求	$\Upsilon(x,z)$	当 $(X_t,X_{t+1})=(x,z)$ 时，Υ_t 的期望值
G	市场需求 D_t 的需求分布类型	$j\in\{S,R\}$	S 表示上游企业；R 表示下游企业
Q	周期 t 的订购量	ξ_{jt}	周期 t 企业 j 进行事务性合作的外部选择
w_t	周期 t 的批发价格契约参数	e_{jt}	周期 t 企业 j 进行事务性合作选择的行动
K_t	周期 t 的成本分担契约参数	$\mathbb{H}^t$	周期 t 初期的历史信息
φ_t	周期 t 的收益共享契约参数	δ	贴现因子，为常数
Θ_t	周期 t 的承诺补偿转移支付	$\mathbb{E}[\cdot]$	数学期望算子
θ_t	周期 t 的契约 $\mathbb{C}$ 参数的变化比例	T	线性算子

续表

符号	含义	符号	含义
χ	供应链系统的状态空间	$\rho_{it}\in\{0,1\}$	周期 t 企业 j 的交易决策
X_t	周期 t 的产品的质量状态	$\tau_{it}\in\{0,1\}$	周期 t 企业 j 的事务性合作决策
Υ_t	周期 t 的成本收益	$\sigma_{it}\in\{0,1\}$	周期 t 企业 j 执行承诺转移的决策
$\mathbb{C}_i$, $i\in\{WP,CS,RS\}$	由第 5 章构建的三种具有强制力的时间敏感型供应链契约，其中，WP 表示时间敏感型批发价格契约；CS 表示时间敏感型成本分担契约；RS 表示时间敏感型收益共享契约	$c_j\left(e_{jt},X_t,\xi_{jt}\right)$	周期 t 企业 j 根据供应链系统事务性活动的初始状态 X_t 和外部选择 ξ_{jt} ，采取行动 e_{jt} 时的成本
π_{jt}^j	周期 t 企业 j 在供应链契约 i 协调下获得的契约收益	$P_{xz}\left(e_{St},e_{Rt}\right)$	周期 t 给定事务性活动的初始状态 $X_t=x$ ，上下游企业选择行动为 $\left(e_{St},e_{Rt}\right)$ 时，供应链系统的状态由 $X_t=x$ 转移到 $X_{t+1}=z$ 的概率

6.1.2 问题描述

考虑由单一上下游企业构成的二级分散供应链系统，生产和销售单一报童型产品。从任意销售周期开始，上下游企业之间的博弈过程分为以下 6 个步骤，如图 6.1 所示。

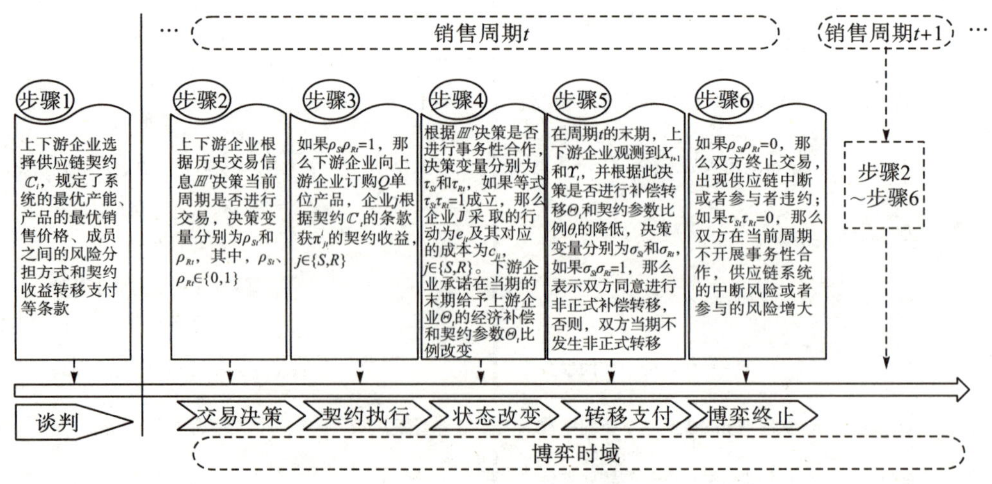

图 6.1 上下游企业的博弈流程

步骤 1：在销售季节开始之前，上下游企业选择一种具有强制力的供应链契约 $\mathbb{C}_i$。$\mathbb{C}_i$ 规定了供应链系统的最优产能、产品的最优销售价格、成员之间的风险分担方式和契约收益转移支付等条款。销售季节有 t 个销售周期，$t \in \{1,2,\cdots\}$。

步骤 2：在任意销售周期 t 开始之前，上下游企业根据历史交易信息 $\mathbb{H}^t$ 决策当前周期是否进行交易，决策变量分别为 ρ_{St} 和 ρ_{Rt}，其中，历史信息 $\mathbb{H}^t$ 为共同知识。如果决策交易，那么等式 $\rho_{St}\rho_{Rt}=1$ 成立，双方依次进行步骤 3～步骤 5，否则跳转至步骤 6。

步骤 3：如果周期 t 双方进行交易，则下游企业向上游企业订购 Q 单位产品。企业 j 根据契约 $\mathbb{C}_i$ 的条款获得 π_{jt}^j 的契约收益。特别地，订购量和契约条款可被第三方观测和证实。

步骤 4：上下游企业根据历史交易信息 $\mathbb{H}^t$，包括供应链系统的初始状态 X_t，决策是否进行事务性合作，决策变量分别为 τ_{St} 和 τ_{Rt}。如果双方同意开展合作，那么等式 $\tau_{St}\tau_{Rt}=1$ 成立，相应地，企业 j 采取的行动为 e_{jt}，其对应的成本为 c_{jt}，$j \in \{S,R\}$。下游企业承诺在当期的末期给予上游企业 Θ_t 的经济补偿和契约参数的 θ_t 比例的改变。特别地，参数 Θ_t 和 θ_t 无法被第三方观测和证实。由行动 e_{jt} 构成的集合记为 E_{jt}。

步骤 5：在周期 t 的末期，上下游企业观测到供应链系统的状态为 X_{t+1} 和由事务性合作产生的成本收益 Υ_t。双方根据供应链系统状态 X_{t+1} 以及成本收益 Υ_t 决策是否进行补偿转移 Θ_t 和契约参数比例 θ_t 的降低，决策变量分别为 σ_{St} 和 σ_{Rt}。如果 $\sigma_{St}\sigma_{Rt}=1$，那么表示双方同意进行非正式补偿转移，否则，双方当期不发生非正式转移。当 $\Theta_t>0$ 表示上游企业获得正的补偿，反之表示下游企业获得正的补偿。令 $t+1 \to t$，更新历史信息为 $\mathbb{H}^{t+1}$，博弈转入步骤 2。

步骤 6：如果 $\rho_{St}\rho_{Rt}=0$，那么双方终止交易，出现供应链中断或参与者违约；如果 $\tau_{St}\tau_{Rt}=0$，那么双方在当前周期不开展事务性合作，供应链系统的中断风险或参与者的违约风险增大。

6.1.3　事务性合作

在传统的供应链管理中，参与者根据具有强制力供应链契约进行交易。在这样的交易环境下，双方局限于供应链系统的“端点”设计，忽视了在交易过程中开展相关的“事务性合作”，弱化了供应链系统的绩效，进而容易导致参与者违约或供应链中断。本书将事务性合作定义为上下游企业在博弈过程中，通过额外的不可被第三方证实的活动改变供应链系统的状态，以提高供应链系统的市场竞争力和参与者的利润率。其中，额外活动是指企业采取强制力供应链契约条款规定之外的行为；供应链系统状态是指可以通过数值或者绩效进行量化的指标。在供应链管理中，本书将事务性合作指定为企业间的信息共享、产出控制、质量改进或促销努力等；将供应链系统状态指定为产品的供给状态、产品的质量状态或产品的销售量状态等，这样的具体指定有助于读者理解本书所描述的事务性合作。

6.2 稳定性机制模型

本节将基于构建的时间敏感型供应链契约(第 5 章)，建立供应链稳定性机制模型。由于上下游企业在博弈时域内无法观测和确定彼此之间的博弈关系何时结束，因此本书将二者之间的博弈视为“无限”次重复博弈。

6.2.1 贴现收益

在契约类型为$\mathbb{C}_i$和固定贴现因子δ，$\delta \in (0,1)$的情况下，从任意的销售周期T开始，上下游企业根据历史信息$\mathbb{H}^T$决策进行事务性合作，相应的贴现收益函数$\Pi_{ST}^{\mathbb{C}_i}$和$\Pi_{RT}^{\mathbb{C}_i}$，分别为

$$\Pi_{ST}^{\mathbb{C}_i} \triangleq \sum_{t=T}^{+\infty} \delta^{t-T} \rho_{St}\rho_{Rt}\tau_{St}\tau_{Rt}\left\{\sigma_{St}\sigma_{Rt}\left[\Theta_t + \mathbb{C}_i\left(\theta_t\right)\right] - c_S\right\} \tag{6.1}$$

$$\Pi_{RT}^{\mathbb{C}_i} \triangleq \sum_{t=T}^{+\infty} \delta^{t-T} \rho_{St}\rho_{Rt}\tau_{St}\tau_{Rt}\left\{\Upsilon_t - \sigma_{St}\sigma_{Rt}\left[\Theta_t + \mathbb{C}_i\left(\theta_t\right)\right] - c_R\right\} \tag{6.2}$$

在任意销售周期t，$t \geqslant \mathrm{T}$的初期，上下游企业根据交易的历史信息$\mathbb{H}^t$，包括供应链系统的初始状态X_t，决策当前销售周期是否交易以及是否进行事务性合作。如果双方选择合作，那么等式$\rho_{St}\rho_{Rt}\tau_{St}\tau_{Rt}=1$成立，下游企业获得由事务性合作带来的成本收益$\Upsilon_t$。因为产品的报童特征以及市场需求的随机性，所以成本收益Υ_t的取值为随机变量。在销售周期t的末期，上下游企业共同决策是否进行补偿转移支付。如果双方同意补偿转移，那么等式$\sigma_{St}\sigma_{Rt}=1$成立，下游企业向上游企业的补偿转移支付为$\Theta_t + \mathbb{C}_i\left(\theta_t\right)$。其中，$\Theta_t + \mathbb{C}_i\left(\theta_t\right) > 0$表示下游企业补偿给上游企业，反之则表示上游企业补偿给下游企业。值得注意的是，参数Θ_t和θ_t是非契约$\mathbb{C}_i$的参数，是上下游企业之间达成的一种承诺，其无法被第三方观测和证实，同时，因为企业j，$j \in \{S,R\}$承担由事务性合作产生的成本c_j，其值取决于自身的外部性选择ξ_{jt}，供应链系统的初始服务状态X_t和采取的行动e_{jt}，所以c_j又可写为$c_j\left(e_{jt}, X_t, \xi_{jt}\right)$。

参数$\mathbb{C}_i\left(\theta_t\right)$是与供应链契约$\mathbb{C}_i$有关的变量，在时间敏感性批发价格和成本分担契约下，$\mathbb{C}_i\left(\theta_t\right)=0$；在时间敏感型收益共享契约下，$\mathbb{C}_i\left(\theta_t\right)=\theta_t\left(1-\varphi_t\right)$ $\left[p\min\left(Q,D_t\right)+v\left(Q-D_t\right)^+\right]$。

在销售周期t，$t \geqslant \mathrm{T}$的初期，如果上下游企业根据历史信息$\mathbb{H}^t$决策当前销售周期不开展事务性合作，那么等式$\tau_{St}\tau_{Rt}=0$成立。此时，$\varUpsilon_t=0$，相应地的成本$c_j=0$，$j \in \{S,R\}$，与此同时，企业j分别获得由具有强制力契约$\mathbb{C}_i$分配的契约收益π_{jt}^j。综上所述，在采用契约$\mathbb{C}_i$作为供应链的协调机制时，上下游的累积贴现收益函数$\varPi_{ST}^{\mathrm{CUM}\mathbb{C}_i}$和$\varPi_{RT}^{\mathrm{CUM}\mathbb{C}_i}$，分别为

$$\varPi_{ST}^{\mathrm{CUM}\mathbb{C}_i} \triangleq \sum_{t=T}^{+\infty} \delta^{t-T} \rho_{St}\rho_{Rt}\left(\pi_{St}^i+\tau_{St}\tau_{Rt}\left\{\sigma_{St}\sigma_{Rt}\left[\varTheta_t+\mathbb{C}_i\left(\theta_t\right)-c_S\right]\right\}\right) \tag{6.3}$$

$$\varPi_{RT}^{\mathrm{CUM}\mathbb{C}_i} \triangleq \sum_{t=T}^{+\infty} \delta^{t-T} \rho_{St}\rho_{Rt}\left(\pi_{Rt}^i+\tau_{St}\tau_{Rt}\left\{\varUpsilon_t-\sigma_{St}\sigma_{Rt}\left[\varTheta_t+\mathbb{C}_i\left(\theta_t\right)-c_R\right]\right\}\right) \tag{6.4}$$

式(6.3)和式(6.4)分别表示从销售周期T开始，上下游企业在时间敏感型供应链契约$\mathbb{C}_i$的激励机制下的累积贴现收益，其中，π_{jt}^i的取值与契约类型$\mathbb{C}_i$有关。具体地，可以分为以下三种情况：

(1)在时间敏感型批发价格契约下：

$$\pi_{St}=\left(w_t-c\right)Q$$

$$\pi_{Rt}=p\min\left(Q,D_t\right)+s\left(Q-D_t\right)^+-g\left(D_t-Q\right)^+-w_tQ$$

(2)在时间敏感型成本分担契约下：

$$\pi_{St}=\left(w_0-\left(1-\kappa_t\right)c_t\right)Q$$

$$\pi_{Rt}=p\min\left(Q,D_t\right)+v\left(Q-D_t\right)^+-g\left(D_t-Q\right)^+-\left(w_0+\kappa_t c_t\right)Q$$

(3)在时间敏感型收益共享契约下：

$$\pi_{St}=\left(w_0-c_t\right)Q+\varphi_t\left[p\min\left(Q,D_t\right)+v\left(Q-D_t\right)^+\right]$$

$$\pi_{Rt}=\left(1-\varphi_t\right)\left[p\min\left(Q,D_t\right)+v\left(Q-D_t\right)^+\right]-g\left(D_t-Q\right)^+-w_0Q$$

6.2.2　自我实施

在任意的销售周期t，$t \geqslant T$，双方开展事务性合作，并进行非正式承诺补偿转移，特别地，这样的非正式承诺无法被第三方观测和证实。因此，需要设计一套激励机制，确保上下游企业自愿地维持事务性合作。换言之，在这套激励机制中，上下游企业的事务性合作是自我实施(self-enforcing)的。

在任意销售周期t，给定历史信息$\mathbb{H}^t$，包括供应链系统初始状态$X_t=x$和当前周期的成本收益$\varUpsilon_t$，一套具有自我实施的激励机制需满足下列条件：

$$\mathbb{E}\left[\varPi_{St}^{\mathbb{C}_i}\middle|\mathbb{H}^t\right] \geqslant 0 \tag{6.5}$$

$$\mathbb{E}\left[\varPi_{Rt}^{\mathbb{C}_i}\middle|\mathbb{H}^t\right] \geqslant 0 \tag{6.6}$$

$$e_{St} \in \arg\max_{e}\left(-c_S\left(e,X_t,\xi_{St}\right)+\sum\nolimits_{z\in\chi}P_{X_t z}\left(e,e_{Rt}\right)\left\{\varTheta_t+\mathbb{C}_i\left(\theta_t\right)+\delta\mathbb{E}\left[\Pi_{S(t+1)}^{\mathbb{C}_i}\middle|\mathbb{H}^t,X_{t+1}=z\right]\right\}\right) \tag{6.7}$$

$$\begin{aligned} e_{Rt} \in \arg\max_{e}\Big(&-c_R\left(e,X_t,\xi_{Rt}\right)+\sum\nolimits_{z\in\chi}P_{X_t z}\left(e_{St},e\right) \\ &\left\{\varUpsilon_t\left(X_t,z\right)-\left[\varTheta_t+\mathbb{C}_i\left(\theta_t\right)\right]\delta\mathbb{E}\left(\varPi_{R(t+1)}^{\mathbb{C}_i}\middle|\mathbb{H}^t,X_{t+1=z}\right)\right\}\Big) \end{aligned} \tag{6.8}$$

$$\varTheta_t+\mathbb{C}_i\left(\theta_t\right)+\delta\mathbb{E}\left[\varPi_{S(t+1)}^{\mathbb{C}_i}\middle|\mathbb{H}^t,X_{t+1},\varUpsilon_t\right]\geqslant 0 \tag{6.9}$$

$$-\left[\varTheta_t+\mathbb{C}_i\left(\theta_t\right)\right]+\delta\mathbb{E}\left[\varPi_{R(t+1)}^{\mathbb{C}_i}\middle|\mathbb{H}^t,X_{t+1},\varUpsilon_t\right]\geqslant 0 \tag{6.10}$$

其中，$\mathbb{H}^t=\left\{X_1,\cdots,X_t;\ \varUpsilon_1,\cdots,\varUpsilon_{t-1};\tau_{S1},\cdots,\tau_{S(t-1)};\sigma_{S1},\cdots,\sigma_{S(t-1)};\tau_{R1},\cdots,\tau_{R(t-1)};\sigma_{R1},\cdots,\sigma_{R(t-1)}\right\}$表示销售周期 t 初期的历史信息，其为共同知识；$P_{xz}\left(e_{St},e_{Rt}\right)\triangleq \Pr\left\{X_{t+1}=z\middle|X_t=x;e_{St},e_{Rt}\right\}$表示给定上下游企业采取行动为$\left(e_{St},e_{Rt}\right)$时，供应链系统的状态由 $X_t=x$ 转移到 $X_{t+1}=z$ 的概率。

$P_{xz}\left(e_{St},e_{Rt}\right)$描述的概率转移状态如图 6.2 所示。如果$\tau_{St}\tau_{Rt}=0$，那么供应链系统的状态由 X_t 转移到 X_{t+1} 的概率为 $P_{X_tX_{t+1}}(0,0)$。回忆图 4.3，其表示的报童型产品的质量状态转移，它们的区别在于图 6.2 所示的状态空间是不变的，而图 4.3 所示的状态空间，随着时间的流逝，其逐渐缩小。

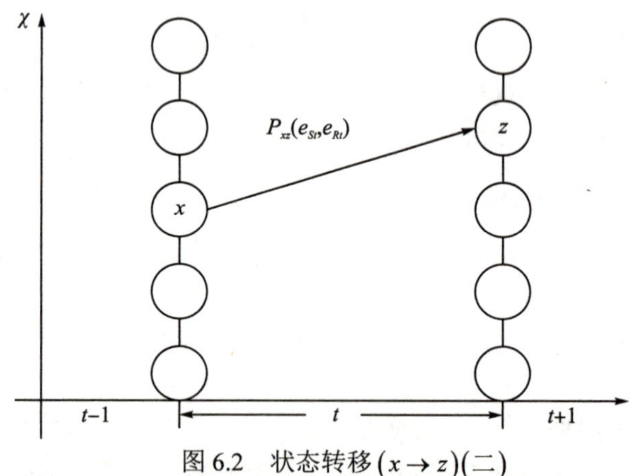

图 6.2 状态转移$(x\rightarrow z)$(二)

参考学者 D. Abreu(1988)，E. L. Plambeck 等(2006)的研究，式(6.5)～式(6.10)是基于触发战略形成事务性合作的充分条件。触发战略是指双方首先选择合作，直到有一方取消合作后，双方永远取消合作(定义 2.10)。具体地，式(6.5)和式(6.6)分别表示上下游企业的参与约束，该约束确保上下游企业均获得非负期望贴现收益。在下游企业选择行动为 e_R 的假设下，式(6.7)指出上游企业采取行动 e_{St} 最大化自身的期望贴现收益；而式(6.8)指出在上游企业选择行动为 e_{St} 的假设下，下游企业采取行动 e_{Rt} 最大化自身的期望贴现收益；式(6.9)和式(6.10)分别表示在每个销售周期的末期，上下游企业执行非正式补偿转移决策优于双方结束事务性合作。

6.2.3 契约模型

6.2.1 节和 6.2.2 节分别讨论了上下游企业基于事务性合作时的贴现收益以及双方的自我实施条件。接下来，本节将构建具有自我实施条件约束的供应链稳定性机制模型。思路如下：构建供应链一体化的最优稳定性机制模型，由该模型推导出的最优值为上下游企业的事务性合作提供参照基准，随后基于无限时域马尔可夫随机过程(2.4 节)，构建具有自我实施条件约束的供应链稳定性机制模型。

假设在一体化供应链系统中，存在一个核心企业运作整个供应链的事务性合作。在销售周期T的初期，当供应链系统的初始状态为$X_T = x$且固定贴现因子为δ，$\delta \in (0,1)$时，由核心企业开展事务性合作后，一体化供应链系统的期望贴现收益为

$$\mathbb{V}_{CT} \triangleq \sum_{t=T}^{+\infty} \delta^{t-T} \rho_{St}\rho_{Rt}\tau_{St}\tau_{Rt} \mathbb{E}\left[\left[\Upsilon_t - c_S\left(e_{St}, X_t, \xi_{St}\right) - c_R\left(e_{Rt}, X_t, \xi_{Rt}\right)\right] \middle| X_T = x\right] \tag{6.11}$$

从销售周期t，$t \geqslant T$开始，核心企业根据历史信息$\mathbb{H}^t$管理供应链并决定上下游企业是否开展事务性合作。如果核心企业决策双方合作，那么等式$\rho_{St}\rho_{Rt}\tau_{St}\tau_{Rt} = 1$成立。在核心企业的管理下，企业$j$采取行动$e_{jt}$，相应地，产生的交易成本为$c_j$，$j \in \{S, R\}$。在销售周期$t$的末期，供应链系统获得由事务性合作产生的成本收益为Υ_t。

定理 6.1　对于初始状态$x \in \chi$，公式(6.11)可换为动态规划迭代方程：

$$\mathbb{V}_{CT}(x) \triangleq -\sum_{j \in \{S,R\}} \left[c_j\left(e_{jT}, x, \xi_{jT}\right)\right] + \sum_{z \in \chi} P_{xz}\left(e_{ST}, e_{RT}\right)\left[\Upsilon(x, \mathrm{z}) + \delta \mathbb{V}_{C(T+1)}(z)\right] \tag{6.12}$$

证明　对于销售周期T，供应链系统初始状态为$x \in \chi$时，有

$$\begin{aligned}
\mathbb{V}_{CT}(x) &\triangleq \sum_{t=T}^{+\infty} \delta^{t-T} \rho_{St}\rho_{Rt}\tau_{St}\tau_{Rt} \mathbb{E}\left\{\left[\Upsilon_t - c_S\left(e_{St}, X_t, \xi_{St}\right) - c_R\left(e_{Rt}, X_t, \xi_{Rt}\right)\right] \middle| X_T = x\right\} \\
&= \begin{pmatrix} \mathbb{E}\left\{\left[\Upsilon_t - c_S\left(e_{ST}, X_T, \xi_{ST}\right) - c_R\left(e_{RT}, X_T, \xi_{RT}\right)\right] \middle| X_T = x\right\} \\ +\delta \sum\limits_{t=T+1}^{+\infty} \delta^{t-(T+1)} \rho_{St}\rho_{Rt}\tau_{St}\tau_{Rt} \mathbb{E}\left\{\left[\Upsilon_t - c_S\left(e_{St}, X_t, \xi_{St}\right) - c_R\left(e_{Rt}, X_t, \xi_{Rt}\right)\right] \middle| X_T = x\right\} \end{pmatrix} \\
&= \begin{bmatrix} -c_S\left(e_{ST}, X_T, \xi_{ST}\right) - c_R\left(e_{RT}, X_T, \xi_{RT}\right) \\ \quad P_{xz}\left(e_{ST}, e_{RT}\right)\Upsilon(x, z) + \sum\limits_{z \in \chi} P_{xz}\left(e_{ST}, e_{RT}\right) \\ +\sum\limits_{z \in \chi}\left(\delta \sum\limits_{t=T+1}^{+\infty} \delta^{t-(T+1)} \rho_{St}\rho_{Rt}\tau_{St}\tau_{Rt} \mathbb{E}\left\{\left[\Upsilon_t - c_S\left(e_{St}, X_t, \xi_{St}\right) - c_R\left(e_{Rt}, X_t, \xi_{Rt}\right)\right] \middle| X_{T+1} = z\right\}\right) \end{bmatrix}
\end{aligned}$$

$$=-\sum_{j\in\{S,R\}}\left[c_j\left(e_{jT},x,\xi_{jT}\right)\right]+\sum_{z\in\chi}P_{xz}\left(e_{ST},e_{RT}\right)$$

$$\left\{\Upsilon(\mathrm{z},x)+\delta\sum_{t=T+1}^{+\infty}\delta^{t-(T+1)}\rho_{St}\rho_{Rt}\tau_{St}\tau_{Rt}\mathbb{E}\left[\left(\Upsilon_t-c_S-c_R\right)\middle|X_{T+1}=z\right]\right\}$$

$$=-\sum_{j\in\{S,R\}}\left[c_j\left(e_{jT},x,\xi_{jT}\right)\right]+\sum_{z\in\chi}P_{xz}\left(e_{ST},e_{RT}\right)\left[\Upsilon(x,z)+\delta\mathcal{V}_{C(T+1)}(z)\right]$$

记 $r_T\left(x;e_{ST},e_{RT}\right)$ 表示供应链一体化在销售周期 T 获得的既得期望成本收益，其中，

$$r_T\left(x;e_{ST},e_{RT}\right)\triangleq-\sum_{j\in\{S,R\}}c_j\left(e_{jT},x,\xi_{jT}\right)+\sum_{z\in\chi}P_{xz}\left(e_{ST}+e_{RT}\right)\Upsilon(x,z)\tag{6.13}$$

因此，式(6.12)可进一步改写为

$$\mathbb{V}_{CT}(x)\triangleq r_T\left(x;e_{ST},e_{RT}\right)+\delta\left[\sum_{z\in\chi}P_{xz}\left(e_{ST},e_{RT}\right)\mathbb{V}_{C(T+1)}(z)\right]\tag{6.14}$$

式(6.14)表示在由核心企业管理上下游企业开展事务性合作时，供应链系统的期望贴现成本收益等于当前周期的既得期望成本收益与下一销售周期的期望贴现成本收益之和。故当核心企业观测到供应链系统的初始状态为 x 时，供应链一体化的期望贴现成本收益 $\mathbb{V}_{C1}^*(x)$ 为

$$\mathbb{V}_{C1}^*(x)\triangleq\max\left(\delta\sum_{z\in\chi}P_{xz}(0,0)\mathbb{V}_{C2}(z);\max_{e_{S1},e_{R1}}\left\{r_1\left(x,e_{S1},e_{R1}\right)+\delta\left[\sum_{z\in\chi}P_{xz}\left(e_{S1},e_{R1}\right)\mathbb{V}_{C2}(z)\right]\right\}\right)\tag{6.15}$$

其中，$\delta\sum_{z\in\chi}P_{xz}(0,0)\mathbb{V}_{C2}(z)$ 表示核心企业观测到供应链系统状态为 x 且决策上下游企业不开展事务性合作时，供应链一体化的期望贴现收益。

对于 $\forall x\in\chi$，式(6.15)的最优值 $\mathbb{V}_{C1}^*$ 通过值迭代算法(参考 6.5 节)可以求解。令子空间 $\chi^*\subset\chi$，对于 $\forall x\in\chi^*$，上下游企业均会选择开展事务性合作，此时，双方采取的最优行动分别为 $e_S^*(x)$ 和 $e_R^*(x)$。如果上下游企业开展的事务性合作行动可被观测和证实，那么对于任意正的最优值 $\mathbb{V}_{C1}^*(x)$，$x\in\chi^*$，双方按照帕累托改进机制任意分割。又由于上下游企业本质上均为独立的理性主体且存在机会主义，双方在事务性合作过程中会出现搭便车现象，故很有可能出现的一种情况是，下游企业获得由事务性合作产生的全部成本收益，同时上游企业的行动无法被证实，进而出现违约。

为了消除这种弱化供应链稳定性的现象，本书从以下两个方面考虑：一方面，下游企业需要通过转移支付补偿上游企业由事务性合作带来的成本；另一方面，上下游企业采取“触发战略”来惩罚对方的机会主义行为和搭便车行为。双方是

基于对未来期望成本收益预期价值而开展的事务性合作。接下来，文章将基于分布式供应链系统，建立带有自我实施约束的供应链稳定性机制模型。

对于供应链系统的初始状态 x 和 $\mathcal{V}:\chi \to \mathbb{R}$，定义与供应链系统状态相关的算子 $\mathcal{T}$，

$$\mathcal{T}(\mathcal{V})(x) \triangleq \max\left\{\delta\sum_{z\in\chi} P_{xz}(0,0)\mathcal{V}(z);\max_{e_S,e_R}\left[R(\mathcal{V},x,e_S,e_R)+\delta\sum_{z\in\chi} P_{xz}(e_S,e_R)\mathcal{V}(z)\right]\right\} \tag{6.16}$$

$$s.t.\begin{cases} \upsilon_S(x,z)\geqslant 0,\ z\in\chi \\ \upsilon_R(x,z)\geqslant 0,\ z\in\chi \\ \upsilon_S(x,z)+\upsilon_R(x,z)\leqslant\mathcal{V}(z),\ z\in\chi \\ e_S\in\arg\max\limits_{e}\left\{-c_S(e,x,\xi_S)+\sum\limits_{z\in\chi} P_{xz}(e,e_R)\mathbb{E}\left[\Theta_t+\mathbb{C}_i(\theta_t)+\delta\upsilon_S\right]\right\} \\ e_R\in\arg\max\limits_{e}\left\{-c_r(e,x,\xi_R)+\sum\limits_{z\in\chi} P_{xz}(e_S,e)\mathbb{E}\left[\Upsilon_t-\left[\Theta_t+\mathbb{C}_i(\theta_t)\right]+\delta\upsilon_R\right]\right\} \end{cases}$$

其中，$R(\nu,x,e_S,e_R)\equiv r(x;e_S,e_R)-C(\mathcal{V},x,e_S,e_R)$；$C(\mathcal{V},x,e_S,e_R)\equiv\min\limits_{\upsilon_S,\upsilon_R}\sum\limits_{z\in\chi}P_{xz}(e_S,e_R)$

$Q(x,z)\delta\mathcal{V}(z)\equiv 1-\sum\limits_{j\in\{S,R\}}\upsilon_j(x,z)/\mathcal{V}(z)$。

式(6.16)表示给定上下游企业在周期 1 开始进行事务性合作且 ν 是从周期 2 开始获得的期望贴现成本收益。其中，运算 $T(\mathcal{V})$ 表示最大化供应链系统的期望贴现成本收益；$\upsilon_S(\cdot)$ 和 $\upsilon_R(\cdot)$ 分别表示从销售周期 2 开始，上下游企业获得的期望贴现成本收益，其满足 $\upsilon_S(\cdot)\geqslant 0$ 和 $\upsilon_R(\cdot)\geqslant 0$，这样的不等式约束表示上下游企业均会自愿地执行非正式转移；收益函数 $r(x;e_S,e_R)$ 表示供应链系统当前周期获得的既得期望成本收益，其计算方式如式(6.13)所示；成本函数 $C(\cdot)$ 表示上下游企业结束事务性合作产生的期望成本；概率函数 $Q(\cdot)$ 刻画了双方结束合作的概率(E. L. Plambeck 等，2006)；$\delta\sum\limits_{z\in\chi}P_{xz}(0,0)\mathcal{V}(\mathrm{z})$ 表示上下游企业观测到供应链系统初始状态为 x，且双方不开展事务性合作时，分散供应链系统的期望贴现收益。

6.3　模型收敛性分析

在 6.2 节中，式(6.16)基于动态规划递归方法建立了考虑自我实施约束条件的分散供应链稳定性机制模型。若通过对该模型的求解得出其最优值为 $\mathcal{V}^*$，则上下游企业之间可以按照 ϕ 和 $1-\phi$ 的比例分摊 $\mathcal{V}^*$，$\phi\in[0,1]$ (J. Levin，2003；E. L.

Plambeck 等，2006）。

因此，式(6.16)的收敛性是求解$\mathcal{V}^*$的必要条件。接下来，结合性质 6.1 和性质 6.2，定理 6.2 和定理 6.3 表明式(6.16)存在极限且极限的收敛速度取决于贴现因子δ。

首先，记$\mathbb{B}$为χ上的有界实值函数的集合，对于$\nu \in \mathbb{B}$，定义$\mathbb{B}$上的范数为

$$\|\mathcal{V}\| = \sup_{x\in\chi}|\mathcal{V}(x)|$$

$\mathbb{B}$上的偏序定义为：对一切$x \in \chi$，

(1)如果$\mathcal{V}_1(x) \geqslant \mathcal{V}_2(x)$，记$\mathcal{V}_1 \geqslant \mathcal{V}_2$。

(2)如果$\mathcal{V}_1(x) = \mathcal{V}_2(x)$，记$\mathcal{V}_1 = \mathcal{V}_2$。

(3)如果$\mathcal{V}_1 \geqslant \mathcal{V}_2$且至少存在一个状态$x \in \chi$使得$\mathcal{V}_1(x) > \mathcal{V}_2(x)$，记$\mathcal{V}_1 > \mathcal{V}_2$。

6.3.1 算子的性质

性质 6.1 算子$\mathcal{T}$满足保序性质，即如果对$\forall \mathcal{V}_1, \mathcal{V}_2 \in \mathbb{B}$且$\mathcal{V}_1 \geqslant \mathcal{V}_2$，那么$\mathcal{T}\mathcal{V}_1 \geqslant \mathcal{T}\mathcal{V}_2$。

证明 对$\forall x \in \chi$，$(e_S, e_R) \in E_S \times E_R$，因为$\mathcal{V}_1 \geqslant \mathcal{V}_2$，所以，

$$R(\mathcal{V}_1, x, e_S, e_R) + \delta\sum_{z\in\chi} P_{xz}(e_S, e_R)\mathcal{V}_1(z) \geqslant R(\mathcal{V}_2, x, e_S, e_R) + \delta\sum_{z\in\chi} P_{xz}(e_S, e_R)\mathcal{V}_2(z)$$

因此，

$$\begin{aligned}\mathcal{T}(\mathcal{V}_1)(x) &\triangleq \max\left\{\delta\sum_{z\in\chi} P_{xz}(0,0)\mathcal{V}_1(z); \max_{e_S, e_R}\left[R(\mathcal{V}_1, x, e_S, e_R) + \delta\sum_{z\in\chi} P_{xz}(e_S, e_R)\mathcal{V}_1(z)\right]\right\} \\ &\geqslant \max\left\{\delta\sum_{z\in\chi} P_{xz}(0,0)\mathcal{V}_2(z); \max_{e_S, e_R}\left[R(\mathcal{V}_2, x, e_S, e_R) + \delta\sum_{z\in\chi} P_{xz}(e_S, e_R)\mathcal{V}_2(z)\right]\right\} \\ &= \mathcal{T}(\mathcal{V}_2)(x)\end{aligned}$$

性质 6.2 算子$\mathcal{T}$是一个压缩映射，压缩因子为δ，即对$\forall \mathcal{V}_1, \mathcal{V}_2 \in \mathbb{B}$且$\mathcal{V}_1 \geqslant \mathcal{V}_2$，那么，

$$\|\mathcal{T}\mathcal{V}_1 - \mathcal{T}\mathcal{V}_2\| \leqslant \delta\|\mathcal{V}_1 - \mathcal{V}_2\|$$

性质 6.2 表明算子$\mathcal{T}$是一个压缩映射，这个紧缩性质是分析式(6.16)收敛性的关键。

证明 定义：

$$(e_S^*, e_R^*) \triangleq \arg\max_{e_S, e_R}\left[R(\mathcal{V}_1, x, e_S, e_R) + \delta\sum_{z\in\chi} P_{xz}(e_S, e_R)\mathcal{V}_1(z)\right]$$

情形 I 假设对$\forall x \in \chi$，有

$$\delta\sum_{z\in\chi} P_{xz}(0,0)\mathcal{V}_1(z) \leqslant R(\mathcal{V}_1, x, e_S^*, e_R^*) + \delta\sum_{z\in\chi} P_{xz}(e_S^*, e_R^*)\mathcal{V}_1(z)$$

则对 $\forall x \in \chi$，有

$$0 \leqslant \mathcal{T}\mathcal{V}_1(x) - \mathcal{T}\mathcal{V}_2(x)$$

$$\leqslant R\left(\mathcal{V}_1, x, e_S^*, e_R^*\right) + \delta \sum\nolimits_{z\in\chi} P_{xz}\left(e_S^*, e_R^*\right)\mathcal{V}_1(z) - \left[R\left(\mathcal{V}_2, x, e_S^*, e_R^*\right) + \delta \sum_{z\in\chi} P_{xz2}(z)\left(e_S^*, e_R^*\right)\mathcal{V}\sum\right]$$

$$= C\left(\mathcal{V}_1, x, e_S^*, e_R^*\right) - C\left(\mathcal{V}_2, x, e_S^*, e_R^*\right) + \delta \sum_{z\in\chi} P_{xz}\left(e_S^*, e_R^*\right)\left[\mathcal{V}_1(z) - \mathcal{V}_2(z)\right]$$

$$\leqslant \delta \sum_{z\in\chi} P_{xz}\left(e_S^*, e_R^*\right)\left[\mathcal{V}_1(z) - \mathcal{V}_2(z)\right]$$

$$\leqslant \delta \sum_{z\in\chi} P_{xz}\left(e_S^*, e_R^*\right)\sup_{z\in\chi}\left[\mathcal{V}_1 - \mathcal{V}_2(z)\right]$$

$$\leqslant \delta \sup_{z\in\chi}\left[\mathcal{V}_1(z) - \mathcal{V}_2(z)\right]$$

情形 II 假设对任意的 $\forall x \in \chi$，有

$$\delta \sum_{z\in\chi} P_{xz}(0,0)\mathcal{V}_1(\mathrm{z}) > R\left(\mathcal{V}_1, x, e_S^*, e_R^*\right) + \delta \sum_{z\in\chi} P_{xz}\left(e_S^*, e_R^*\right)\mathcal{V}_1(z)$$

则对 $\forall x \in \chi$，有

$$0 \leqslant \mathcal{T}\mathcal{V}_1(x) - \mathcal{T}\mathcal{V}_2(x)$$

$$\leqslant \delta \sum_{z\in\chi} P_{xz}(0,0)\mathcal{V}_1(z) - \delta \sum_{z\in\chi} P_{xz}(0,0)\mathcal{V}_2(z)$$

$$\leqslant \delta \sum_{z\in\chi} P_{xz}(0,0)\left[\mathcal{V}_1(z) - \mathcal{V}_2(z)\right]$$

$$\leqslant \delta \sum_{z\in\chi} P_{xz}(0,0)\sup\nolimits_{x\in\chi}\left[\mathcal{V}_1(z) - \mathcal{V}_2(z)\right]$$

$$\leqslant \delta \sup_{z\in\chi}\left[\mathcal{V}_1(z) - \nu_2(z)\right]$$

因此，对 $\forall x \in \chi$ 有

$$\left|\mathcal{T}\mathcal{V}_1(x) - \mathcal{T}\mathcal{V}_2(x)\right| = \mathcal{T}\mathcal{V}_1(x) - \mathcal{T}\mathcal{V}_2(x)$$

$$\leqslant \delta \sup_{z\in\chi}\left[\mathcal{V}_1(z) - \mathcal{V}_2(z)\right] = \delta \sup_{z\in\chi}\left|\mathcal{V}_1(z) - \mathcal{V}_2(z)\right|$$

可得

$$\left\|\mathcal{T}\mathcal{V}_1 - \mathcal{T}\mathcal{V}_2\right\| = \sup_{x\in\chi}\left|\mathcal{T}\mathcal{V}_1(x) - \mathcal{T}\mathcal{V}_2(x)\right|$$

$$\leqslant \delta \sup_{z\in\chi}\left|\mathcal{V}_1(z) - \mathcal{V}_2(z)\right| = \delta\left\|\mathcal{V}_1 - \mathcal{V}_2\right\|$$

6.3.2 算子的收敛性

将算子 $\mathcal{T}$ 的压缩性质应用到 Banach 的不动点理论中，可得如定理 6.7 所示的最大不动点。

定理 6.2 如果算子 $\mathcal{T}$ 是满足 $\mathcal{T}:\mathbb{B} \to \mathbb{B}$ 的压缩映射，那么：

(1)存在唯一的$\mathcal{V}^* \in \mathbb{B}$满足$T\mathcal{V}^* = \mathcal{V}^*$。

(2)对于任意的$\mathcal{V}_0 \in \mathbb{B}$，定义如下序列$\{\mathcal{V}_t\}$，则其收敛$\mathcal{V}^*$。

$$\mathcal{V}_{t+1} = T\mathcal{V}_t = T_{t+1}\mathcal{V}_0$$

证明 考察序列$\{\mathcal{V}_t\}$，对于任意的$\tau \geqslant 1$，

$$\begin{aligned}\|\mathcal{V}_{t+\tau} - \mathcal{V}_t\| &\leqslant \sum_{i=0}^{\tau-1}\|\mathcal{V}_{t+i+1} - \mathcal{V}_{t+i}\| \\ &= \sum_{i=0}^{\tau-1}\|\mathcal{T}_{t+i}\mathcal{V}_1 - \mathcal{T}_{t+i}\mathcal{V}_0\| \\ &\leqslant \sum_{i=0}^{\tau-1}\delta^{t+i}\|\mathcal{V}_1 - \mathcal{V}_0\| \\ &\leqslant \|\mathcal{V}_1 - \mathcal{V}_0\|\delta^t\left(1-\delta^\tau\right)/(1-\delta)\end{aligned}$$

因为$\delta \in (0,1)$，所以序列$\{\mathcal{V}_t\}$为 Cauchy 序列，此时，存在$\mathcal{V}^* \in \mathbb{B}$，序列$\{\mathcal{V}_t\}$到收敛$\mathcal{V}^* \in \mathbb{B}$。

下面证明$\mathcal{V}^*$是唯一的 Banach 最大不动点。因为

$$\begin{aligned}0 \leqslant \|\mathcal{T}\mathcal{V}^* - \mathcal{V}^*\| &\leqslant \|\mathcal{T}\mathcal{V}^* - \mathcal{V}_t\| + \|\mathcal{V}_t - \mathcal{V}^*\| \\ &= \|\mathcal{T}\mathcal{V}^* - \mathcal{T}\mathcal{V}_{t-1}\| + \|\mathcal{V}_t - \mathcal{V}^*\| \\ &\leqslant \delta\|\mathcal{V}^* - \mathcal{V}_{t-1}\| + \|\mathcal{V}_t - \mathcal{V}^*\|\end{aligned}$$

且$\lim\limits_{t\to\infty}\|\mathcal{V}^* - \mathcal{V}_{t-1}\| = \lim\limits_{t\to\infty}\|\mathcal{V}_t - \mathcal{V}^*\| = 0$，所以$T\mathcal{V}^* = \mathcal{V}^*$。接下来证明唯一性，假设$\tilde{\mathcal{V}}^*$是算子$\mathcal{T}$的 Banach 不动点，那么，

$$\|\mathcal{V}^* - \tilde{\mathcal{V}}^*\| = \|\mathcal{T}\mathcal{V}^* - T\tilde{\mathcal{V}}^*\| \leqslant \delta\|\mathcal{V}^* - \tilde{\mathcal{V}}^*\| < \|\mathcal{V}^* - \tilde{\mathcal{V}}^*\|$$

产生矛盾，因此不动点唯一。

定理 6.3 从$\mathbb{V}_{C1}^*$开始的值迭代收敛于最优值函数$\mathcal{V}$，迭代收敛速率为δ的几何级数。即

$$\mathcal{V}^* = \lim_{t\to+\infty}\mathcal{T}^t\mathbb{V}_{C1}^*$$

$$\sup_{x\in\chi}\left[\mathcal{T}^t\mathbb{V}_{C1}^*(x) - \mathcal{V}^*(x)\right] \leqslant \delta^t\sup_{x\in\chi}\left[\mathbb{V}_{C1}^*(x) - \mathcal{V}^*(x)\right]$$

证明 由性质 6.1 可知，

$$\mathcal{T}^t\mathbb{V}_{C1}^* \leqslant \mathcal{T}^{t-1}\mathbb{V}_{C1}^*,\ \ t = 1,2,\cdots \tag{6.17}$$

结合性质 6.2 化简得

$$\begin{aligned}\sup_{x\in\chi}\left|\mathcal{T}^{t+1}\mathbb{V}_{C1}^* - \mathcal{T}^t\mathbb{V}_{C1}^*\right| &\leqslant \delta\sup_{x\in\chi}\left|\mathcal{T}^t\mathbb{V}_{C1}^* - \mathcal{T}^{t-1}\mathbb{V}_{C1}^*\right| \\ &\leqslant \delta^t\sup_{x\in\chi}\left|\mathcal{T}\mathbb{V}_{C1}^* - \mathbb{V}_{C1}^*\right| \\ &\leqslant \delta^t\left\|\mathbb{V}_{C1}^*\right\| \to 0,\ \ t \to +\infty,\end{aligned}$$

即 $\mathcal{T}^t\mathbb{V}_{C1}^*$ 是一个 Cauchy 序列，其极限为

$$\widehat{\mathcal{V}} = \lim_{t\to\infty}\mathcal{T}^t\mathbb{V}_{C1}^* \tag{6.18}$$

满足

$$\widehat{\mathcal{V}} \leqslant \mathcal{T}^t\mathbb{V}_{C1}^* \tag{6.19}$$

接下来证明 $\widehat{\mathcal{V}}$ 是算子 T 的 Banach 不动点。如果对 $\forall\varepsilon>0$，选定 $\tau\geqslant 0$，使得当 $t\geqslant\tau$ 时有

$$\sup_{x\in\chi}\left|\mathcal{T}^t\mathbb{V}_{C1}^* - \widehat{\mathcal{V}}\right| < \varepsilon/2$$

那么，对 $\forall t\geqslant\tau$，

$$\begin{aligned}\sup_{x\in\chi}\left|\widehat{\mathcal{V}}-\mathcal{T}\widehat{\mathcal{V}}\right| &\leqslant \sup_{x\in\chi}\left|\widehat{\mathcal{V}}-\mathcal{T}^{t+1}\mathbb{V}_{C1}^*\right| + \sup_{x\in\chi}\left|\mathcal{T}^{t+1}\mathbb{V}_{C1}^*-\mathcal{T}\widehat{\mathcal{V}}\right| \\ &\leqslant \varepsilon/2 + \sup_{x\in\chi}\left|\mathcal{T}^{t+1}\mathbb{V}_{C1}^*-\mathcal{T}\widehat{\mathcal{V}}\right| \\ &\leqslant \varepsilon/2 + \delta\sup_{x\in\chi}\left|\mathcal{T}^{t}\mathbb{V}_{C1}^*-\widehat{\mathcal{V}}\right| \\ &\leqslant \varepsilon/2 + \delta\varepsilon/2 \\ &\leqslant \varepsilon,\end{aligned}$$

因此，$\sup_{x\in\chi}\left|\widehat{\mathcal{V}}-T\widehat{\mathcal{V}}\right| = \left\|\widehat{\mathcal{V}}-\mathcal{T}\widehat{\mathcal{V}}\right\| \leqslant \varepsilon$，即 $\widehat{\mathcal{V}}=\mathcal{T}\widehat{\mathcal{V}}$。令 $T\widehat{\mathcal{V}}'$ 为算子 $\mathcal{T}$ 的另外一个 Banach 不动点，则不等式 $\widehat{\mathcal{V}}\leqslant \mathbb{V}_{C1}^*$ 成立。根据性质 6.1 可知，$\forall t\in\{1,2,\cdots\}$，有

$$\mathcal{T}\mathbb{V}_{C1}^* \geqslant \mathcal{T}^t\widehat{\mathcal{V}}' = \widehat{\mathcal{V}}' \tag{6.20}$$

令 $t\to\infty$，从式(6.18)和式(6.20)可以推导出 $\widehat{\mathcal{V}}\geqslant\widehat{\mathcal{V}}'$。因此 $\widehat{\mathcal{V}}$ 是算子 $\mathcal{T}$ 的最大 Banach 不动点，即 $\widehat{\mathcal{V}}\geqslant\mathcal{V}^*$。

综上所述，本节主要的结论可以归纳为①根据 Banach 的不动点定理以及算子 $\mathcal{T}$ 的紧缩性质，推导出算子 $\mathcal{T}$ 的最大不动点 $\mathcal{V}^*$；②根据贴现因子，建立 $\mathbb{V}_{C1}^*$ 几何收敛于 $\mathcal{V}^*$。

6.4　稳定性机制设计

6.2 节、6.3 节建立了具有自我实施的分散供应链稳定性机制模型，并分析了该模型的收敛性。基于 Banach 最大不动点定理可知，通过该模型求解出的值是最优的。接下来，基于该最优值分析具有自我实施的激励机制设计。在该机制下，上下游企业可以简单地管理彼此之间的事务性合作关系，维持分散供应链系统的长期稳定性。

6.4.1　机制参数设计

定理 6.4　由事务性合作产生的最优期望成本收益为 $\mathcal{V}^*(X_1)$。双方合作的决

策为

$$\tau_{St}=\begin{cases}\tau_S^*(X_t), & \forall t\leqslant\Psi\text{且}\sigma_{S\tau}\sigma_{R\tau}=1,\ \forall\tau<t\\ 0, & \forall t>\Psi\text{且}\sigma_{S\tau}\sigma_{R\tau}=0,\ \exists\tau<t\end{cases}$$

$$\tau_{Rt}=\begin{cases}\tau_R^*(X_t), & \forall t\leqslant\Psi\text{且}\sigma_{S\tau}\sigma_{R\tau}=1,\ \forall\tau<t\\ 0, & \forall t>\Psi\text{且}\sigma_{S\tau}\sigma_{R\tau}=0,\ \exists\tau<t\end{cases}$$

销售周期$t(\leqslant\Psi)$的非正式转移为

$$\Theta_t+\mathbb{C}_i(\theta_t)=\begin{cases}\left[1-Q(X_t,X_{t+1})\right]^{-1}\delta\mathcal{V}_S^*(X_t,X_{t+1})-\phi\delta\mathbb{V}_{C1}^*(X_{t+1}), & F(X_t,X_{t+1})(\Upsilon_t)\geqslant Q(X_t,X_{t+1})\\ 0, & \text{其他}\end{cases}\tag{6.21}$$

上下游企业采取的行动为

$$e_{St}=e_S^*(X_t),\ e_{Rt}=e_R^*(X_t),\forall t\leqslant\Psi$$

且双方都愿意执行非正式补偿转移，

$$\sigma_{St}=\sigma_{Rt}=1,\ \forall t\leqslant\Psi$$

上下游企业在每周期的交易决策为

$$\rho_{St}=\rho_{Rt}=1,\ \forall t\leqslant\Psi$$

其中，$\Psi\equiv\inf\left\{t\in\mathbb{R}\left|F_{(X_t,X_{t+1})}(\Upsilon_t)<Q(X_t,X_{t+1})\right.\right\}$；$\phi$表示上游企业分摊$\mathcal{V}_{C1}^*$的比例，$\phi\in[0,1]$。

定理 6.4 表明，存在一个简单的满足自我实施约束的分散供应链稳定性机制，在该机制的激励下，上下游企业在Ψ的期末结束事务性合作。在开展事务性合作的每个周期，双方执行非正式承诺补偿转移。该机制的简单性体现在：双方采取的行动仅与供应链系统当期的初始状态有关，转移支付的大小取决于供应链系统的转移状态、当期产生的期望成本收益和当期的实际需求。

参考学者 E. L. Plambeck 等(2006)的研究，定理 6.4 的证明分为以下三步。步骤 1：描述稳定性机制均具有的基本性质；步骤 2：证明对任何具有这些基本性质的稳定性机制，均存在一个满足自我实施约束的简单稳定性机制，而且在这两个机制下，实现的最优期望贴现成本收益相同；步骤 3：通过求解式(6.16)，构造一个简单的满足自我实施约束的分散供应链稳定性机制。

证明 步骤 1：稳定性机制的基本性质。考虑在销售周期 1，根据条件$(X_1,X_2,\Upsilon_1)=(x,z,y)$设定的如①～④所示的稳定性机制 O：①由强制力契约$\mathcal{C}_i$确定的转移支付$\mathcal{C}_i^{\mathrm{O}}$；②补偿转移支付$\left[\Theta^{\mathrm{O}}+\mathcal{C}_i^{\mathrm{O}}(\theta)\right](x,z,y)$；③上游企业的决策$\left\{\rho_S^{\mathrm{O}}(x),\tau_S^{\mathrm{O}}(x),e_S^{\mathrm{O}}(x)\right\}$；④下游企业的决策$\left\{\rho_R^{\mathrm{O}}(x),\tau_R^{\mathrm{O}}(x),e_R^{\mathrm{O}}(x)\right\}$。

令$\mathcal{V}_1^{\mathrm{O}}(x)$表示供应链系统从销售周期 1 开始，在稳定性机制 O 且供应链系统初始状态为$X_1=x$时的期望贴现成本收益，即

$$\mathcal{V}_1^{\mathrm{O}}(x) \triangleq \mathbb{E}^{\mathrm{O}}\left[\Pi_{S1}^{\mathbb{C}_i}+\Pi_{S1}^{\mathbb{C}_i} \mid X_1=x\right]=\mathbb{E}^{\mathrm{O}}\left\{\sum_{t=1}^{+\infty} \delta^{t-1} \rho_{St}^{\mathrm{O}} \rho_{Rt}^{\mathrm{O}} \tau_{St}^{\mathrm{O}} \tau_{Rt}^{\mathrm{O}}\left[\Upsilon_t-\sum_{j \in\{S, R\}} c_j\left(e_j, x, \xi_j\right)\right] \mid X_1=x\right\}$$

同样的，令 $\mathcal{V}_2^{\mathrm{O}}(x,\mathrm{z})$ 表示供应链系统从销售周期 2 开始，在稳定性机制 O 和供应链系统由初始状态 x 转移到状态 z 时的期望贴现成本收益，即

$$\mathcal{V}_2^{\mathrm{O}}(x, \mathrm{z})=\mathbb{E}^{\mathrm{O}}\left\{\sum_{t=2}^{+\infty} \delta^{t-2} \rho_{St}^{\mathrm{O}} \rho_{Rt}^{\mathrm{O}} \tau_{St}^{\mathrm{O}} \tau_{Rt}^{\mathrm{O}}\left[\Upsilon_t-\sum_{j \in\{S, R\}} c_j\left(e_j, x, \xi_j\right)\right] \mid\left(X_1, X_2\right)=(x, z)\right\}$$

稳定性机制 O 的最优性要求其满足以下两个基本性质：

性质 6.3　稳定性机制 O 是最优的首要和必要条件为

$$\mathcal{V}_2^{\mathrm{O}}(x, \mathrm{z}) \leqslant \mathcal{V}_1^{\mathrm{O}}(z), \quad \forall x, \mathrm{z} \in \chi \tag{6.22}$$

性质 6.3 表明，在稳定性机制 O 的激励下，上下游企业的最优决策是从销售周期 1 就开展事务性合作，如果 $\mathcal{V}_2^{O}(x,\mathrm{z})>\mathcal{V}_1^{O}(z)$，那么对于供应链系统初始状态为 z，相较于从销售周期 1 开始事务性合作，双方从销售周期 2 开始进行事务性合作将获得更高的期望成本收益，这就导致双方倾向于从周期 2 开始合作。通常要求式(6.24)为严格不等式，进而激励上下游企业从销售周期 1 就开始联合产销。

性质 6.4　稳定性机制 O 是最优的另一必要条件是从销售周期 1 开始就满足自我实施约束，即

(1) 对任意的 $x \in \chi$，有

$$\mathbb{E}^{\mathrm{O}}\left[\Pi_{S1}^{\mathcal{C}_i} \mid X_1=x\right] \geqslant 0 ; \ \mathbb{E}^{\mathrm{O}}\left[\Pi_{S1}^{\mathcal{C}_i} \mid X_1=x\right] \geqslant 0 \tag{6.23}$$

(2) 对满足 $\rho_{S1}^{\mathrm{O}}(x) \rho_{R1}^{\mathrm{O}}(x) \tau_{S1}^{\mathrm{O}} \tau_{R1}^{\mathrm{O}}(x)=1$ 的任意 $x \in \chi$，有

$$e_S^{\mathrm{O}} \in \underset{e \in \mathbb{A}_S(x)}{\arg \max }\left\{-c_S\left(e, x, \xi_{S1}\right)+\sum_{z \in \chi} P_{xz}\left(e, e_R^{\mathrm{O}}\right) \mathbb{E}^{\mathrm{O}}\left[\Theta_1^{\mathrm{O}}+\mathbb{C}_i^{\mathrm{O}}(\theta)+\delta \Pi_{S2}^{\mathcal{C}_i} \mid X_1=x, X_2=z\right]\right\} \tag{6.24}$$

$$e_R^{\mathrm{O}} \in \underset{e \in \mathbb{A}_R(x)}{\arg \max }\left\{-c_R\left(e, x, \xi_{R1}\right)+\sum_{z \in \chi} P_{xz}\left(e_S^{\mathrm{O}}, e\right) \mathbb{E}^{\mathrm{O}}\left[\Upsilon_1-\left[\Theta_1^{\mathrm{O}}+\mathbb{C}_i^{\mathrm{O}}(\theta)\right]+\delta \Pi_{R2}^{\mathcal{C}_i} \mid X_1=x, X_2=z\right]\right\} \tag{6.25}$$

$$\left[\Theta^{\mathrm{O}}+\mathbb{C}_i^{\mathrm{O}}(\theta)\right](x, \mathrm{z}, y)+\delta \mathbb{E}^{\mathrm{O}}\left[\Pi_{S2}^{C_i} \mid\left(X_1, X_2, \Upsilon_1\right)=(x, z, y)\right] \geqslant 0 \tag{6.26}$$

$$-\left[\Theta^{\mathrm{O}}+\mathbb{C}_i^{\mathrm{O}}(\theta)\right](x, z, y)+\delta \mathbb{E}^{\mathrm{O}}\left[\Pi_{R2}^{C_i} \mid\left(X_1, X_2, \Upsilon_1\right)=(x, z, y)\right] \geqslant 0 \tag{6.27}$$

步骤 2：具有等价性的简单稳定性机制。基于上述稳定性机制 O 的两个基本性质，现在构建一个简单的满足自我实施的稳定性机制，且在该机制下供应链系统产生的最优期望贴现成本收益与稳定性机制 O 产生的最优值等价，定义：

(1) 概率函数 $Q(x,z)$ 为

$$Q(x, z) \equiv 1-\mathcal{V}_2^{\mathrm{O}}(x, z) / \mathcal{V}_1^{\mathrm{O}}(z)$$

(2)时间阈值$\varPsi$为

$$\varPsi \equiv \inf\left\{t \in \mathbb{R} \middle| F\left(X_1, X_{t+1}\right)\left(\varUpsilon_t\right) < Q\left(X_t, X_{t+1}\right)\right\}$$

(3)事务性合作决策τ_{St}和τ_{Rt}分别为

$$\tau_{St}=\begin{cases}1, & t \leqslant \Psi, \sigma_{S\tau}\sigma_{R\tau}=1, \forall \tau<t \text{且} X_t \in\left\{x: \rho_S^{\mathrm{O}}(x)\rho_R^{\mathrm{O}}(x)\tau_S^{\mathrm{O}}\tau(x)_R^{\mathrm{O}}(x)=1\right\} \\ 0, & \text{其他}\end{cases}$$

$$\tau_{Rt}=\begin{cases}1, & t \leqslant \Psi, \sigma_{S\tau}\sigma_{R\tau}=1, \forall \tau<t \text{且} X_t \in\left\{x: \rho_S^{\mathrm{O}}(x)\rho_R^{\mathrm{O}}(x)\tau_S^{\mathrm{O}}(x)\tau_R^{\mathrm{O}}(x)=1\right\} \\ 0, & \text{其他}\end{cases}$$

(4)行动决策e_{St}和e_{Rt}分别为

$$e_{St}=e_S^*\left(X_t\right)$$
$$e_{Rt}=e_R^*\left(X_t\right)$$

(5)交易决策ρ_{St}和ρ_{Rt}分别为

$$\rho_{St}=\begin{cases}1, & \tau_{St}=1 \\ 0, & \text{其他}\end{cases}$$

$$\rho_{Rt}=\begin{cases}1, & \tau_{Rt}=1 \\ 0, & \text{其他}\end{cases}$$

(6)非正式承诺转移支付$\varTheta_t+\mathbb{C}_i\left(\theta_t\right)$为

$$\varTheta_t+\mathbb{C}_i\left(\theta_t\right)=\begin{cases}0, & F\left(X_t, X_{t+1}\right)\left(\varUpsilon_t\right)<Q\left(X_t, X_{t+1}\right) \\ \left[\varTheta_t+\mathbb{C}_i\left(\theta_t\right)\right]\left(X_t, X_{t+1}\right), & \text{其他}\end{cases}$$

其中，对$\forall(x,z)\in\chi\times\chi$有

$$\left[\varTheta_1+\mathcal{C}_i\left(\theta_1\right)\right](x,z)=\left[1-Q(x,z)\right]^{-1}\mathbb{E}^{\mathrm{O}}$$
$$\left[\varTheta_1^{\mathrm{O}}+\mathcal{C}_i^{\mathrm{O}}\left(\theta_1\right)+\delta\varPi_{S2}^{\mathbb{C}_i} \middle| X_1=x, X_2=z\right]-\delta\mathbb{E}^{\mathrm{O}}\left[\Pi_{S1}^{\mathbb{C}_i} \middle| X_1=x\right]$$

根据上述的定义可得

$$\begin{aligned}&\mathbb{E}^{\mathrm{O}}\left[\varTheta_1^{\mathrm{O}}+\mathcal{C}_i^{\mathrm{O}}\left(\theta_1\right)+\delta\varPi_{S2}^{\mathcal{C}_i} \middle| X_1=x, X_2=z\right] \\ &=\left[1-Q(x,z)\right]\left\{\left[\varTheta_1+\mathcal{C}_i\left(\theta_1\right)\right](x,\mathrm{z})+\delta\mathbb{E}^{\mathrm{O}}\left[\varPi_{S1}^{\mathbb{C}_i} \middle| X_1=x\right]\right\}\end{aligned} \tag{6.28}$$

$$\begin{aligned}&\mathbb{E}^{\mathrm{O}}\left[\varTheta_1^{\mathrm{O}}+\mathcal{C}_i^{\mathrm{O}}\left(\theta_1\right)+\delta\varPi_{R2}^{\mathcal{C}_i} \middle| X_1=x, X_2=z\right] \\ &=\left[1-Q(x,z)\right]-\left\{\left[\varTheta_1+\mathcal{C}_i\left(\theta_1\right)\right](x,\mathrm{z})+\delta\mathbb{E}^{\mathrm{O}}\left[\varPi_{R1}^{\mathcal{C}_i} \middle| X_1=x\right]\right\}\end{aligned} \tag{6.29}$$

式(6.28)、式(6.29)分别表示，对任意的供应链系统初始状态$X_1\in\chi$，上下游企业在简单稳定性机制的激励下均实现和稳定性机制O产生的相同期望贴现成本收益，同时，由上述构造的简单稳定性机制满足自我实施约束。具体地，由于式(6.23)中的两个不等式构造的简单稳定性机制满足式(6.5)和式(6.6)；式(6.24)和式(6.28)构造的简单稳定性机制满足式(6.7)、式(6.25)和式(6.29)构造的简单稳定

性机制满足式(6.8)，故式(6.6)和式(6.7)可得如下不等式成立：

$$\delta\mathbb{E}^{\mathrm{O}}\left[V_{S1}^{\mathrm{O}}\middle|X_1=z\right]\geqslant-\left[\Theta_1+\mathbb{C}_i\left(\theta_1\right)\right](x,z)$$

$$\delta\mathbb{E}^{\mathrm{O}}\left[V_{R1}^{\mathrm{O}}\middle|X_1=z\right]\geqslant\left[\Theta_1+\mathbb{C}_i\left(\theta_1\right)\right](x,z)$$

即构造的简单稳定性机制分别满足式(6.9)和式(6.10)。

步骤 3：简单的最优稳定性机制。基于步骤 2 构造的满足自我实施约束的简单稳定性机制。令$\mathcal{V}(\mathrm{z})$表示在最优简单稳定性机制下，供应链系统的初始状态为z时的最优期望贴现成本收益。若假设上游企业按照$\phi\in[0,1]$比例分享最优期望贴现成本收益；上下游企业从销售阶段 2 开始采用最优简单稳定性机制，同时，在销售阶段 1 建立了一系列满足自我实施且最大化期望贴现成本收益的策略，这些策略包括：按照契约$\mathbb{C}_i$的契约转移、非正式承诺转移、开始事务性合作的行策略和合作的终止函数。则给定供应链系统的初始状态为$x\in\chi$，期望贴现成本收益$\mathcal{V}(x)$为

$$\mathcal{V}(x)=\max\left[\delta\sum_{z\in\chi}P_{xz}(0,0)\mathcal{V}(z);\max_{\Theta,\theta,Q,e_S,e_R}\begin{pmatrix}-\sum\limits_{j\in\{S,R\}}c_j\left(e_j,x,\xi_j\right)+\sum\limits_{z\in\chi}P_{xz}\left(e_S,e_R\right)\\\left\{\Upsilon(x,\mathrm{z})+\delta\left[1-Q(x,z)\right]\mathcal{V}(z)\right\}\end{pmatrix}\right]$$

$$s.t.\begin{cases}e_S\in\arg\max\limits_{e}\left(-c_S\left(e,x,\xi_S\right)+\sum\limits_{z\in\chi}P_{xz}\left(e,e_R\right)+\left\{\left[\Theta_1+\mathbb{C}_i\left(\theta_1\right)\right](x,z)+\phi\delta\mathcal{V}(z)\right\}\right)\\e_R\in\arg\max\limits_{e}\left[-c_R\left(e,x,\xi_R\right)+\sum\limits_{z\in\chi}P_{xz}\left(e_S,e\right)\left(-\left\{\left[\Theta_1+\mathbb{C}_i\left(\theta_1\right)\right](x,z)\right\}+(1-\phi)\delta\mathcal{V}(z)\right)\right]\\\phi\delta\mathcal{V}(z)+\left[\Theta_1+\mathbb{C}_i\left(\theta_1\right)\right](x,z)\geqslant0\\(1-\phi)\delta\mathcal{V}(z)-\left[\Theta_1+\mathbb{C}_i(\theta)\right](x,z)\geqslant0\\Q(x,\mathrm{z})\in[0,1]\\\mathcal{T}\mathcal{V}=\nu\end{cases}$$

由定理 6.2 可知，如果算子$\mathcal{T}$有唯一的最大不动点$\mathcal{V}^*$，那么$\mathcal{V}=\mathcal{V}^*=\lim\limits_{n\to+\infty}\mathcal{T}^n\mathbb{V}_{C1}^*$成立。

6.4.2　契约对比分析

基于第 5 章构造的三类时间敏感型供应链契约，6.4。1 节分析了满足自我实施约束的分散供应链稳定性最优机制参数的设计，从式(6.21)的右项可以看出，在每个销售阶段的末期，上下游企业之间的非正式承诺转移支付总量是相同的，与采用时间敏感型供应链契约的类型无关，因此，从转移支付总量的角度来看，基于契约$\mathbb{C}_i$构建的稳定性机制是完全等价的，$i\in\{WP,CS,RS\}$。随后，对比分析

该式的左边可以看出，非正式承诺支付是由两部分构成，一是周期 t 的承诺补偿转移支付(Θ_t)，表示利润分担方式；二是契约参数的改变$\left[\mathbb{C}_i\left(\theta_t\right)\right]$，表示市场需求风险的分担方式。在时间敏感型批发价格契约和成本分担契约中，$\mathbb{C}_i\left(\theta_t\right)=0$，而在时间敏感型收益共享契约中，$\mathbb{C}_i\left(\theta_t\right)=\theta_t\left(1-\varphi_t\right)\left[p\min\left(Q,D_t\right)+\mathcal{V}\left(Q-D_t\right)^+\right]$。换言之，在批发价格契约和收益共享契约之间，非正式承诺转移支付的构成不同。接下来通过对比分析上下游企业在这两者契约下的收益损失来讨论稳定性机制下的契约选择。

图 6.3(图 6.4)介绍了下游企业(上游企业)在时间敏感型批发价格契约和收益共享契约下的损失，负值表示收益，这种损失表现为需求风险的承担。其中，D_t 表示销售周期 t 下游企业的订购量；$w^{WP}\left(w^{RS}\right)$表示在批发价格契约(收益共享契约)下，上游企业制定的产品单位批发价格；v 表示单位产品的剩余残值；c 表示上游企业生产产品的边际成本；φ表示收益共享契约中，上游企业共享下游企业的销售收益；Q 表示市场的实际需求。

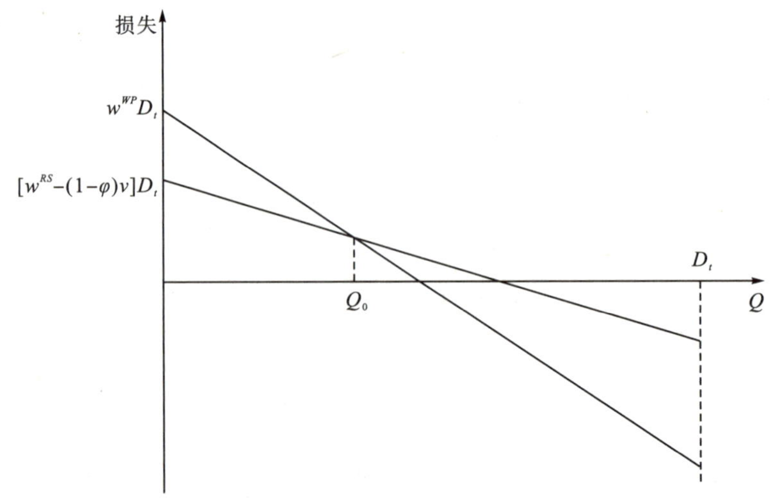

图 6.3 收益共享契约与批发价格契约损失对比(下游企业视角)

从图 6.3 可以看出，当市场的实际需求 $Q=0$ 时，相对于收益共享契约，下游企业在批发价格契约下的损失更大，与之相反的是，上游企业在收益共享契约下的损失更多(图 6.4)，故当市场需求较低时，下游企业偏好与收益共享契约，上游企业偏好与采用批发价格契约。随着市场实际需求量 Q 的逐渐增加，上下游关于契约的选择偏好发生了改变。具体地，当 $Q>Q_0$ 时，下游企业在批发价格契约下的损失小于在收益共享契约下的损失，其偏好于选择批发价格契约；当 $Q>Q_1$ 时，上游企业在收益共享契约下的损失小于在批发价格契约下的损失，其偏好于选择收益共享契约。特别地，当市场需求量介于$[Q_0,Q_1]$时，上下游企业均偏好于选择批发价格契约；当介于$[Q_1,Q_0]$时，上下游企业均偏好于选择收益共享契约；当$Q_0=Q_1$时，在这一点上，上下游企业对任何契约的选择是无差异的，即供应链契约具有完全的等价性。

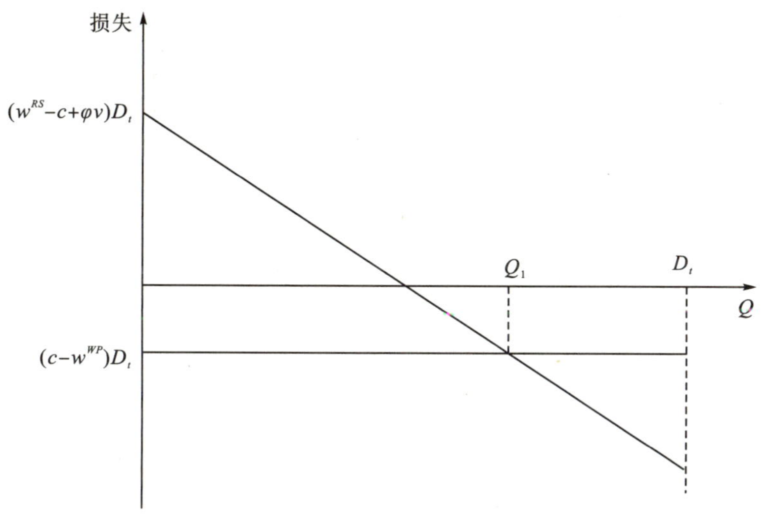

图 6.4　收益共享契约与批发价格契约损失对比(上游企业视角)

综上所述，本节在稳定性机制下讨论了供应链契约的选择偏好可在一定程度上为现实经济现象提供解释途径。例如，多种协调性供应链契约存在的必要性是什么？为什么不同行业采用不同的供应链契约？为什么同一契约应用于不同行业？为什么同一行业采用不同契约？首先，在理论文献和现实经济活动中存在多种不同类型的契约；其次，不同行业采用不同的供应链契约，如日用品行业往往采用批发价格契约、汽车行业通常采用销售返利契约等，这些区别可能是由日用品行业的需求波动性较汽车行业小的原因决定的；再次，同一契约也用于不同行业，如批发价格契约既用于日用品行业也在电力销售行业中采用，回购契约既用于图书销售行业也适用于服装销售行业；最后，同一行业采用不同的契约，同一汽车品牌对有些零售商采用销售返利而对另外一些零售商采用批发价格契约(如买断销售)，同一产品在生命周期的不同阶段，采用了不同的契约，如在产品的导入期往往采用回购契约或收益共享契约，上游企业承担了更多的市场需求风险，随着产品逐渐进入销售成熟期，上下游企业更倾向于采用简单的批发价格契约，当产品进入衰退期时，为了分担下游零售企业的剩余库存风险，回购契约通常是最佳选择。

6.5 值迭代算法

接下来通过值迭代算法(value iteration)(表 6.2)来求解式(6.15)的最优值 $\mathbb{V}_{C1}^{*}$。对供应链系统的初始状态 $x\in\chi$ 和固定贴现因子 δ，有

$$\mathbb{V}_{C1}^{*}(x)\triangleq \max \delta\sum_{z\in\chi}P_{xz}(0,0)\mathbb{V}_{C2}(z);\max_{e_{S1},e_{R1}}\left\{v_1(x;e_{S1},e_{R1})+\delta\left[\sum_{z\in\chi}P_{xz}(e_{S1},e_{R1})\mathbb{V}_{C2}(z)\right]\right\} \tag{6.30}$$

表 6.2 值迭代算法

步骤 1	任取 $\mathbb{V}_0\in\mathbb{B}$，给定 $\varepsilon>0$ 且 $t=0$
步骤 2	对 $\forall x\in\chi$，通过计算可得 $$\mathbb{V}_{t+1}(x)=\max\left\{\delta\sum_{z\in\chi}P_{xz}(0,0)\mathbb{V}_t(z);\max_{e_S,e_R}\left[r(x,e_S,e_R)+\sum_{\bar{z}\in\bar{\chi}}P_{xz}(e_S,e_R)\delta\mathbb{V}_t(z)\right]\right\} \quad (6.31)$$
步骤 3	如果： $$\lVert\mathbb{V}_{t+1}-\mathbb{V}_t\rVert<\varepsilon(1-\delta)/2\delta \quad (6.32)$$ 那么进入步骤 4；否则令 $t\to t+1$，返回步骤 2
步骤 4	对 $\forall x\in\chi$，取： $$e_S\in\arg\max_e\left\{-c_S(e,x,\xi_{St})+\sum_{z\in\chi}P_{xz}(e,e_{Rt})\left[\varTheta_t+\mathbb{C}_i(\theta_t)+\delta\phi\mathbb{V}_t(z)\right]\right\} \quad (6.33)$$ $$e_R\in\arg\max_e\left(-c_R(e,x,\xi_{Rt})+\sum_{z\in\chi}P_{xz}(e_{Rt},e)\left\{-\left[\varTheta_t+\mathbb{C}_i(\theta_t)\right]+\delta(1-\phi)\mathbb{V}_t(z)\right\}\right) \quad (6.34)$$ 算法停止

式(6.31)也被记为

$$\mathbb{V}_{t+1}=\mathcal{T}\mathbb{V}_t \tag{6.35}$$

定理 6.5 叙述了值迭代算法收敛的主要结果。

定理 6.5(M. L. Puterman，1994) 令 $\mathbb{V}_0\in\mathbb{B}$、$\varepsilon>0$，$\varepsilon>0$，如果对于 $t>0$, $\{\mathbb{V}_t\}$ 满足式(6.35)，那么：

(1) $\mathbb{V}_t$ 依模 $\lVert\cdot\rVert$ 收敛到 $\mathbb{V}_{C1}^{*}$。

(2)存在有限的一个整数 τ，使得当 $t\geqslant\tau$ 时，式(6.32)成立。

(3)式(6.33)和式(6.34)定义的最优行动 $\{e_S,e_R\}$ 是 ε^{-} 最优的。

(4)若式(6.32)成立，则 $\lVert\mathbb{V}_{t+1}-\mathbb{V}_{C1}^{*}\rVert<\varepsilon/2$。

证明 定理 6.5(1)和定理 6.5 (2)的证明可由定理 6.2 直接得到。假设式(6.32)对于某个 t 和 $\boldsymbol{e}$ 成立，其中，$\boldsymbol{e}=(\boldsymbol{e}_S,\boldsymbol{e}_R)$ 且 $\boldsymbol{e}$ 还满足式(6.33)和式(6.34)成立，则，

$$\begin{aligned}\left\|\mathbb{V}(e)-\mathbb{V}_{C1}^{*}\right\| &\leqslant \left\|\mathbb{V}(e)-\mathbb{V}_{t+1}\right\|+\left\|\mathbb{V}_{t+1}-\mathbb{V}_{C1}^{*}\right\| \\ &\leqslant \beta\left\{\left\|\mathbb{V}(e)-\mathbb{V}_{t+1}\right\|+\left\|\mathbb{V}_{t+1}-\mathbb{V}^{n}\right\|\right\}+\left\|\mathbb{V}_{t+1}-\mathbb{V}_{C1}^{*}\right\| \\ &\leqslant \frac{\beta}{1-\beta}\left\|\mathbb{V}_{t+1}-\mathbb{V}_{t}\right\|+\frac{\beta}{1-\beta}\left\|\mathbb{V}_{t+1}-\mathbb{V}_{t}\right\|\end{aligned} \tag{6.36}$$

故当式(6.32)成立时，式(6.36)右端的两项分别小于$\varepsilon/2$，即定理 6.5(3)和定理 6. 5(4)成立。

为了方便估计值迭代算法的效果，定理 6.6 讨论了算法的收敛速度。

定理 6.6(M. L. Puterman，1994)　设$\mathbb{V}_0\in\mathbb{B}$且$\{\mathbb{V}_t\}$是通过值迭代算法得到的序列，那么

(1)值迭代算法的收敛速度是δ。

(2)值迭代算法的渐进平均收敛速度为δ。

(3)值迭代算法整体收敛阶为$O\left(\delta^{t}\right)$。

证明　任取一个向量$\mathbb{V}_0\in\mathbb{B}$，对任意一次值迭代算法都有

$$\left\|\mathbb{V}_{t+1}-\mathbb{V}_{C1}^{*}\right\|=\left\|\mathcal{T}\mathbb{V}_{t+1}-\mathcal{T}\mathbb{V}_{C1}^{*}\right\|\leqslant\delta\left\|\mathbb{V}_{t+1}-\mathbb{V}_{C1}^{*}\right\| \tag{6.37}$$

取$\mathbb{V}_0=\mathbb{V}_{C1}^{*}+k_1$，其中$k$是一个非零的常数，那么有

$$\mathbb{V}_1-\mathbb{V}_{C1}^{*}=\delta\left(\mathbb{V}_0-\mathbb{V}_{C1}^{*}\right)$$

因此，对于序列而言，式(6.37)总成立，故值迭代算法的每步收敛速度都是δ。将式(6.37)两段除以$\left\|\mathbb{V}_0-\mathbb{V}_{C1}^{*}\right\|$，再开$t$次方，得

$$\limsup_{t\to\infty}\left(\frac{\left\|\mathbb{V}_t-\mathbb{V}_{C1}^{*}\right\|}{\left\|\mathbb{V}_0-\mathbb{V}_{C1}^{*}\right\|}\right)^{1/t}\leqslant\delta$$

且等号仅在$\mathbb{V}_0=\mathbb{V}_{C1}^{*}+k_1$时成立。将式(6.37)多次迭代，除以$\delta^t$，变形得

$$\limsup_{t\to\infty}\frac{\left\|\mathbb{V}_t-\mathbb{V}_{C1}^{*}\right\|}{\delta^{t}}\leqslant\left\|\mathbb{V}_0-\mathbb{V}_{C1}^{*}\right\|$$

当且仅当$\mathbb{V}_0=\mathbb{V}_{C1}^{*}+k_1$时等号成立。

6.6　小　　结

在实际的经济活动中，参与者的违约风险和供应链的中断风险严重制约了供应链参与市场竞争和影响了参与者的利润率。本章基于第 5 章构造的时间敏感型供应链和参与者开展事务性合作和获得未来预期价值为假设，构建了上下游企业自我实施的分散供应链稳定性机制设计模型，通过模型分析得出供应链系统稳定性条件，并基于稳定性机制设计模型，对比分析了上下游企业关于批发价格契约与收益共享契约的偏好选择。接下来，第 7 章将基于上述理论研究，通过数值模拟的方法分析时间管理视角下，供应链系统的治理。

第 7 章　数值模拟分析

基于第 3 章～第 6 章构建的模型和研究结论，本章采用数值模拟的形式分析时间管理视角下报童型产品供应链的治理决策。主要分为以下 4 个部分的内容：①给出数值模型的背景，包括模拟的参数设置，分散供应链在两种市场环境下失调的绩效损失；②讨论供应链一体化的最优产能决策；③分析报童型产品的最优定价决策，最后，设计时间敏感型供应链契约的协调性参数；④讨论分散供应链稳定性机制参数设计和参与者的契约选择偏好。

7.1　数值模拟背景

考虑由单一上下游企业构成的二级分散供应链系统，供应链系统生产和销售单一报童型产品。由于产品的报童特征，市场需求 X_0 是随机的。主要分为以下两种需求情形：

(1) 分布函数已知。根据第 3 章的描述，给定函数 $F(x)$，当其满足单调递增、二阶连续可微、$F(0)>0$ 且 $\lim\limits_{x\to\infty}F(x)=1$ 时，该函数即可被定义为“分布函数已知”。为了简化计算，不失一般性，本章假设分布函数已知的形态为随机需求服从区间为 $\left[\mu-\sqrt{3}\sigma_0,\mu+\sqrt{3}\sigma_0\right]$ 的均匀分布。

(2) 需求分布自由。换言之，下游企业无法得出一个已知的分布函数已知，仅知道市场需求的均值和均方差分别为 μ 和 σ_0。在这两种市场环境中，下游企业根据市场需求信息向上游企业订购产品。上游企业根据订单组织生产，其中，产品的边际生产成本为 c_0。其他参数及其赋值如表 7.1 所示。此外，由于计算的结果可能是无理数，因此本章取千分位作为计算精度。

表 7.1　参数及其赋值一览表

参数	p	g	σ_0	v	c_0	μ
赋值	10	2	30	1	3	100

在分散供应链中，由于每个参与者的决策目标均是追求自身利润最大化，故受“双重边际化”效应的影响，下游企业的最优订购量小于供应链系统的最优生产量，同时，分散供应链系统的期望利润小于供应链一体化的最优期望利润。表

7.2 列举了给定批发价格 w，两种市场环境下的分散供应链系统的决策。图 7.1 和图 7. 2 分别展示了两种市场环境下，分散供应链系统的订购量损失百分比(loss of order percentage，LOR)，期望利润损失百分比(Loss of profit percentage，LPR)以及供应链系统的帕累托改进空间(Pareto improvement，PI)。从这两幅图中可以看出，随着批发价格的增加，分散供应链系统的绩效损失越来越大，体现在：无论是订购量还是期望利润，分散供应链系统的损失都在增加，与此同时，分散供应链系统也有更大的帕累托改进空间。

表 7.2　不同市场环境下集中决策和分散决策一览表

$X_0 \sim U\left(\mu-\sqrt{3}\sigma_0,\mu+\sqrt{3}\sigma_0\right)$						$X_0 \sim DF\left(\mu,\sigma_0\right)$					
q_C^* =133.0664			$E\pi_C^*$ =614.9721			q_C^* =124.7487			$E\pi_C^*$ =572.7208		
w	q_N^*	$E\pi_N^*$	w	q_N^*	$E\pi_N^*$	w	q_N^*	$E\pi_N^*$	w	q_N^*	$E\pi_N^*$
3	133.0664	614.9721	7	95.2762	539.3917	3	124.7487	572.7208	7	97.2614	524.7288
4	123.6189	610.2483	8	85.8287	496.8777	4	115.3093	568.3399	8	91.4958	498.7339
5	114.1713	596.0770	9	76.3811	444.9162	5	108.5042	558.2633	9	84.6907	461.1748
6	104.7238	572.4581	10	66.9336	383.5071	6	102.7386	543.8991	10	75.2513	399.4796

注：$X \sim U(a,b)$ 表示随机变量 X 服从区间为 $[a,b]$ 的均匀分布；$X \sim DF\left(\mu,\sigma_0\right)$ 表示随机变量 X 服从需求自由分布，其均值为 μ，均方差为 σ_0；q_C^* 和 $E\pi_C^*$ 分别表示供应链一体化的最优生产量和最优期望利润；q_C^* 和 $E\pi_N^*$ 分别表示分散供应链系统中，下游企业的最优订购量和分散供应链系统的期望利润；w 表示价格。

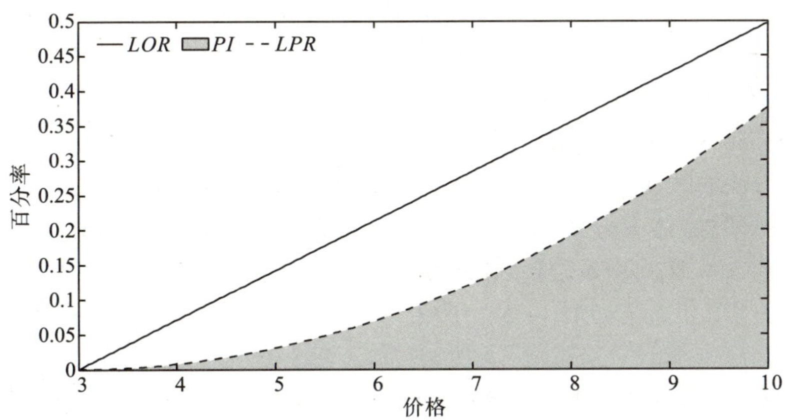

图 7.1　LOR，LPR 和 PI 随价格的变化趋势 $\left[X_0 \sim U\left(100-30\sqrt{3},100+30\sqrt{3}\right)\right]$

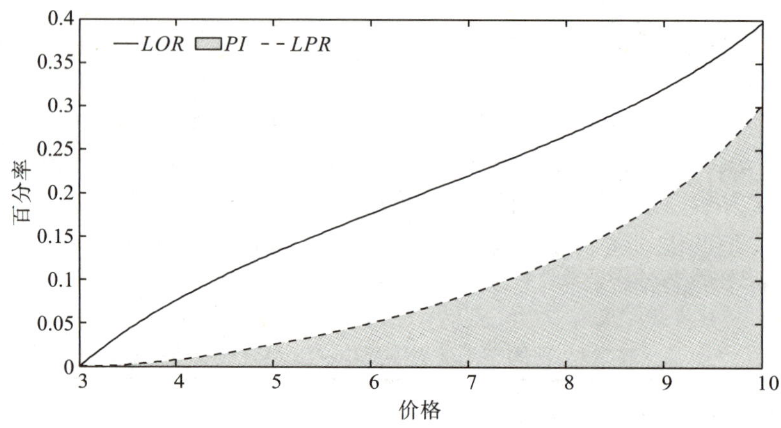

图 7.2　LOR，LPR 和 PI 随价格的变化趋势 $[X_0 \sim DF(100,30)]$

在需求分布自由的市场环境下，本书主要研究供应链一体化的下界期望利润，这样研究的目的在于确保当市场需求最不理想时，一体化供应链可以“在最坏的环境下，获得最好的利润”。因此，讨论基于需求分布自由的供应链系统绩效是十分有必要的。

G. Gallego 等(1993)提出“增加信息期望值(expected value of additional information，EVAI)”的方法来评价需求分布自由时供应链系统的绩效。该方法通过刻画供应链系统最优利润在两种市场环境下的差值 $\left(EVAI = E\pi_C^* - E\pi_{DF}^*\right)$ 对比需求分布自由时供应链系统的绩效。具体做法为：首先，分别随机产生 N 个均值和 M 个均方差，N 和 M 均为充分大的正自然数；然后，在每一对均值和均方差下，计算供应链系统分别在分布函数已知和需求分布自由环境下的最优利润；最后，计算两者差值的均值。后来部分学者，如 Y. Liao 等(2011)，A. A. Raza (2013)，M. Jian 等(2015)，通过该方法的衍生形式：两种利润的比值 $\left(\text{Ratio} = E\pi_{DF}^* / E\pi_C^*\right)$ 来评价需求分布自由环境下供应链系统的绩效。该衍生方法与 EVAI 方法的区别在于第三步。本书采用后者作为绩效评价方法。

不失一般性，本书分别取 $N = M = 100$。考虑随机需求的均值在区间[100，150]内随机取值 100 次；均方差在区间[10，30]内随机取值 100 次，即取 10000 个样本点，如图 7.3 和图 7.4 所示。基于两者比例的评价方法，计算出供应链系统在需求分布自由环境下的绩效如图 7.5 所示，表 7.3 列举出部分关键指标。从该表中可以看出，基于需求分布自由方法所得的供应链系统平均绩效损失为 3.334%，而通过均方误差检验所得的供应链系统在需求分布自由环境下的利润损失均方误差精度为千分位，因此，本书作者认为基于需求自由方法所得的供应链最优决策具有较高的绩效。

到目前为止，我们已经模拟了在固定提前期、两种市场环境中，供应链一体化的最优决策和分散供应链系统的绩效失调。接下来，本书基于时间管理视角，我们来分析供应链系统的治理问题。

表 7.3　需求分布自由时的供应链最优决策的绩效评价一览表

N=M	Mean	Max	Min	Mse
100	0.9666	0.9858	0.9320	1.2311e-004

注：Mean，Max 和 Min 分别表示两者比值的均值，最大值和最小值；Mse (mean square error) 表示均方误差。

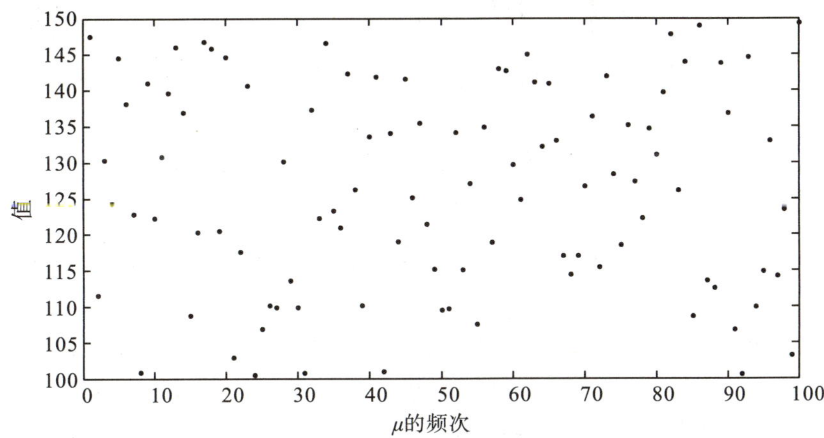

图 7.3　随机需求的均值样本点示意图

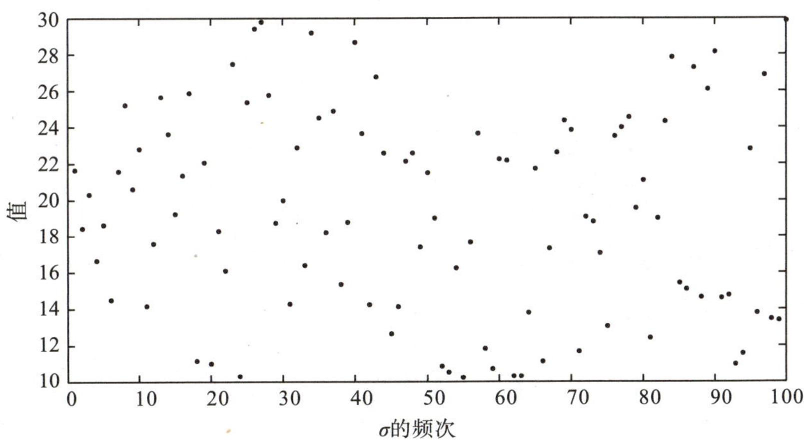

图 7.4　随机需求的均方差样本点示意图

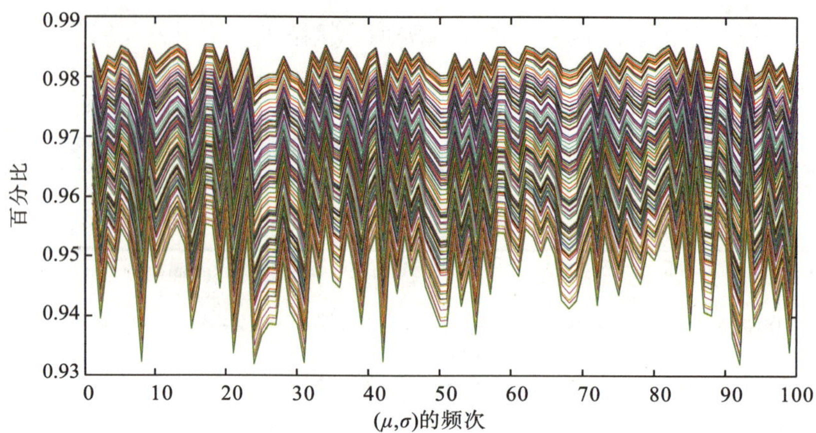

图 7.5 基于方法 $\text{Ratio}=E\pi_{DF}^{*}/E\pi_{C}^{*}$ 时的模拟图

7.2 供应链系统产能决策

假设上游企业允许下游企业在给定的时域$[0,t_{\max})$内订购产品，则下游企业可以在时域$[0,t)$内更新产品需求信息，在时点t进行订购，$t\in[0,t_{\max})$。上游企业在时点t根据订单组织生产，其产品的边际生产成本为c_t。参考 M. Jian 等(2015)，考虑两种生产类型：①边际生产成本是时间的二次函数，即$c_t=c_0+0.5\alpha t^2$；②边际生产成本是时间的线性函数，即$c_t=c_0+\alpha t$。

7.2.1 分布函数已知

假设在时点(t)，市场随机需求为X_t，其分布函数$F(x_1)$已知。不失一般性，本节将继续延续 7.1 节的假设形态，需求X_t服从区间为$\left[\mu-\sqrt{3}\sigma_t,\mu+\sqrt{3}\sigma_t\right]$的均匀分布，其中，$\mu$和$\sigma_t$分别表示随机需求$X_t$的均值和标准差。标准差$\sigma_t$是时间$t$的函数，其表达式为

$$\sigma_t=\sigma_0+(\sigma_{\max}-\sigma_0)t/t_{\max}$$

其中，σ_0和$\sigma_{\max}$分别表示$t=0$和$t=t_{\max}$时的均方差。为了便于后文计算，将$t_{\max}$标准化为单位时间，其他与之相关的参数作相应的变动处理(H. M. Song 等，2013)。

1. 成本类型 I

由于$c_t''=\alpha>0$，即供应链系统的边际生产成本是时间t的严格凸函数。因此，由定理 3.3 可知，供应链系统的最优产能决策时点决策依赖于参数$\varUpsilon_t$和ψ_t。通过计算可得当$\alpha\geqslant0$时，$\lim\limits_{t\to0^+}\varUpsilon_t\geqslant0$；当$\alpha\geqslant0.5694$时，$\lim\limits_{t\to t_{\max}^-}\varUpsilon_t\leqslant0$，因为$\forall t$，当$\alpha\leqslant0.5680$

时，$\psi_t \geqslant 0$。所以，当$\forall\alpha < 0.5680$时，供应链系统的期望利润函数，$\mathbb{E}\pi\left(q_t^*,t\right)$是时间$t$的单调递增函数。对于$\forall\alpha \geqslant 0.5680$，供应链系统的最优生产时间，$t^*$可通过求解$\mathbb{E}\pi\left(q_t^*,t\right)$的一阶最优条件获得。表 7.4 给出部分边际生产成本时，供应链系统的最优决策和最优期望利润。为了直观理解，图 7.6 展示了$\alpha = [0.2,0.4,0.6,0.8]$时，供应链系统期望利润函数随时间$t$的变化趋势，其中，“＊”表示对应的横坐标是给定$\alpha$时，供应链系统的最优生产时点。

表 7.4　给定α，供应链的最优决策和利润一览表(分布函数已知，类型 I)

α	t^*	C_t	q_t^*	$\mathbb{E}\pi\left(q_t^*,t\right)$	α	t^*	C_t	q_t^*	$\mathbb{E}\pi\left(q_t^*,t\right)$
0.1000	1.0000	3.0500	110.8647	666.1102	0.6000	0.9277	3.2582	110.2090	638.6030
0.2000	1.0000	3.1000	110.7072	660.5709	0.7000	0.7537	3.1988	110.3961	634.6355
0.3000	1.0000	3.1500	110.5498	655.0395	0.8000	0.6367	3.1621	110.5116	631.8337
0.4000	1.0000	3.2000	110.3923	649.5159	0.9000	0.5519	3.1371	110.5904	629.7413
0.5000	1.0000	3.2500	110.2348	644.0002	1.0000	0.4875	3.1188	110.6479	628.1161

注：表 7.4、表 7.5、表 7.7、表 7.8 中，α表示边际生产成本；t^*表示最优决策时刻；C_t表示边际生产成本；q_t^*表示t^*时刻的最优订购量；$\mathbb{E}\pi\left(q_t^*,t\right)$表示期望利润函数。

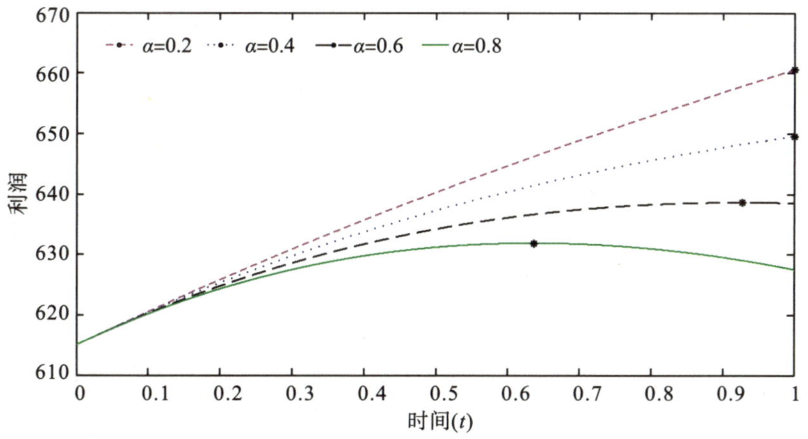

图 7.6　利润随时间的变化趋势($\alpha = [0.2,0.4,0.6,0.8]$，分布函数已知，类型 I)

2. 成本类型 II

由于$c_t'' = 0$，即供应链系统的边际生产成本是时间t的凹函数。由定理 4.3 时可知，供应链系统的最优产能决策时点依赖于参数Υ_t。通过计算可得当$\alpha \leqslant 0.4260$时，$\lim\limits_{t\to\infty}\Upsilon_t \geqslant 0$；当$\alpha \geqslant 0.6371$时，$\lim\limits_{t\to t_{\max}^-}\Upsilon_t \leqslant 0$。因此，当边际生产成本$\alpha \leqslant 0.4260$时，供应链系统的最优生产时点$t^* = t_{\max}$；当边际生产成本$\alpha \geqslant 0.6371$时，供应链系统

的最优生产时点 $t^* = 0$; 当 $\alpha \in (0.4260, 0.6371) = A$ 时，供应链系统期望利润函数是时间 t 的凸函数，此时最优生产时点取决于期望利润函数端点值的大小。表 7.5 列举给定部分 α 时，供应链系统的最优决策。

表 7.5 给定 α，供应链的最优决策和利润一览表(分布函数已知，类型 II)

α	t^*	C_t	q_t^*	$\mathbb{E}\pi(q_t^*,t)$	α	t^*	C_t	q_t^*	$\mathbb{E}\pi(q_t^*,t)$
0.1000	1.0000	3.1000	110.7072	660.5709	0.5141	1.0000	3.5141	109.4031	614.9970
0.2000	1.0000	3.2000	110.3923	649.5159	0.5142	1.0000	3.5142	109.4028	614.9861
0.3000	1.0000	3.3000	110.0774	638.4924	0.5143	1.0000	3.5143	109.4025	614.9751
0.4000	1.0000	3.4000	109.7625	627.5004	0.5144	0.0000	3.0000	111.0221	614.9721
0.5000	1.0000	3.5000	109.4475	616.5399	0.5145	0.0000	3.0000	111.0221	614.9721

图 7.7 显示了给定 $\alpha \in [0.4, 0.5, 0.6, 0.7]$ 时，供应链系统的期望利润函数随时间 t 的变化趋势。从图中可以看出：①当 $\alpha = 0.4(< 0.4260)$ 时，$\mathbb{E}\pi(q_t^*,t)$ 是时间 t 的单调递增函数，$t^* = t_{\max}$；②当 $\alpha = 0.7(> 0.6371)$ 时，$\mathbb{E}\pi(q_t^*,t)$ 是时间 t 的单调递减函数，$t^* = 0$；③当 $\alpha = 0.5 \in A$ 时，$\mathbb{E}\pi(q_t^*,t)$ 是时间 t 的凸函数，$\mathbb{E}\pi(q_t^*,t)\big|_{t=t_{\max}} > \mathbb{E}\pi(q_t^*,t)\big|_{t=0}$，$t^* = t_{\max}$；④当 $\alpha = 0.6 \in A$ 时，$\mathbb{E}\pi(q_t^*,t)$ 是时间 t 的凸函数，$\mathbb{E}\pi(q_t^*,t)\big|_{t=t_{\max}} > \mathbb{E}\pi(q_t^*,t)\big|_{t=0}$，$t^* = 0$。

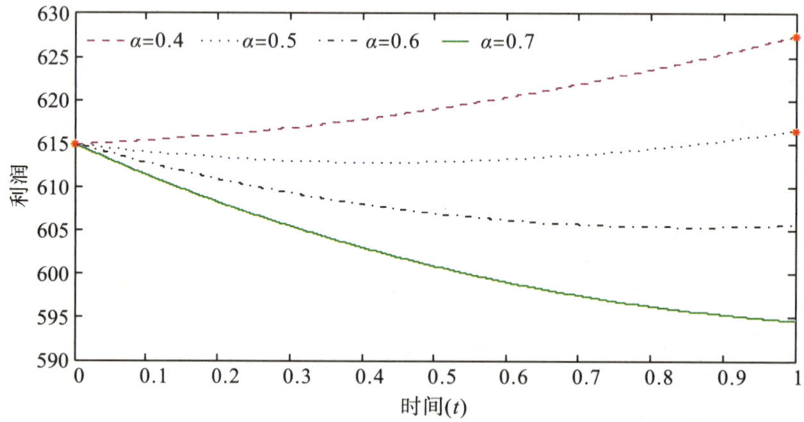

图 7.7 利润随时间的变化趋势($\alpha = [0.4, 0.5, 0.6, 0.7]$，分布函数已知，类型 II)

综上所述，当供应链系统的生产成本属于类型 II 时，其最优生产时点位于提前期的端点处。因此给定任意的最大允许提前期 $t_{\max}$，存在一个无差异成本边界点 α_{IN}，使得 $\mathbb{E}\pi(q_t^*,t)\big|(\alpha_{IN}, t=0) = \mathbb{E}\pi(q_t^*,t)\big|(\alpha_{IN}, t=t_{\max})$。表 7.6 列举部分 $t_{\max}$ 变

动时，供应链系统的无差异成本边界点，其直观展示如图 7.8 所示。从图 7.8 中可以看出，当α位于区域 A 时，供应链系统的最优生产时点$t^*=t_{max}$；当α位于区域 B 时，供应链系统的最优生产时点$t^*=0$；当α位于区域实线上时，供应链系统的最优生产时点$t^*=t_{max}$或$t^*=0$，即在这两个端点处决策生产时，供应链系统的最优期望利润是等值的。

表 7.6　给定t_{max}，最优决策的无差异成本边界点（分布函数已知，类型 II）

单位时间 (t_{max})	0.1	0.2	0.3	0.4	0.5	0.6	0.7	0.8	0.9	1.0
成本边界点 (α_{IN})	0.4338	0.4418	0.4501	0.4586	0.4673	0.4762	0.4854	0.4948	0.5044	0.5143

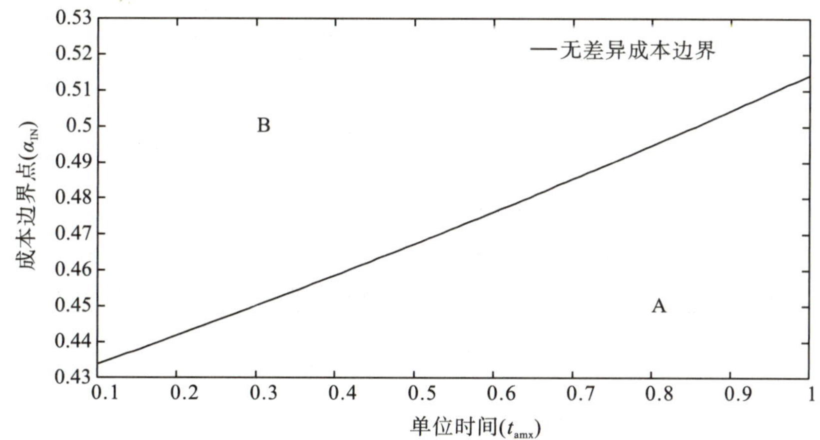

图 7.8　无差异成本边界点随t_{max}的变化趋势（分布函数已知，类型 II）

7.2.2　需求分布自由

与 7.2.1 节所述的分布函数已知不同，本节模拟需求分布自由时，供应链系统的最优决策。假设核心企业的决策者在时间t无法掌握市场需求X_t的函数类型，仅知道其均值μ_t和方差σ_t。不失一般性，本节将延续上节的假设形态，假设标准差σ_t是时间t的函数，其表达式为

$$\sigma_t=\sigma_0\left(\sigma_{max}-\sigma_0\right)t/t_{max}$$

其中，σ_0和σ_{max}分别表示$t=0$和$t=t_{max}$时的标准差。同样，将t_{max}标准化为单位时间，其他与之相关的参数作相应的变动处理。

1. 成本类型 I

由于$c''_t=\alpha>0$，即供应链系统(上游企业)的边际生产成本是时间t的严格凸函数。因此，由定理 3.4 可知，供应链系统的最优产能决策时点决策依赖于参数Γ_t，Υ_t和Ψ_t。通过计算可得当$\alpha\geqslant 0$时，$\lim_{t\to 0^+}\Psi_t\geqslant 0$；当$\alpha\geqslant 0.8548$时，$\lim_{t\to t_{\max}^-}\Psi_t\leqslant 0$，因为对$\forall t$，当$\alpha\geqslant 0$时，$\Gamma_t c''_t+\Upsilon_t>0$。所以，当$\alpha<0.8548$时，供应链系统的期望利润函数，$\mathbb{E}\pi(q_t^*,t)$是时间$t$的单调递增函数。对于任意$\alpha\geqslant 0.8548$，供应链系统的最优生产时点，$t^*$可通过求解$\mathbb{E}\pi(q_t^*,t)$的一阶最优条件获得。表 7.7 列举部分边际生产成本时，供应链系统的最优决策和最优期望利润。为了直观理解，图 7.9 展示了$\alpha=[0.7,0.8,0.9,1.0]$时，供应链系统期望利润函数随时间t的变化趋势。

表 7.7 给定α，供应链最优决策和利润一览表(需求分布自由，类型 I)

α	t^*	C_t	q_t^*	$\mathbb{E}\pi(q_t^*,t)$	α	t^*	C_t	q_t^*	$\mathbb{E}\pi(q_t^*,t)$
0.2000	1.0000	3.1000	107.8646	646.7681	1.2000	0.6601	3.2615	112.2370	599.1820
0.4000	1.0000	3.2000	107.5000	636.0000	1.4000	0.5520	3.2133	114.1310	595.0583
0.6000	1.0000	3.3000	107.1536	625.2675	1.6000	0.4744	3.1801	115.5291	592.0512
0.8000	1.0000	3.4000	106.8235	614.5687	1.8000	0.4161	3.1558	116.6027	589.7601
1.0000	0.8216	3.3375	109.5349	605.1947	2.0000	0.3705	3.1373	117.4530	587.9557

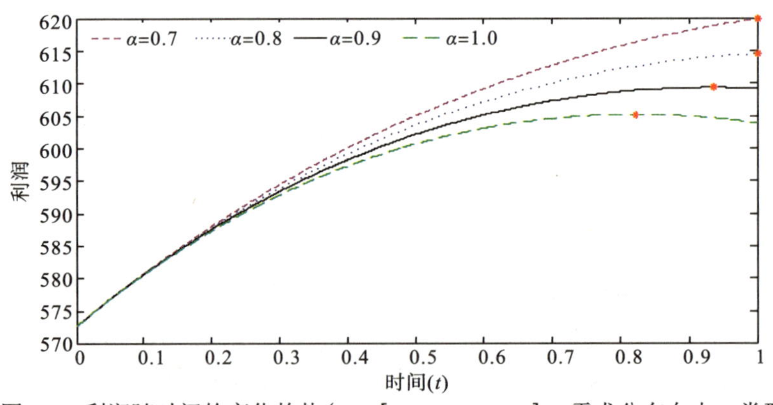

图 7.9 利润随时间的变化趋势($\alpha=[0.7,0.8,0.9,1.0]$，需求分布自由，类型 I)

2. 成本类型 II

由于$c''_t=0$，即供应链系统(上游企业)的边际生产成本是时间t的凹函数。由定理 3.4 可知，供应链系统的最优产能决策时点依赖于参数Ψ_t。通过计算可得当$\alpha\leqslant 0.6802$时，$\lim_{t\to 0^+}\Psi_t\geqslant 0$；当$\alpha\geqslant 0.9228$时，$\lim_{t\to t_{\max}^-}\Psi_t\leqslant 0$。因此，当边际生产成本

$\alpha \leqslant 0.6802$ 时，供应链系统的最优生产时点 $t^* = t_{\max}$；当边际生产成本 $\alpha \geqslant 0.9228$ 时，供应链系统的最优生产时点 $t^* = 0$；相应地，当 $\alpha \in (0.6802, 0.9228) = A$ 时，供应链系统期望利润函数是时间 t 的凸函数，此时最优生产时点取决于期望利润函数端点值的大小。表 7.8 列举给定部分 α 时，供应链系统的最优决策。

表 7.8　给定 α，供应链最优决策和利润一览表(需求分布自由，类型 II)

α	t^*	C_t	q_t^*	$\mathbb{E}\pi(q_t^*, t)$	α	t^*	C_t	q_t^*	$\mathbb{E}\pi(q_t^*, t)$
0.3000	1.0000	3.3000	107.1536	625.2675	0.7396	1.0000	3.7936	105.6524	572.7595
0.4000	1.0000	3.4000	106.8235	614.5687	0.7397	1.0000	3.7937	105.6521	572.7490
0.5000	1.0000	3.5000	106.5079	603.9023	0.7398	1.0000	3.7938	105.6519	572.7384
0.6000	1.0000	3.6000	106.2054	593.2667	0.7398	1.0000	3.7939	105.6516	572.7278
0.7000	1.0000	3.7000	105.9148	582.6608	0.7340	0.0000	3.0000	124.7487	572.7208

为了直观展示，图 7.10 显示了给定 $\alpha \in [0.65, 0.75, 0.85, 0.95]$ 时，供应链系统的期望利润函数随时间 t 的变化趋势。从图中可以看出：①当 $\alpha = 0.65 (< 0.6802)$ 时，$\mathbb{E}\pi(q_t^*, t)$ 是时间 t 的单调递增函数，$t^* = t_{\max}$；②当 $\alpha = 0.95 (> 0.9228)$ 时，$\mathbb{E}\pi(q_t^*, t)$ 是时间 t 的单调递减函数，$t^* = 0$；③当 $\alpha = 0.75 \in A$ 时，$\mathbb{E}\pi(q_t^*, t)$ 是时间 t 的凸函数，$\mathbb{E}\pi(q_t^*, t)\big|_{t=t_{\max}} > e_{St}\mathbb{E}\pi(q_t^*, t)\big|_{t=0}$，$t^* = t_{\max}$；④当 $\alpha = 0.85 \in A$ 时，$\mathbb{E}\pi(q_t^*, t)$ 是时间 t 的凸函数，$\mathbb{E}\pi(q_t^*, t)\big|_{t=t_{\max}} > \mathbb{E}\pi(q_t^*, t)\big|_{t=0}$，$t^* = 0$。

综上所述，当供应链系统的生产成本属于类型 II 时，供应链系统的最优生产时点位于提前期的端点处。因此给定任意的最大允许提前期 $t_{\max}$，存在一个无差异成本边界点 α_{IN}，使得 $\mathbb{E}\pi(q_t^*, t)\big|(\alpha_{\mathrm{IN}}, t = 0) = \mathbb{E}\pi(q_t^*, t)\big|(\alpha_{\mathrm{IN}}, t = t_{\max})$。表 7.9 列举部分 $t_{\max}$ 变动时，供应链系统的无差异成本边界点，其直观展示如图 7.11 所示。当 α 位于区域 A 时，供应链系统的最优生产时点 $t^* = t_{\max}$；当 α 位于区域 B 时，供应链系统的最优生产时点 $t^* = 0$；当 α 位于区域实线上时，供应链系统的最优生产时点 $t^* = t_{\max}$ 或者 $t^* = 0$，即在这两个端点处决策生产时，供应链系统的最优期望利润是等值的。

7.3　产品动态定价

在第 3 章中，本书基于市场需求随机研究供应链系统的最优产能决策。这样的随机假设是综合了所有影响需求的因素，在本小结中，为了研究报童型产品的定价，本书将这些因素剥离成三类：①价格因素；②产品质量因素；③非价格非质量因素。此外，不失一般性本小结的数值模拟假设有 5 个销售单元，在第六个销售单元所有的产品将以残值 v 的形式处理，因此，市场需求假设为

$$D_t = \alpha X_t - \beta p_t + \varepsilon_t,\ \ t \in \{1,\cdots,5\}$$

其中，D_t 表示第 t 个销售单元的市场需求；X_t 表示第 t 个销售单元初期产品的质量状态；p_t 表示第 t 个销售单元，产品的单位销售价格；α 表示市场容量；β 表示价格弹性系数；ε_t 表示非价格非质量因素，假设其为满足 $E[\varepsilon_t]=0$，$Var[\varepsilon_t]=1$[①]的随机变量。

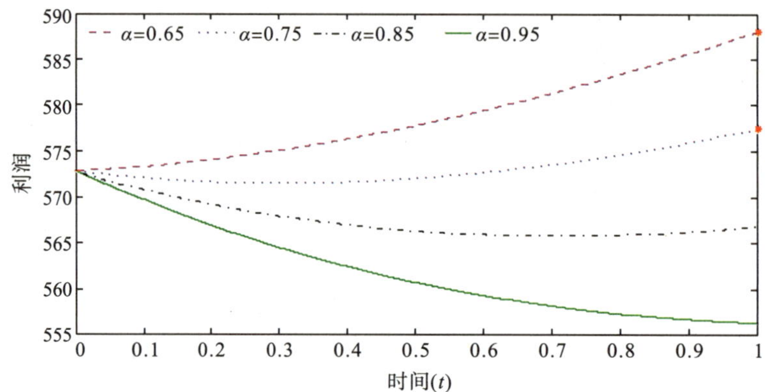

图 7.10 利润随时间的变化趋势（$\alpha \in [0.65,0.75,0.85,0.95]$，需求分布自由，类型 II）

表 7.9 给定 t_{max}，最优决策的无差异成本边界点(需求分布自由，类型 II)

单位时间 (t_{max})	0.1	0.2	0.3	0.4	0.5	0.6	0.7	0.8	0.9	1.0
成本边界点 (α_{IN})	0.6914	0.7027	0.7141	0.7255	0.7370	0.7484	0.7599	0.7713	0.7827	0.7939

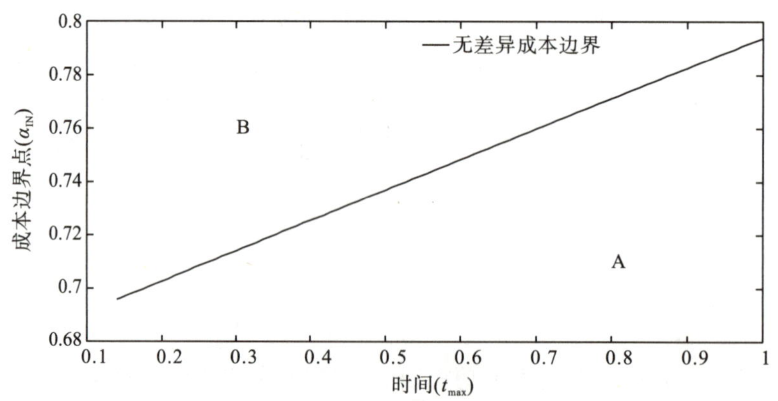

图 7.11 无差异成本边界点随 t_{max} 的变化趋势(需求分布自由，类型 II)

① Var 表示方差。

产品的质量状态受其“保鲜”技术投入影响，假设两者之间的关系为

$$X_{t+1}=\begin{cases}\lambda e_t X_t, & Pr_t=e_t\\ 0, & Pr_t=1-e_t\end{cases}$$

其中，λ 表示产品固定易逝率；e_t 表示供应链系统的“保鲜”技术投入水平，$e\in[0,1]$。由上式可知，当期供应链系统的“保鲜”技术投入为 e_t 时，下一销售阶段产品的质量状态以 Pr_t 的概率转化为 $\lambda e_t X_t$，以 $1-Pr_t$ 的概率转化为零。$X_t\in[0,1]$，其值越高表示质量越好，当 $X_t \leqslant \hat{x}$，$\hat{x}\in(0,1]$ 时，产品退出销售渠道，本小结假设 $\hat{x}=0$。

供应链系统的“保鲜”技术投入成本与当前的库存量和投入水平有关，假设满足

$$c_t=\omega\bar{X}_t\log(1-e_t)$$

其中，ω 为成本弹性系数；$\bar{X}_t$ 为销售阶段的初始库存量。

根据以上描述，现有以下参数赋值，如表 7.10 所示。给定销售周期初期的初始库存状态 $\bar{X}_1$ 和产品的初始质量状态 X_1，供应链系统的最优销售单元 t、销售定价 p_t^*、最优“保鲜”技术投入水平 e_t^*、当前最优利润 $\mathcal{V}_T^*(X_1,\bar{X}_1)$ 以及剩余库存 $\bar{X}_{t+1}$ 分别见表 7.11 和表 7.12。

表 7.10　产品最优定价参数赋值

参数	α	β	c	v	λ	ω
赋值	10.00	0.60	3.00	1.00	0.95	0.01

表 7.11　给定初始库存状态下的最优决策 $(X_1=1.0)$

$\bar{X}_1$	T					$\bar{X}_{T+1}$	$\mathcal{V}_T^*(X_1,\bar{X}_1)$
	(p_1,e_1)	(p_2,e_2)	(p_3,e_3)	(p_4,e_4)	(p_5,e_5)		
10	(13.5333,0.9999)	(9.8991,0.9999)	(3.8077,0)	(—,—)	(—,—)	0	47.8716
12	(10.4000,0.9999)	(9.8991,0.9999)	(3.8077,0)	(—,—)	(—,—)	0	55.9703
14	(10.4000,0.9999)	(9.8991,0.8571)	(5.7561,0.1428)	(1.0076,0)	(—,—)	1.9549	58.0310
16	(10.4000,0.9999)	(9.8991,0.9999)	(9.4232,0.5714)	(1.3618,0.1428)	(1.0054,0)	1.1690	64.5403
18	(10.4000,0.9999)	(9.8991,0.9999)	(9.4232,0.8571)	(1.5679,0.1428)	(1.0334,0)	0.5282	62.5807
20	(10.4000,0.9999)	(9.8991,0.9999)	(9.4232,0.9999)	(1.6710,0.1428)	(1.0474,0)	1.2078	61.0559

注：(—,—)表示不定价和不投入。

表 7.11 展示了给定产品初始质量状态 $X_1=1.0$ 时，供应链系统最优决策与初始库存状态的关系。从表中可以看出，供应链系统的最优决策与初始库存状态有关，具体可以分为以下三种情况：①当初始库存较低时，供应链系统会制定一个

较高的“保鲜”技术投入水平且以较高的价格销售产品，在此策略下，供应链系统会较早的销售完产品，并获得相应的最优利润；②当初始库存较高时，供应链系统在前期销售单元中会尽可能地提供较高的“保鲜”技术投入水平，同时维持一个相对低的销售价格，在销售周期的后期，会提供一个较低的“保鲜”技术投入水平以及会以较低的价格销售产品；③存在一个初始库存状态$\left(e.g.\bar{X}_1=16\right)$，满足当前销售周期的利润最优。在该库存状态下，供应链系统在当前销售周期的每个销售单元均有销售。相应地直观变化趋势如 图 7.12 和图 7.13 所示。其中，图 7.12 展示了供应链系统初始库存状态 $\bar{X}_1=[12,14,16,18]$ 时，当前销售周期的最优定价和最优“保鲜”技术投入水平。图 7.13 展示了当前销售周期的最优利润与剩余库存量随初始库存状态的变化趋势。

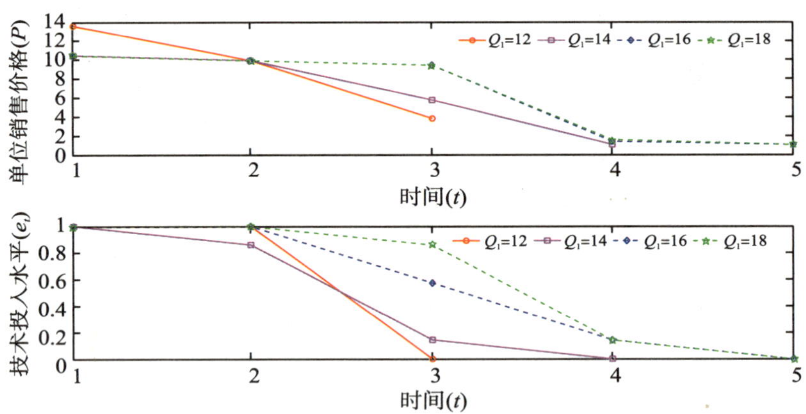

图 7.12 给定初始库存状态下供应链系统最优定价和最优投入水平$\left(X_1=1.0\right)$

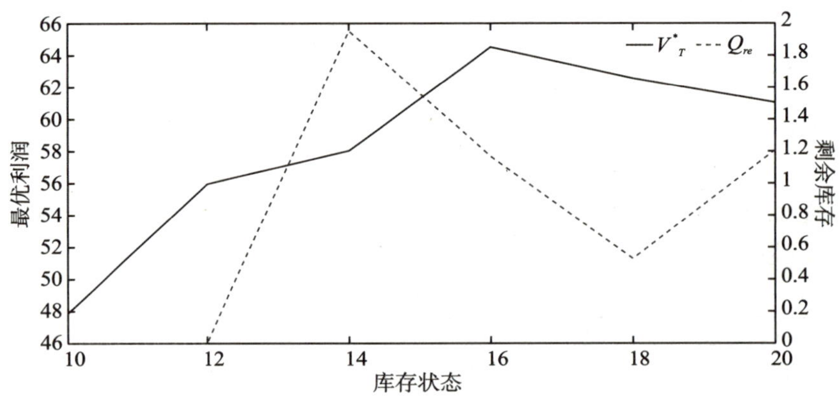

图 7.13 最优利润和剩余库存随初始库存状态的变化趋势$\left(X_1=1.0\right)$

表 7.12 展示了在初始库存状态 $\bar{X}_1=16$ 时，供应链系统的最优决策与产品的初始质量状态 X_1 的关系。从表中可以看出，供应链系统的最优决策与初始质量状态有关。①每个销售单元的最优定价随着质量状态的下降而降低；②当产品的初始质量状态较低时，供应链系统需要在整个销售周期内维持相对较高的“保鲜”技术投入水平；③供应链系统的最优利润是初始质量状态的递增函数；④当前销售周期的剩余库存随着初始质量状态的下降而逐渐递减，当初始质量状态下降到某一阈值时，剩余库存会逐渐增大。相应地直观变化趋势如图 7.14 和图 7.15 所示。其中，图 7.14 为供应链系统初始质量状态 $\bar{X}_1=[1.00,0.95,0.90,0.85,0.80]$ 时，当前销售周期的最优定价和最优“保鲜”技术投入水平。图 7.15 为当前销售周期的最优利润与剩余库存量随初始质量状态的变化趋势。

表 7.12　给定初始质量状态下的最优决策 $(\bar{X}_1=16)$

$\bar{X}_1$	T					$\bar{X}_{T+1}$	$v_T^*(X_1,\bar{X}_1)$
	(p_1,e_1)	(p_2,e_2)	(p_3,e_3)	(p_4,e_4)	(p_5,e_5)		
0.95	(9.9000,0.9999)	(9.4241,0.9999)	(8.9720,0.7142)	(1.4391,0.1428)	(1.0159,0)	0.7491	55.2213
0.90	(9.4000,0.9999)	(8.9491,0.9999)	(8.5209,0.8571)	(1.5061,0.1428)	(1.0250,0)	0.4613	46.6500
0.85	(8.9000,0.9999)	(8.4742,0.9999)	(8.0697,0.9999)	(1.5628,0.1428)	(1.0327,0)	0.3056	38.7729
0.80	(8.4000,0.9999)	(7.9992,0.9999)	(7.6186,0.9999)	(1.5267,0.1428)	(1.0278,0)	1.3381	30.9294

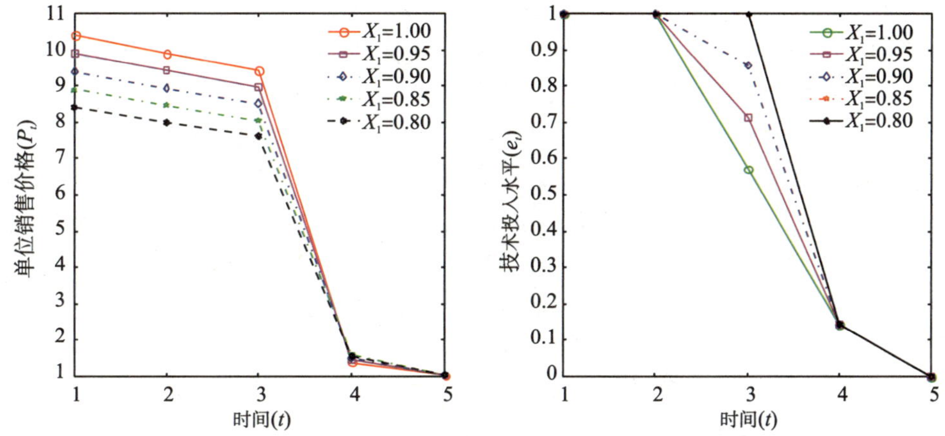

图 7.14　给定初始库存状态下供应链系统最优定价和最优投入水平

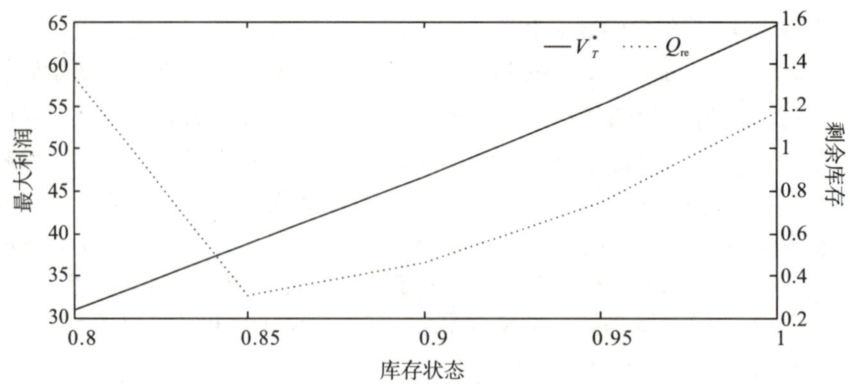

图 7.15　最优利润和剩余库存随初始库存状态的变化趋势 $(\bar{X}_1 = 16)$

7.4　供应链契约设计

7.2 节分析了一体化供应链系统在不同市场环境下的最优决策，这些决策为分散供应链系统的协调提供了参照基准。本节将参照这个基准，设计时间敏感型供应链契约，分析它们的契约参数，协调本质上是独立主体的参与者的决策同等一体化供应链的最优决策。同样地，本节继续沿用 7.2.1 节的参数假设和市场环境。

7.4.1　分布函数已知

本小节基于 7.2.1 节数值模拟的结果，讨论由 5.2 节构造的时间敏感型供应链契约的参数设计。供应链契约协调分散供应链系统，则其必须满足参与者的参与约束。换言之，参与者参与契约激励获得的利润必须不小于其机会成本。本节假设参与者的机会成本为报童模型下的利润。不失一般性假设，在报童型模型中上游企业制定的批发价格为 $w_0 = 7$ 。分别将表 7.4(类型 I)和表 7.5(类型 II)中的最优值代入式(5.2)和式(5.3)，并结合定义 7.3～定义 7.5 可得，时间敏感型供应链契约的相关参数设计如表 7.13 和表 7.14 所示。

其中，参数 α 表示供应链一体化的边际成本参数，为自变量；参数 r 和 θ 分别如式(5.2)和式(5.3)所示；参数 δ 为下游企业分享一体化供应链系统利润的比例，其取值受限于参与者的机会成本；参数 w ，参数 κ 和参数 φ 分别如式(5.4)～式(5.6)所示。值得注意的是，时间敏感型成本分担契约和时间敏感型利润共享契约中，恒定的批发价格可以任意取值，因此，结合成本分担契约的特点，将其恒定批发价格 w 取值为 w_0 ；结合利润共享契约的特点，将其恒定批发价格 w 取值为 c_0 。结合表 7.13 和表 7.14，图 7.16～图 7. 18 分别直观地展示了不同成本类型下，考察参数随自变量 α 的变化趋势。这些图中，一个较为显著的特点是均存在引起变化趋势发生改变的拐点，这个拐点就是 7.2 节所描述的“供应链系统中的无差异成本边界点”，在拐点的两侧，存在不同的最优决策。图 7.17 和图 7. 18 分别展示了两种成本类型下，满足参与者参与约束的分享系数 δ 的范围，如阴影区域所示。对于阴影区域中任意的参数 δ，均存在唯一的参数 w，参数 κ 和参数 φ 与之对应。换言之，当契约参数分别位于相应的阴影区域时，该契约可以协调分散供应链系统，此外，当供应链契约的参数分别取这三个值时，这三类供应链契约满足等价性。

表 7.13　时间敏感性契约参数设计（$w_0=7$，分布函数已知，类型 I）

α	r	θ	δ	w	$\kappa(w=w_0)$	$\varphi(w=c_0)$
0.1	0.2291	0.1357	0.4137→0.5600	7.4223→6.3313	0.1385→−0.2193	0.5038→0.3795
0.2	0.2360	0.1350	0.4163→0.5571	7.4280→6.3838	0.1381→−0.1988	0.5040→0.3852
0.3	0.2429	0.1342	0.4190→0.5543	7.4337→6.4364	0.1377→−0.1789	0.5043→0.3909
0.4	0.2500	0.1335	0.4218→0.5514	7.4393→6.4890	0.1373→−0.1597	0.5046→0.3965
0.5	0.2571	0.1328	0.4245→0.5485	7.4450→6.5415	0.1369→−0.1411	0.5048→0.4022
0.6	0.2583	0.1396	0.4272→0.5455	7.3859→6.5333	0.1184→−0.1432	0.5016→0.4041
0.7	0.2498	0.1580	0.4293→0.5434	7.2300→6.4240	0.0719→−0.1801	0.4931→0.3992
0.8	0.2447	0.1709	0.4307→0.5418	7.1236→6.3503	0.0391→−0.2054	0.4873→0.3959
0.9	0.2411	0.1807	0.4318→0.5407	7.0434→6.2947	0.0138→−0.2249	0.4829→0.3935
1.0	0.2385	0.1882	0.4327→0.5398	6.9831→6.2533	−0.0054→−0.2394	0.4795→0.3917

注：表 7.13～表 7.16 中，$a \to b$ 表示由 a 变动至 b，其中，“$\to$”表示数字的变动方向；κ 取负值表示上游企业向下游企业转移支付比例。

表 7.14　时间敏感性契约参数设计（$w_0=7$，分布函数已知，类型 II）

α	r	θ	δ	w	$\kappa(w=w_0)$	$\varphi(w=c_0)$
0.1	0.2291	0.1713	0.4163→0.5571	7.1740→6.1791	0.0571→−0.2692	0.4935→0.3759
0.2	0.2360	0.1707	0.4218→0.5514	7.1607→6.2504	0.0519→−0.2418	0.4916→0.3840
0.3	0.2429	0.1701	0.4273→0.5455	7.1470→6.3222	0.0467→−0.2152	0.4896→0.3923
0.4	0.2500	0.1695	0.4330→0.5395	7.1329→6.3944	0.0415→−0.1893	0.4877→0.4005
0.5	0.2571	0.1688	0.4388→0.5333	7.1183→6.4671	0.0364→−0.1640	0.4856→0.4088
0.6	0.2222	0.2614	0.4396→0.5324	6.4320→5.8640	−0.1893→−0.3787	0.4488→0.3745

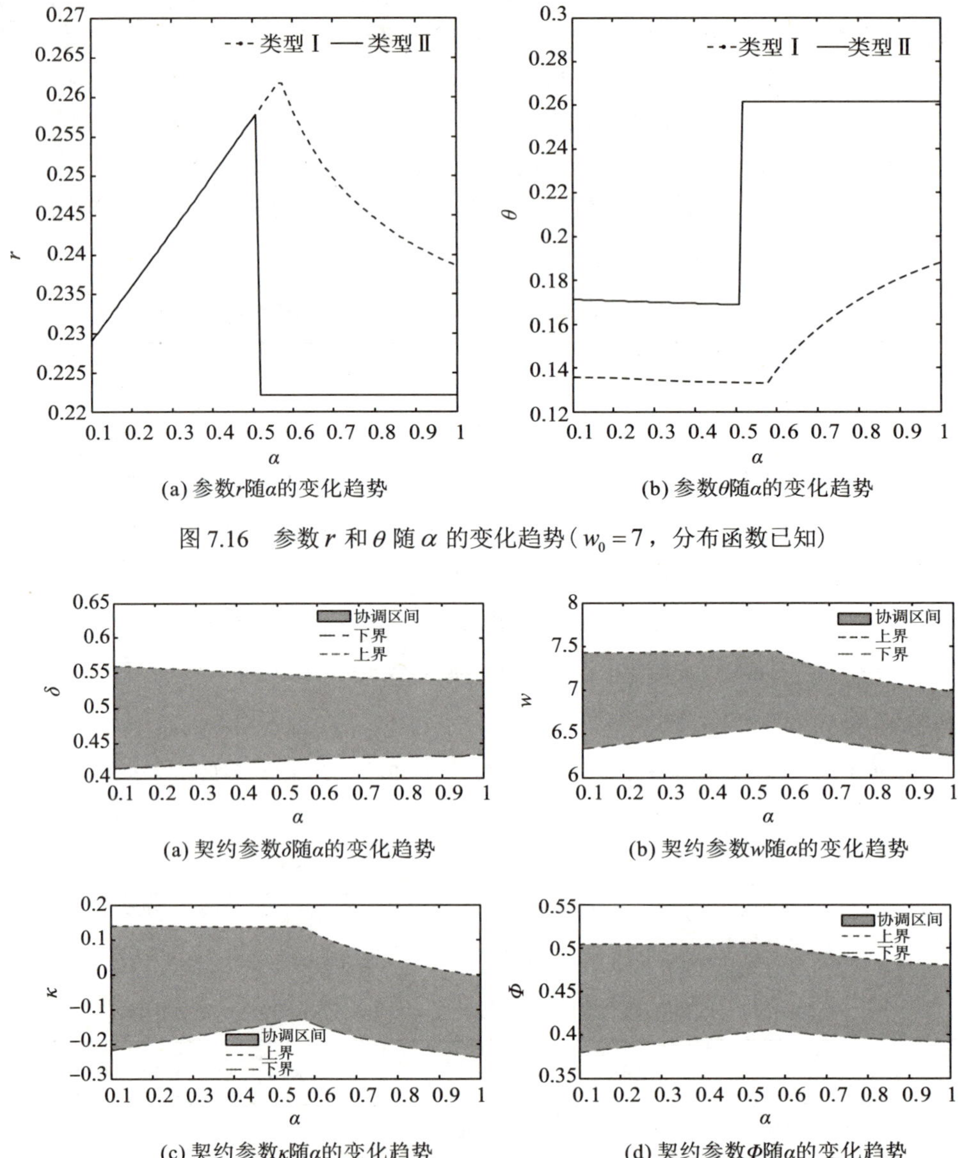

图 7.16 参数 r 和 θ 随 α 的变化趋势（$w_0=7$，分布函数已知）

图 7.17 契约参数随 α 的趋势图（$w_0=7$，分布函数已知，类型 I）

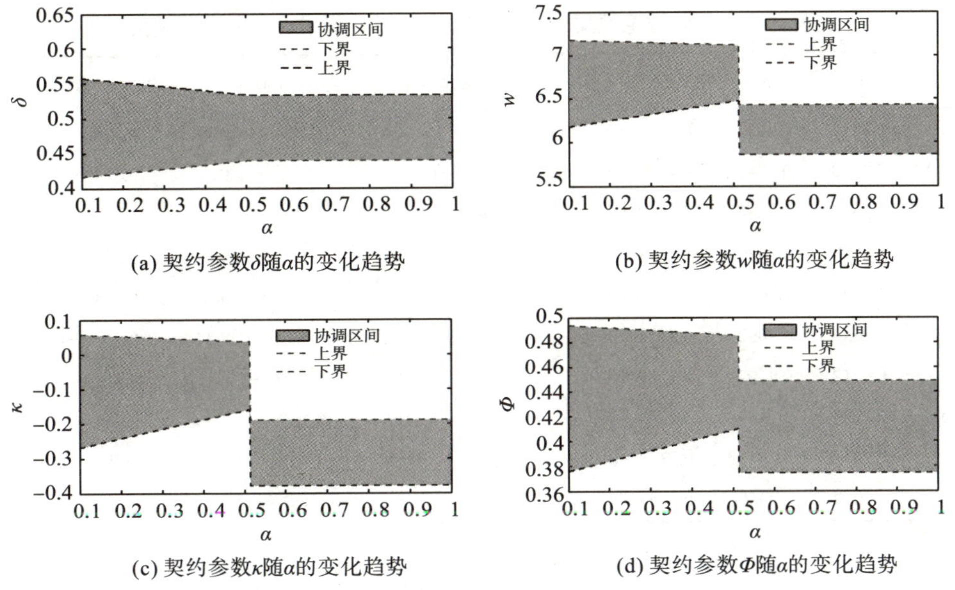

(a) 契约参数δ随α的变化趋势

(b) 契约参数w随α的变化趋势

(c) 契约参数κ随α的变化趋势

(d) 契约参数Φ随α的变化趋势

图 7.18　契约参数随 α 的趋势图（$w_0=7$，分布函数已知，类型 II）

7.4.2　需求分布自由

本节基于 7.2.2 节数值模拟的结果，讨论由 5.3 节构造的时间敏感型供应链契约的参数设计。同样地，本节假设契约的激励设计需满足企业的参与约束，且每个企业的机会成本为上游企业制定的批发价格 $w_0=7$ 时获得的报童利润。契约参数的设计过程同 7.4.1 节类似，此处不再赘述。两种市场环境下的契约参数设计结果如表 7.15 和表 7.16 所示，相应的直观展示如图 7.19～图 7.21 所示。

表 7.15　时间敏感性契约参数设计（$w_0=7$，需求分布自由，类型 I）

α	r	ϑ	δ	w	$\kappa(w=w_0)$	$\varphi(w=c_0)$
0.2	0.2360	0.9046	0.3964→0.5406	7.8382→6.7068	0.2704→−0.0946	0.5293→0.4055
0.4	0.2500	0.9070	0.4015→0.5346	7.8541→6.8190	0.2669→−0.0566	0.5298→0.4168
0.6	0.2644	0.9092	0.4068→0.5286	7.8690→6.9307	0.2633→−0.0210	0.5302→0.4280
0.8	0.2791	0.9114	0.4121→0.5224	7.8830→7.0419	0.2597→0.0123	0.5306→0.4392
1.0	0.2698	0.8808	0.4169→0.5168	7.6240→6.8893	0.1870→−0.0332	0.5180→0.4357
1.2	0.2587	0.8528	0.4200→0.5132	7.3899→6.7266	0.1196→−0.0838	0.5061→0.4296
1.4	0.2518	0.8343	0.4222→0.5107	7.2370→6.6208	0.0738→−0.1180	0.4979→0.4255
1.6	0.2472	0.8215	0.4238→0.5088	7.1311→6.5483	0.0412→−0.1420	0.4922→0.4227
1.8	0.2438	0.8119	0.4250→0.5074	7.0511→6.4933	0.0162→−0.1605	0.4877→0.4205
2.0	0.2412	0.8042	0.4260→0.5063	6.9883→6.4499	−0.0037→−0.1753	0.4841→0.4188

表 7.16 时间敏感性契约参数设计（$w_0=7$，需求分布自由，类型Ⅱ）

α	r	ϑ	δ	w_t	θ_t	ϕ_t
0.1	0.2291	0.9033	0.3964→0.5406	7.8100→6.6734	0.2656→−0.1071	0.5268→0.4024
0.2	0.2360	0.9046	0.4015→0.5346	7.7981→6.7533	0.2575→−0.0796	0.5249→0.4106
0.3	0.2429	0.9058	0.4068→0.5286	7.7854→6.8335	0.2493→−0.0529	0.5229→0.4189
0.4	0.2500	0.9070	0.4121→0.5224	7.7720→6.9142	0.2412→−0.0268	0.5208→0.4272
0.5	0.2571	0.9081	0.4176→0.5161	7.7577→6.9955	0.2331→−0.0014	0.5187→0.4356
0.6	0.2644	0.9092	0.4232→0.5096	7.7426→7.0772	0.2250→0.0234	0.5164→0.4440
0.7	0.2717	0.9103	0.4289→0.5029	7.7267→7.1595	0.2169→0.0476	0.5142→0.4525
0.8	0.2222	0.7449	0.4344→0.4965	6.5033→6.1186	−0.1656→−0.2938	0.4547→0.4048
0.9	0.2222	0.7449	0.4344→0.4965	6.5033→6.1186	−0.1656→−0.2938	0.4547→0.4048
1.0	0.2222	0.7449	0.4344→0.4965	6.5033→6.1186	−0.1656→−0.2938	0.4547→0.4048

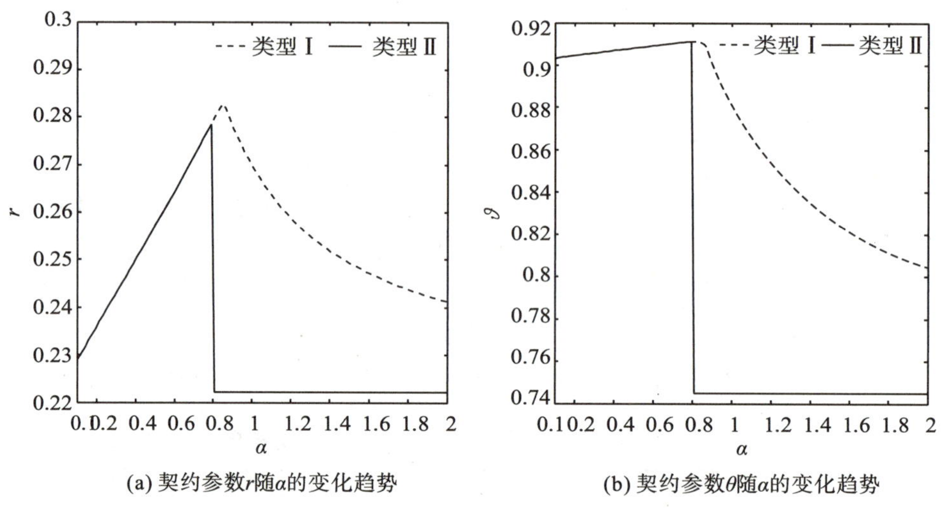

(a) 契约参数r随α的变化趋势

(b) 契约参数θ随α的变化趋势

图 7.19 参数r、参数θ随α的变化趋势（$w_0=7$，需求分布自由）

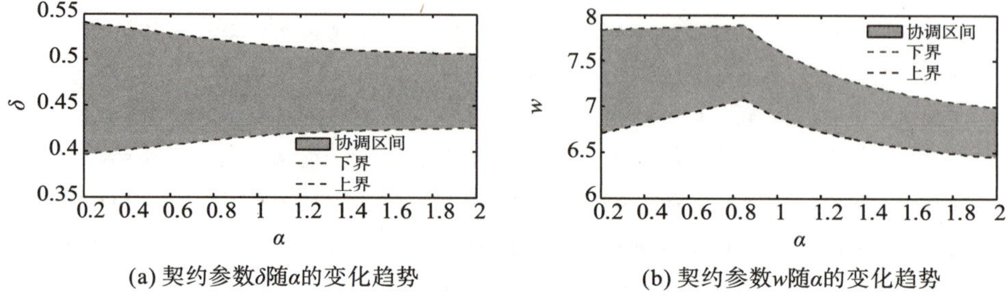

(a) 契约参数δ随α的变化趋势

(b) 契约参数w随α的变化趋势

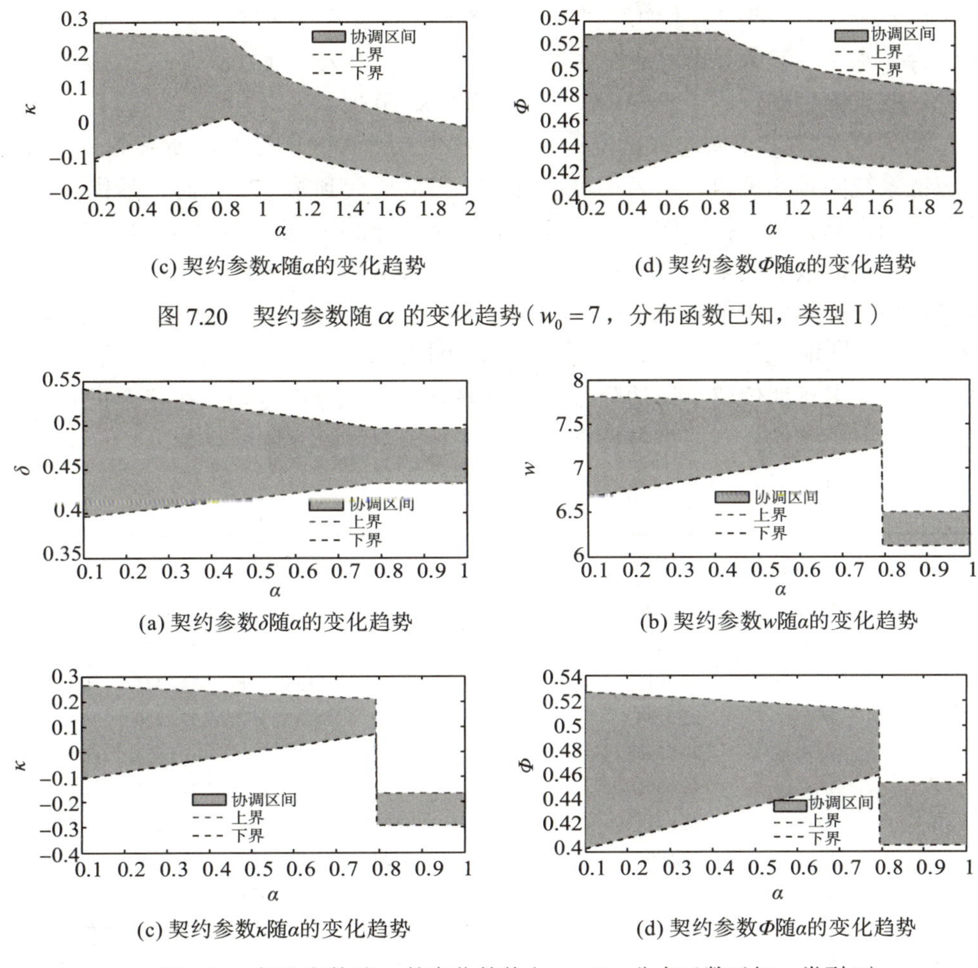

(c) 契约参数κ随α的变化趋势　　(d) 契约参数Φ随α的变化趋势

图 7.20　契约参数随 α 的变化趋势（$w_0=7$，分布函数已知，类型 I）

(a) 契约参数δ随α的变化趋势　　(b) 契约参数w随α的变化趋势

(c) 契约参数κ随α的变化趋势　　(d) 契约参数Φ随α的变化趋势

图 7.21　契约参数随 α 的变化趋势（$w_0=7$，分布函数已知，类型 II）

7.5　供应链稳定性机制设计

7.4 节讨论了时间敏感型供应链契约的协调性参数设计，正如第 7 章开篇所述，现实中存在很多参与者违约或供应链中断现象，本节将通过数值模拟讨论供应链的稳定机制。

假设在任意销售周期t，双方开展事务性合作，由此合作产生两种收益，获得成功时的成本收益为服从区间$[20,25]$的均值分布，失败时的成本收益为服从区间$[0,2]$的均匀分布。此时上下游企业由事务性合作产生的成本c_{St}和c_{Rt}分别为

$$c_{St}=\gamma_{St}-c\log(1-e_{St})$$

$$c_{Rt}=\gamma_{St}-c\log(1-e_{Rt}),\quad e_{St},e_{St}(0,1)$$

其中，γ_{St}，γ_{Rt} 分别为上下游企业的机会成本；e_{St}，e_{St} 分别表示上下游企业的事务性合作水平；参数 c 表示合作水平的边际成本。不失一般性假设 $\gamma_{St}=\gamma_{Rt}=3$。此外，假设固定贴现因子 $\delta=0.95$，临界阈值 $\varepsilon=0.01$。

表 7.17 为当上下游企业的事务性合作水平 $e_{St}=e_{Rt}=0.95$ 且边际成本 $c=1$ 时，供应链系统的预期价值。从表中可以看出，当值迭代到第 172 次时，最优预期价值收敛到由临界阈值控制的范畴，如图 7.22 所示。表 7.18 展示了不同边际成本下，供应链系统的最优期望预期价值和事务性合作水平，如图 7.23 所示。从图中可以看出，随着边际成本的增大，最优期望预期价值和事务性合作水平都呈逐渐降低的趋势，特别地，当 c 增大到一定程度 $(c\geqslant 2.6)$ 时，上下游企业就会停止事务性合作，此时未来预期价值小于边际收益。根据第 5 章的分析可知，在获得正的预期价值下，上下游均会开展事务性合作，并按照比例可以分摊该收益。

表 7.17　值迭代序列 $(c=1, e_{St}=e_{Rt}=0.95)$

t	$\mathcal{V}^t(0)$	$\mathcal{V}^t(1)$	$\lVert\mathcal{V}^t-\mathcal{V}^{t-1}\rVert$	t	$\mathcal{V}^t(0)$	$\mathcal{V}^t(1)$	$\lVert\mathcal{V}^t-\mathcal{V}^{t-1}\rVert$
0	0.0000	0.0000	—	30	115.1120	115.3676	1.3331
1	6.8920	8.1360	14.3966	50	131.0550	131.1313	0.3980
2	14.3966	15.7512	7.2145	70	135.8144	135.8371	0.1188
3	21.6112	22.9134	6.8135	90	137.2352	137.2420	0.0355
4	28.4246	29.6545	6.4171	110	137.6593	137.6613	0.0106
5	34.8418	36.0001	6.0412	130	137.7859	137.7865	0.0032
6	40.8830	41.9734	5.6869	150	137.8237	137.8239	0.0009
7	46.5699	47.5964	5.3534	170	137.8350	137.8351	0.00028
8	51.9233	52.8896	5.0394	171	137.8353	137.8353	0.00026
9	56.9627	57.8723	4.7438	172	137.8355	137.8356	0.00024
10	61.7065	62.5627	4.4656	173	137.8358	137.8358	0.00023

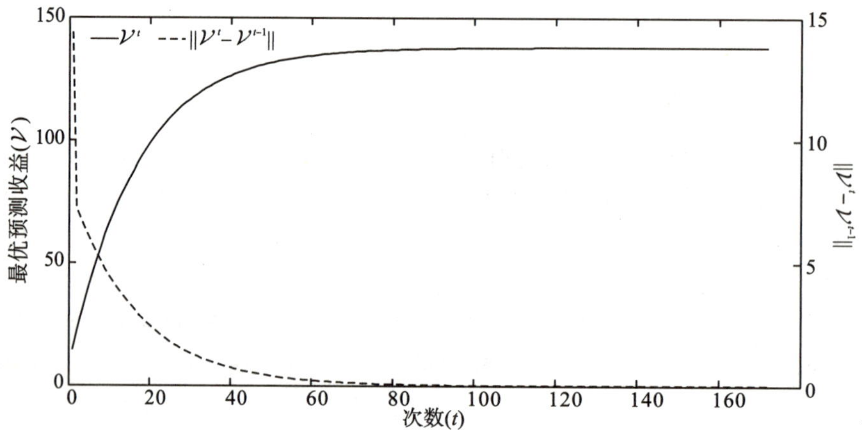

图 7.22　最优预期收益的值迭代过程 $(c=1,\ e_{St}=e_{Rt}=0.95)$

表 7.18　不同边际成本下供应链最优预期价值和最优合作水平

c	$\mathcal{V}^*$	e^*	t	$\mathcal{V}^*$	e^*
1.00	145.8836	0.9436	2.00	46.6150	0.8807
1.20	123.4857	0.9337	2.20	29.9538	0.8675
1.40	102.5193	0.9205	2.40	14.1489	0.8542
1.60	82.8026	0.9072	2.59	0.6119	0.8410
1.80	64.2029	0.8940	2.60	0．000	0．000

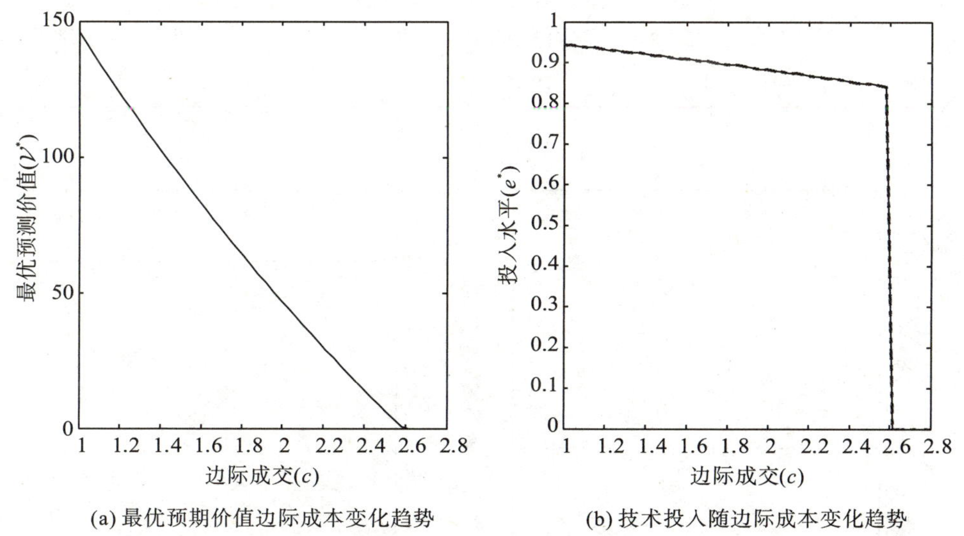

(a) 最优预期价值边际成本变化趋势　　(b) 技术投入随边际成本变化趋势

图 7.23　最优预期价值和投入水平随边际成本的变化趋势

在第 6 章中，基于理论分析，我们对比讨论了上下游企业对时间敏感型批发价格契约与收益共享契约的选择偏好，接下来将基于数值模拟，直观的讨论二者选择的偏好。假设订购量 $D_t = 100$，$\varphi = 0.6$，$w^{WP} = 6$，$w^{RS} = \varphi c$，其他参数如 7.1 节所示。

计算结果如表 7.19 所示，相应的直观展示如图 7.24 所示。从表(图)可以看出，当市场的实际需求 $Q < 72$ 时，下游企业偏好与选择收益共享契约，反之则偏好与选择批发价格契约；当 $Q < 67$ 时，上游企业偏好与选择批发价格契约，反之则偏好与选择收益共享契约。因此当 $Q \in [67, 72]$ 时，双方都偏好与选择收益共享契约。

表 7.19 上下游企业在批发价格契约和收益共享契约下的收益损失

Q	π_R^{WP}	π_R^{RS}	π_S^{RS}	Q	π_R^{WP}	π_R^{RS}	π_S^{RS}
0	600.0	140.0	60.0	67	−70.0	−101.2	−301.8
10	500.0	104.0	6.0	70	−100.0	−112.0	−318.0
20	400.0	68.0	−48.0	71	−110.0	−115.6	−323.4
30	300.0	32.0	−102.0	72	−120.0	−119.2	−328.8
40	200.0	−4.0	−156.0	80	−200.0	−148.0	−372.0
50	100.0	−40.0	−210.0	90	−300.0	−184.0	−426.0
60	0.0	−76.0	−264.0	100	−400.0	−220.0	−480.0
66	-60.0	−97.6	−296.4				

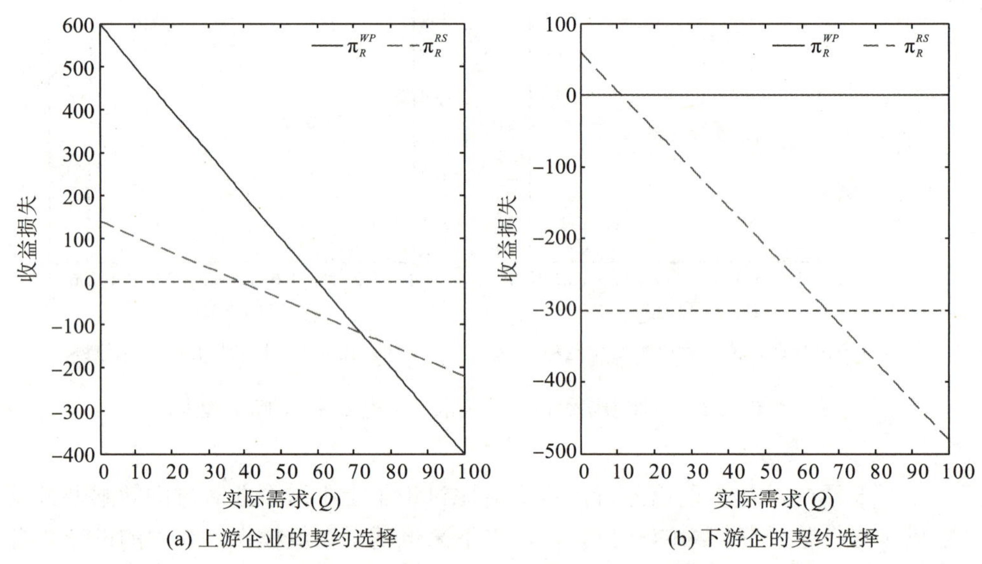

(a) 上游企业的契约选择

(b) 下游企的契约选择

图 7.24 契约选择

7.6 小 结

本节基于前面 4 章构建的理论模型及相关研究结论，通过数值模拟，分析时间管理视角下报童型产品供应链系统的治理，通过模拟发现有效的时间管理是可以提高供应链系统的绩效和参与者的利润率，进而佐证了本书研究的实际意义。

第 8 章　结论与研究展望

8.1　结　　论

作者通过整理与归纳涉及时间属性的报童型产品供应链管理和供应链契约研究文献，发现已有的大部分研究都是假设供应链系统基于当期既得收益最优和固定采购提前期条件下进行产能决策、忽略了产品报童特征进行销售定价决策以及局限于“端点”设计供应链契约的协调性，同时，在博士学习期间和与社会的经济活动接触中，作者发现时间属性始终贯穿报童型产品供应链的生产和销售环节，且存在大量参与者违约和供应链系统中断的现象。

结合现有的供应链契约理论研究成果和现实经济活动中存在一类由时间属性引起的弱化报童型产品供应链绩效的经济现象，本书从时间管理的视角，研究报童型产品的治理，包括：①供应链系统的最优产能决策；②产品销售的最优动态定价决策；③分散供应链的协调性契约设计；④供应链系统的长期稳定性机制设计。通过以上 4 个方面的研究，解决了报童型产品供应链系统的需求风险问题、分散供应链的协调问题、参与者的违约风险和供应链中断问题，研究成果可为报童型产品供应链的生产和销售提供参考依据。主要结论如下：

首先，从采购提前期可控的时间管理视角，将市场随机需求的预测进程和供应链系统的生产成本依次假设为提前期的范式函数，分别构建了分布函数已知和需求分布自由两种市场环境下，供应链系统的产能决策模型。通过对模型的分析和求解，推导出供应链系统最优产能决策的存在性条件，并得出依需求预测进程和供应链系统生产成本的最优生产时点与最优生产量的函数表达式。该问题的解决弥补了现有研究的不足，有助于对供应链系统整体的需求风险进行控制(第 3 章)，其主要结论有：

(1)分析了“分布函数已知”分别关于提前期和市场需求的函数性质，相比于传统的研究，第 3 章所提的“分布函数已知”可使得供应链系统的产能决策研究更具有一般性。

(2)依次在分布函数已知和需求分布自由两种市场环境下，构建了供应链系统的最优产能决策模型。

(3)在多种市场环境中，讨论了两种生产成本类型下供应链系统的最优产能决策，得出了供应链系统的最优生产时点和最优生产量的函数表达式。

其次，从供应链系统通过“保鲜”技术投入控制产品易逝率的时间管理角度出发，构建了有限时域马尔可夫随机定价决策模型。在该模型中，假设产品的质量状态转移具有随机性，以及市场需求受产品的销售价格、产品的质量状态和非价格、非质量因素影响。通过对模型的分析和求解，得出了供应链系统的“保鲜”技术投入水平和产品最优动态定价的均衡路径，在此路径下，供应链系统的绩效是最优的，并进一步分析了该均衡路径的单调性质。该问题的解决有助于从供应链系统一体化的角度制定产品的最优销售定价和控制“保鲜”技术投入水平(第 4 章)，其主要结论有：

(1)构建了考虑供应链系统“保鲜”技术投入时的有限时域马尔可夫随机定价决策模型。

(2)分析了模型的最优性质，得出了供应链系统最优“保鲜”技术投入和产品最优动态定价的均衡路径，求解了在产品退出销售渠道之前，供应链系统的最优收益。

(3)分析了供应链系统均衡路径的单调性，缩小了供应链系统最优策略空间，简化了计算的复杂性。

再次，以第 3 章、第 4 章供应链系统的最优产能决策和最优动态定价决策为参照基准，结合参与者的博弈关系逐渐由主从关系演变为平等关系的事实，构造了三类时间敏感型供应链契约，证明了它们在不同的市场环境下均可灵活地协调分散供应链的产能决策和定价决策，进一步地从需求风险分担的角度对比分析了这三类契约的优缺点并讨论若干管理启示。本章的分析有助于协调分散供应链和参与者的帕累托改进(第 5 章)其主要结论如下：

(1)依次在分布函数已知和需求分布自由两种市场环境下，构造了三类时间敏感型供应链契约。

(2)证明了每类供应链契约均可以灵活地协调分散供应链系统的产能决策和动态定价决策。

(3)从供应链系统绩效最优的角度，证明了这三类供应链契约具有完全等价性。

(4)从需求风险分担的角度，讨论了这三类供应链契约的优缺点及其对供应链的管理启示。

最后，针对传统供应链契约机制设计引起的参与者违约风险和供应链中断风险的问题，从维持分散供应链系统长期稳定的时间管理视角，基于时间敏感型供应链契约和参与者对未来事务性合作价值的预期，建立了分散供应链系统的稳定性机制设计模型，通过对模型的分析和求解，得出参与者长期稳定合作的条件、开展事务性合作的最优行动以及合作产生的最优未来预期价值。此外，基于该模型研究的结论，从需求风险分担的角度，对比分析参与者的供应链契约选择偏好。该问题的解决在一定程度上弥补了传统供应链契约设计引起的问题，可为参与者

的长期稳定合作提供参考依据(第 6 章)。其主要结论有:

(1) 基于供应链契约和对未来合作价值的预期,建立了上下游企业自我实施的分散供应链稳定性机制设计模型。

(2) 通过对模型的收敛性分析,设计了简单的最优稳定性机制。

(3) 基于稳定性机制,讨论了上下游企业对批发价格契约和收益共享契约的选择偏好,并给出了部分供应链管理启示。

综上所述,本书以时间管理为研究视角构建的 4 个供应链治理模型有效地改善供应链系统的绩效。其中,第 3 章介绍的供应链系统最优产能决策;第 4 章介绍的涉及产品最优动态定价决策为分散供应链的最优决策提供了参照基准;第 5 章介绍的供应链契约协调模型为本质上是分散决策的参与者提供激励机制;第 6 章介绍的供应链稳定性机制设计模型为维持分散供应链系统稳定性提供决策支持。本书的研究是在科学研究方法指导下进行的,而相关研究结论是在科学研究方法论和规范性决策理论相融合下获得的,具有一定的应用价值。

8.2 研究展望

然而,本书对时间管理视角下的供应链系统治理研究还处于起步阶段,仍有值得进一步深入研究和改进的内容:

(1) 在第 3 章中,本书将上游企业的生产成本假设为是提前期的连续单调递增函数,将下游企业的需求预测进程假设为均值是时间的无偏差函数,均方差是提前期的线性递减函数。这样的假设虽然是从技术层面考虑便于模型的构建和分析,但是在现实中,存在着生产成本函数是提前期的不规则分段函数情形,同时,存在需求预测进程的均值和均方差均分别是提前期的其他函数类型。显然,考虑这些不足将会进一步地完善供应链系统产能决策的相关研究成果。

(2) 在第 4 章和第 6 章中,本书分别研究了产品的最优动态定价决策模型和分散供应链的稳定性机制设计模型。在这两个模型中,供应链系统状态转移概率的马尔可夫性假设虽然简化了模型的分析和求解,但是显然考虑状态转移概率与历史信息相关更能反映现实问题。

(3) 在第 5 章中,本书是基于参与者为理性人且为风险中性的假设,研究供应链契约的协调性。在实际中,存在大量的证据表明,供应链中的参与者是具有决策偏好的,因此,考虑参与者的决策偏好,研究时间敏感型供应链契约设计是一项更有实际意义的工作。另外,本书设计了三类时间敏感型供应链契约,它们虽然都可以实现供应链的协调,但是规定了上下游企业分担不同的需求风险,因此,从时间管理的视角,考虑参与者的决策偏好,研究需求风险大小和分担方式对供应链契约的等价性和参与者的契约选择偏好影响,将是作者未来一段时间内的主要工作。

(4)在第 7 章中，本书参照已有文献的参数假设进行的数值模拟分析。从实证研究的角度来看，这样的模拟分析缺乏一定的应用背景，因此，将现实实际与论文的理论研究相结合，从实证的角度进行数值案例分析，将更加佐证和丰富论文的研究成果，这也将是作者未来的一个有价值且有意义的工作内容。

参 考 文 献

陈志祥，马士华. 2001. 供应链中的企业合作关系[J]. 南开管理评论, 2: 56-59.

丁胡送，徐晓燕. 2009. 收益共享协调机制下两阶段供应链提前期压缩的博弈分析[J]. 系统管理学报, 18(5): 544-550.

官振中，任建标. 2011. 不确定性需求下的易逝性高科技产品定价策略研究[J]. 供应链系统工程学报, 26(1): 113-120.

官振中，任建标. 2014. 存在策略消费者的动态定价策略[J]. 供应链系统工程理论与实践, 34(8): 2018-2024.

桂华明. 2014. 考虑可控提前期和缺货损失的供应链费用分担策略研究[J]. 管理评论, 26(1): 168-176.

简惠云，王国顺. 2012. 考虑提前期和需求信息更新的供应链协调契约研究[J]. 管理学报, 9(12): 1842.

蹇明，方新，靳留乾，等. 2016. 基于期望收益准则和需求分布自由的回购契约协调性研究[J]. 管理科学学报, 19(9): 67-78.

李根道，熊中楷，李薇. 2010. 基于收益管理的动态定价研究综述[J]. 管理评论, 22(4): 97-108.

李根道，熊中楷，聂佳佳. 2009. 库存和价格影响需求的易逝品动态定价[J]. 供应链系统管理学报, 18(4): 402-409.

李贺，张玉林，仲伟俊. 2012. 考虑战略消费者行为风险的动态定价策略[J]. 管理科学学报, 15(10): 11-25.

李怀祖. 2004. 管理研究方法论(第 2 版) [M]. 西安: 西安交通大学出版社.

李力. 2015. 多种易逝品的库存控制模型及动态定价[J]. 供应链系统工程学报, 30(3): 289-296.

李群霞，马风才，张群. 2015. 供应链提前期供需联合优化库存模型研究[J]. 中国管理科学, 23(4): 117-122.

李小翠，张玉林. 2012. 顾客策略行为与贝叶斯需求学习下的易逝品定价[J]. 东南大学学报(自然科学版), 42(5): 1021-1026.

李怡娜，叶飞，徐学军. 2009. 可控提前期供应链库存优化的费用分担模型[J]. 供应链系统工程学报, 24(1): 9-17.

刘昌贵，但斌. 2006. 供应链战略合作伙伴关系的建立与稳定问题[J]. 软科学, 20(3): 60-63.

刘开军，张子刚. 2008. 需求分布含未知参数时报童模型的实施方法[J]. 供应链系统管理学报, 17(3): 338-342.

刘蕾，罗华，唐小我. 2007. 基于斯坦克尔伯格博弈的订货提前期决策研究[J]. 计算机集成制造供应链系统, 13(7): 1401-1405.

彭志强，熊中楷，李根道. 2010. 考虑顾客策略行为的易逝品定价与再制造柔性补货机制研究[J]. 中国管理科学, 18(2): 32-41.

邱若臻，黄小原，苑红涛. 2014. 需求分布不确定条件下的多周期库存鲁棒优化模型[J]. 控制与决策，29(9): 1644-1648.

邱若臻，黄小原. 2009. 需求分布未知条件下的供应链鲁棒主从对策[J]. 东北大学学报(自然科学版), 30(8): 1208-1212.

宋华明，马士华. 2007. 二阶段供应链中提前期压缩的影响与协调[J]. 管理科学学报, 10(1): 46-63.

宋华明, 马士华. 2006. 供应链中提前期压缩的 Paret 优化[J]. 控制与决策, 21(7): 776-780.

宋华明. 2007. 可变提前期的易逝品供应链协调[J]. 中国管理科学, 15(3): 68-74.

苏菊宁, 陈菊红, 杨变红. 2009. 基于提前期压缩的非对称信息供应链契约[J]. 供应链系统工程理论与实践, 29(6): 39-45.

苏菊宁, 刘晨光, 陈菊红. 2013. 提前期压缩对预测精度时变供应链的影响及其协调[J]. 供应链系统管理学报, 22(6): 814-822.

王圣东, 周永务. 2010. 考虑提前期压缩的 Newsvendor 型产品供应链协调模型[J]. 控制与决策, 25(9): 1292-1296.

王宣涛, 张玉林. 考虑顾客行为与零售商公平关切的易逝品定价与供应链协调研究[J]. 管理工程学报, 2015, 29(1): 89-97.

夏海洋, 黄培清. 2008. 未知需求分布下含数量折扣的可变提前期库存模型[J]. 上海交通大学学报, 42(9): 1515-1519.

夏海洋, 黄培清. 2011. 未知需求分布下提前期可控的整合库存模型研究[J]. 工业工程与管理, 16(2): 65-71.

熊峰, 彭健, 金鹏, . 2015. 生鲜农产品供应链关系契约稳定性影响研究——以冷链设施补贴模式为视角[J]. 中国管理科学, 23(8): 102-111.

熊中楷, 彭志强. 2009. 易逝品最优定价-订货量和广告投入的联合确定[J]. 工业工程与管理, 14(2): 32-37.

杨德礼, 郭琼, 何勇, 等. 2006. 供应链契约研究进展[J]. 管理学报, 3(1): 117-125.

叶飞, 李怡娜. 2006. 供应链伙伴关系、信息共享与企业运营绩效关系[J]. 工业工程与管理, 6: 90-96.

叶飞, 徐学军. 2009. 供应链伙伴关系间信任与关系承诺对信息共享与运营绩效的影响[J]. 系统工程理论与实践, 29(8): 36-49.

余大勇, 骆建文. 2011. 基于提前期压缩的最优采购策略[J]. 系统工程理论与实践, 31(9): 1652-1660.

赵明, 周永务. 2011. 随机模糊需求下的自由分布报童问题研究[J]. 合肥工业大学学报(自然科学版), 34(6): 931-934.

曾顺秋, 骆建文, 钱佳. 2014. 可控提前期下基于交易信用契约的供应链协调模型[J]. 管理工程学报, 28(2): 93-99.

曾顺秋, 骆建文, 张钦红. 2013. 未知需求分布下的供应链交易信用组合激励机制[J]. 软科学, 27(6): 10-14.

曾文杰, 马士华. 2010. 供应链合作关系相关因素对协同的影响研究[J]. 工业工程与管理, 15(2): 1-7.

张松涛, 张春杨, 侯嫣婷. 2015. 含多提前期的不确定供应链网络的鲁棒控制[J]. 计算机集成制造供应链系统, 21(1): 266-279.

张维迎. 2004. 博弈论与信息经济学[M]. 上海: 上海人民出版社.

张旭梅, 陈伟. 2011. 供应链企业间信任、关系承诺与合作绩效[J]. 科学学研究, 29(12), 1865-1874.

周欣, 霍佳震. 2012. 循环取货下基于随机提前期波动压缩的库存优化模型[J]. 供应链系统工程理论与实践, 32(4): 760-768.

Abreu D. 1988. On the theory of infinitely repeated games with discounting[J]. Econometrica, 56(2): 383-396.

Alfares H K, Elmorra H H. 2005. The distribution-free newsboy problem: extensions to the shortage penalty case[J]. International Journal of Production Economics, 93-94: 465-477.

Alizadeh M, Eskandari H, Sajadifar S. 2014. M. A modified (S-1, S) inventory system for deteriorating items with Poisson demand and non-zero lead time[J]. Applied Mathematical Modelling, 38(2): 699-711.

Andersson O, Wengström E. 2007. A note on renegotiation in repeated Bertrand duopolies[J]. Economics Letters, 95(3): 398-401.

Annadurai K, Uthayakumar R. 2010. Reducing lost-sales rate in (T, R, L) inventory model with controllable lead time[J]. Applied Mathematical Modelling, 34(11): 3465-3477.

Arkan A, Hejazi S R. 2012. Coordinating orders in a two echelon supply chain with controllable lead time and ordering cost using the credit period[J]. Computers & Industrial Engineering, 62(1): 56-69.

Arrow K J, Harris T, Marschak J. 1951. Optimal inventory policy[J]. Econometrica, 19(3): 250-272.

Arshinder K A, Deshmukh S G. 2008. Supply chain coordination: perspectives, empirical studies and research directions[J]. International Journal of Production Economics, 115(2): 316-335.

Aumann R J, Shapley L S. 1992. Term competition——a game-theoretic analysis[J]. Ucla Economics Working Papers, 14(2): 609-622.

Bai Q G, Xu X H, Chen M Y, et al. 2015. A two-echelon supply chain coordination for deteriorating item with a multi-variable continuous demand function[J]. International Journal of Systems Science: Operations & Logistics, 2(1):49-62.

Baliga S, Evans R. 2000. Renegotiation in repeated games with side-payments[J]. Games and Economic Behavior, 33(2): 159-176.

Ben-Daya M, Hariga M. 2004. Integrated single vendor single buyer model with stochastic demand and variable lead time[J]. International Journal of Production Economics, 92(1): 75-80.

Ben-Daya M, Raouf A. 1994. Inventory models involving lead time as a decision variable[J]. Journal of the Operational Research Society, 45(5): 579-582.

Bendre A B, Nielsen L R. 2013. Inventory control in a lost-sales setting with information about supply lead times[J]. International Journal of Production Economics, 142(2): 324-331.

Blackburn J D. 1991. Time-based Competition: the Next Battle Ground in American Manufacturing [M]. New York: Business One Irwin.

Blackburn J D. 2012. Valuing time in supply chains: establishing limits of time-based competition[J]. Journal of Operations Management, 30(5): 396-405.

Boute R N, Disney S M, Lambrecht M R, et al. 2014. Coordinating lead times and safety stocks under autocorrelated demand[J]. European Journal of Operational Research, 232(1): 52-63.

Cachon G P, Lariviere M A. 2005. Supply chain coordination with revenue-sharing contracts: strengths and limitations[J]. Management Science, 51(1): 30-44.

Cachon G P. 2003. Supply Chain Coordination with Contracts[M]. Amsterdam: Elsevier Science.

Chang H C, Ouyang L Y, Ho C H. 2006. Integrated vendor-buyer cooperative inventory models with controllable lead time and ordering cost reduction[J]. European Journal of Operational Research, 170(2): 481-495.

Chen M S, Chuang C C. 2000. An extended newsboy problem with shortage-level constraints[J]. International Journal of Production Economics, 67: 269-277.

Chew E P, Lee C, Liu R J, et al. 2014. Optimal dynamic pricing and ordering decisions for perishable products[J]. International Journal of Production Economics, 157: 39-48.

Chopra S, Reinhardt G, Dada M. 2004. The effect of lead time uncertainty on safety stocks[J]. Decision Sciences, 35(1): 1-24.

Christopher M. 1998. Logistics and Supply Chain Management: Strategies for Reducing Cost and Improving Service[M]. London: Financial Times/Pitman Publishing.

Chuang C C. 2001. A distribution free newsboy problem under shortage-level constraints[J]. Journal of the Operational Research Society of Japan, 44(4): 301-312.

Clark A J, Scarf H. 1960. Optimal policies for a multi-echelon inventory problem[J]. Management Science, 6(4): 475-490.

Das C. 1976. Approximate solution to the (Q,r) inventory model for gamma lead time demard[J]. Management Science, 22(9): 1043-1047.

de Treville S, Bicer I, Chavez-Demoulin V, et al. 2014. Valuing lead time[J]. Journal of Operations Management, 32(6): 337-346.

de Treville S, Shapiro R D, Hameri A P. 2004. From supply chain to demand chain: The role of lead time reduction in improving demand chain performance[J]. Journal of Operations Management, 21(6): 613-627.

Dolgui A, Ould-Louly M A. 2002. A model for supply planning under lead time uncertainty[J]. International Journal of Production Economics, 78: 145-152.

Dong J F, Du S F, Yang S, et al. 2008. Competitive pricing and replenishment policies in distributed supply chain for a deteriorating item: a game approach[J]. Asia-Pacific Management Review, 13(2): 497-512.

Doornik K. 2006. Relational contracting in partnerships[J]. Journal of Economics & Management Strategy, 15(2): 517-548.

Driffill J, Schultz C. 1995. Renegotiation in a repeated cournot duopoly[J]. Economics Letters, 47: 143-148.

Dullaert W, Zamparini L. 2013. The impact of lead time reliability in freight transport: a logistics assessment of transport conomics findings[J]. Transportation Research Part E: Logistics and Transportation Review, 49(1): 190-200.

Dye C Y, Yang C T. 2016. Optimal dynamic pricing and preservation technology investment for deteriorating products with reference price effects[J]. Omega, 62: 52-67.

Dye C Y. 2013. The effect of preservation technology investment on a non-instantaneous deteriorating inventory model[J]. Omega, 41(5): 872-880.

Eppen G D, Iyer A V. 1997. Backup agreements in fashion buying-the value of upstream flexibility[J]. Management Science, 43(11): 1469-1484.

Faafat F F, Wolfe P M, Eldin H K. 1991. An inventory model for deterioration item[J]. Computers & Industrial Engineering, 20(1): 89-94.

Fang X. 2018. Analysis of double marginalization effect on the wholesale price contract coordination[J]. Asia Pacific Journal of Operational Research: 1840005.

Farrell J. 1989. Renegotiation in repeated games[J]. Games and Economic Behavior, 1: 327-360.

Fong Y F, Surti J. 2009. The optimal degree of cooperation in the repeated Prisoners' Dilemma with side payments[J]. Games and Economic Behavior, 67(1): 277-291.

Friedman J. 1971. A noncooperative equilibrium for supergame[J]. Review of Economic Studies, 38: 1-12.

Gallego G, Hu M. 2014. Dynamic pricing of perishable assets under competition[J]. Management Science, 60(5): 1241-1259.

Gallego G, Moon I. 1993. The distribution free newsboy problem: Review and extensions[J]. The Journal of the Operational Research Society, 44(8): 825-834.

Gallego G, Ryzin G V. 1994. Optimal dynamic pricing of inventories with stochastic demand over finite horizons[J]. Management Science, 40(8): 999-1020.

Gaynor M, Gertler P. 1995. Moral hazard and risk spreading in partnerships[J]. The Rand Journal of Economics, 26(4): 591-613.

Gerchak Y, Cho R, Ray S. 2001. Coordination and Dynamic Shelf-Space Management of Video Movie Rentals[R]. University of Waterloo working paper.

Ghasemi N. 2015. Developing EPQ models for non-instantaneous deteriorating items[J]. Journal of Industrial Engineering International, 11(3): 427-437.

Glock C H. 2013. Lead time reduction strategies in a single-vendor-single-buyer integrated inventory model with lot size-dependent lead times and stochastic demand[J]. International Journal of Production Economics, 136(1): 37-44.

Govindan K, Popiuc M N, Diabat A. 2013. Overview of coordination contracts within forward and reverse supply chains[J]. Journal of Cleaner Production, 47: 319-334.

Graves S C M, Harlan C, Dasu S, et al. 1986. Two-stage production planning in a dynamic environment[J]. Berlin Springer-Heiddlberg, 266: 9-43.

Güler M G. 2014. A note on: "The effect of optimal advertising on the distribution-free newsboy problem" [J]. International Journal of Production Economics, 148: 90-92.

Hariga M, Ben-Daya M. 1999. Some stochastic inventory models with deterministic variable lead time[J]. European Journal of Operational Research, 113(1): 42-51.

Hausman W H. 1969. Sequential decision problems: a model to exploit existing forecasters[J]. Management Science, 16(3): 93-111.

Heide J B. 1994. Interorganizational governance in marketing channels[J]. Journal of Marketing, 58(1): 71-85.

Heydari J. 2014. Lead time variation control using reliable shipment equipment: an incentive scheme for supply chain coordination[J]. Transportation Research Part E: Logistics and Transportation Review, 63: 44-58.

Hill A V, Khosla I S. 1992. Models for optimal lead time reduction[J]. Production and Operations Management, 1(2): 185-197.

HÖhn M I. 2010. Relational Supply Contracts: Optimal Concessions in Return Policies for Continuous Quality Improvements [M]. Berlin: Springer-Verlag Berlin Heidelberg.

Hong I H, Hsu H M, Wu Y M, et al. 2012. Equilibrium pricing and lead time decisions in a competitive industry[J]. International Journal of Production Economics, 139(2): 586-595.

Hsieh T P, Dye C Y. 2013. A production-inventory model incorporating the effect of preservation technology investment when demand is fluctuating with time[J]. Journal of Computational and Applied Mathematics, 239: 25-36.

Hsu P H, Wee H M. Teng H M. 2010. Preservation technology investment for deteriorating inventory[J]. International Journal of Production Economics, 124(2): 388-394.

Hsu S L, Lee C C. 2009. Replenishment and lead time decisions in manufacturer-retailer chains[J]. Transportation Research Part E: Logistics and Transportation Review, 45(3): 398-408.

Huang K, Küçükyavuz S M. 2008. On stochastic lot-sizing problems with random lead times[J]. Operations Research Letters, 36(3): 303-308.

Huang X, Sošić G. 2010. Repeated newsvendor game with transshipments under dual allocations[J]. European Journal of Operational Research, 204(2): 274-284.

Isotupa S K P, Samanta S K. 2013. A continuous review (s, Q) inventory system with priority customers and arbitrarily distributed lead times[J]. Mathematical and Computer Modelling, 57(5-6): 1259-1269.

Iyer A V, Bergen M E. 1997. Quick response in manufacturer-retailer channels[J]. Management Science, 43(4): 559-570.

Jacoby D. 2005. The New Face of Purchasing[R]. An Economist Intelligence Unit White Paper Sponsored by SAP. Jamshidi R, Ghomi S M T F, Karimi B. 2015. Flexible supply chain optimization with controllable lead time and shipping option[J]. Applied Soft Computing, 30: 26-35.

Jeuland A P, Shugan S M. 1983. Managing channel profits[J]. Marketing Science, 2(3): 239-272.

Jha J K, Shanker K. 2013. Single-vendor multi-buyer integrated production-inventory model with controllable lead time and service level constraints[J]. Applied Mathematical Modelling, 37(4): 1753-1767.

Jian M, Fang X, Jin L Q, et al. 2015. The impact of lead time compression on demand forecasting risk and production cost:A newsvendor model[J]. Transportation Research Part E: Logistics and Transportation Review, 84: 61-72.

kansson H H. 1982. International Marketing and Purchasing of Industrial Goods: An Interaction Approach: Edited by the IMP Group[M]. New York: John Wiley and Sons.

Kincaid W M, Darling D A. 1963. An inventory pricing problem[J]. Journal of Mathematical Analysis and Applications, 7:183-208.

Kumar R S, Goswami A. 2015. A continuous review production-inventory system in fuzzy random environment: Minmax distribution free procedure[J]. Computers & Industrial Engineering, 79: 65-75.

Kwon K, Cheong T. 2014. A minimax distribution-free procedure for a newsvendor problem with free shipping[J]. European Journal of Operational Research, 232(1): 234-240.

Lambert D M, Cooper M C. 2000. Issues in supply chain management[J]. Industrial Marketing Management, 29: 65-83.

Lariviere M A, Porteus E L. 2001. Selling to the newsvendor: An analysis of price-only contracts[J]. Manufacturing & Service Operations Management, 3(4): 293-305.

Lee C M, Hsu S L. 2011. The effect of advertising on the distribution-free newsboy problem[J]. International Journal of Production Economics, 129(1): 217-224.

Lee H L, Padmanabhan V, Whang S J. 1997. The bullwhip effect in supply chains[J]. Sloan Management Review, 38(3): 93-102.

Lee W C, Wu J W, Lei C L. 2007. Computational algorithmic procedure for optimal inventory policy involving ordering cost reduction and back-order discounts when lead time demand is controllable[J]. Applied Mathematics & Computation, 189(1): 186-200.

Lee W C. 2005. Inventory model involving controllable backorder rate and variable lead time demand with the mixtures of distribution[J]. Applied Mathematics and Computation, 160(3): 701-717.

Lee Y P, Dye C Y. 2012. An inventory model for deteriorating items under stock-dependent demand and controllable deterioration rate[J]. Computers & Industrial Engineering, 63(2): 474-482.

Levin J. 2003. Relation incentive contracts[J]. The American Economic Review, 93(3): 835-847.

Li C, Liu S. 2013. A robust optimization approach to reduce the bullwhip effect of supply chains with vendor order placement lead time delays in an uncertain environment[J]. Applied Mathematical Modelling, 37(3): 707-718.

Li Y, Xu X J, Ye F. 2011. Supply chain coordination model with controllable lead time and service level constraint[J]. Pergamon Press Inc, 61(3): 858-864.

Li Y, Xu X J, Zhao X D, et al. 2012. Supply chain coordination with controllable lead time and asymmetric information[J]. European Journal of Operational Research, 217(1): 108-119.

Liao C, Shyu C. 1991. An analytical determination of lead time with normal demand[J]. International Journal of Operations & Production Management, 11(9): 72-78.

Liao W T, Chang P C. 2010. Impacts of forecast, inventory policy, and lead time on supply chain inventory-A numerical study[J]. International Journal of Production Economics, 128(2): 527-537.

Liao Y, Banerjee A, Yan C Y. 2011. A distribution-free newsvendor model with balking and lost sales penalty[J]. International Journal of Production Economics, 133(1): 224-227.

Liu G, Zhang J X, Tang W S. 2014. Joint dynamic pricing and investment strategy for perishable foods with price-quality dependent demand[J]. Annals of Operations Research, 226(1): 397-416.

Louly M A, Dolgui A. 2013. Optimal MRP parameters for a single item inventory with random replenishment lead time, POQ policy and service level constraint[J]. International Journal of Production Economics, 143(1): 35-40.

Lu L, Zhang J, Tang W. 2012. Optimal dynamic pricing and replenishment policy for perishable items with inventory-level-dependent demand[J]. International Journal of Systems Science, 47(6): 1480-1494.

MacNeil I R. 1978. Contracts: Adjustment of long-term economic relations under classi-cal, neoclassical, and relational contract law[J]. Northwestern University Law Review, 72(6): 854-905.

Maihami R, Kamalabadi N I. 2012. Joint pricing and inventory control for non-instantaneous deteriorating items with partial backlogging and time and price dependent demand[J]. International Journal of Production Economics, 136(1):116-122.

Maloni M J, Benton W C. 1997. Supply chain partnerships: Opportunities for operations research[J]. European Journal of Operational Research, 101(3): 419-429.

McIvor R T, Humphreys P K, McAleer W E. 1998. European car makers and their suppliers: changes at the interface[J]. European Business Review, 98(2): 87-99.

Miller D A, Watson J. 2013. A theory of disagreement in repeated games with bargaining[J]. Econometrica, 81(6): 2303-2350.

Monahan J P. 1984. A quantity discount pricing model to increase vendor profits[J]. Management Science, 30(6): 720-727.

Monzka R, Handfield R B, Giunipero L C, et al. 2005. Purchasing and Supply Chain Management[M]. USA: Thomson.

Moon I, Choi S. 1997. Distribution free procedures for make-to-order, makke-in-advance, and composite policies[J]. International Journal of Production Economics, 48: 21-28.

Moon I, Choi S. 1994a. The distribution free continuous review inventory system with a service level constraint[J]. Computers & Industrial Engineering, 27: 209-220.

Moon I, Choi S. 1995. The distribution free nwsvendor problem with balking[J]. Journal of the Operational Research Society, 46(4): 537-542.

Moon I, Gallego G. 1994b. Distribution free procedures for some inventory models[J]. Journal of the Operational Research Society, 45(6): 651-658.

Moon I, Shin E, Sarkar B. 2014. Min-max distribution free continuous-review model with a service level constraint and variable lead time[J]. Elsevier Science Inc, 229: 310-315.

Mortimer J H. 2002. The Effects of Revenue-sharing Contracts on Welfare in Vertically Separated Markets: Evidence from the Video Rental Industry[R]. Massachusetts: Harvard Institute of Economic Research.

Mostard J, Koster R, Teunter R. 2003. The distribution-free newsboy problem with resalable returns[J]. Journal of Economic Literature, 97: 329-342.

Namitk, Chen J. 1999. Soluations to the (Q,Y) inventory mode for Gamma lead time demand[J]. International Journal Of Physical Distribution & Logistics Mangement, 29(2): 138-154.

Narayan V, Kadiyali V. 2015. Repeated interactions and improved outcomes: an empirical analysis of movie production in the United States[J]. Management Science, 62(2): 591-607.

Olson M. 1965. The Logic of Collective Action: Public Goods and the Theory of Groups[M]. London: Harvard University Press.

Ouyang L Y, Chuang B R. 2000. A periodic review inventory model involving variable lead time with a service level constraint[J]. International Journal of Systems Science, 31(10): 1209-1215.

Ouyang L Y, Chuang B R. 2001. Mixture inventory model invdving variable lead time and coritrollable backorder rate[J]. Computers & Industrial Engineering, 40: 339-348.

Ouyang L Y, Wu K S, Ho C H. 2004. Integrated vendor-buyer cooperative models with stochastic demand in controllable lead time[J]. International Journal of Production Economics, 92(3): 255-266.

Ouyang L Y, Wu K S. 1998. A minimax distribution free procedure for mixed inventory model with variable lead time[J]. International Journal of Production Economics, 56-57: 511-516.

Ouyang L Y, Wu K S. 1999. Mixture inventory model involving variable lead time and defective units[J]. Journal of Statistics & Management Systems, 2 (2-3) : 143-157.

Ouyang L Y, Wu K S. 1997. Mixture inventory model involving variable lead time with a service level[J]. Computers & Operations Research, 24 (9) : 875-882.

Ouyang L Y, Yeh N C, Wu K S. 1996. Mixture inventory model with backorders and lost sales for variable lead time[J]. The Journal of the Operational Research Society, 47 (6) : 829-832.

Padmanabhan V, Png I. 1995. Returns policies: make money by making good[J]. Sloan Management Review, 37 (1) :65-72.

Pan C H, Hsiao Y C. 2005. Integrated inventory models with controllable lead time and backorder discount considerations[J]. International Journal of Production Economics, 93-94: 387-397.

Pan C H, Lee C J. 2002. Inventory models with fixed and variable lead time crash costs considerations[J]. Journal of the Operational Research Society, 53 (9) : 1048-1053.

Pasternack B A. 1985. Optimal pricing and return policies for perishable commodities[J]. Marketing Science, 4 (1) : 131-132.

Plambeck E L, Taylor T A. 2006. Partnership in a dynamic production system with unobservable actions and noncontractible output[J]. Management Science, 52 (10) : 1509-1527.

Porier A M. 1998. Leadtimes are shrinking, but not everyone's a winner[J]. Purchasing, 125 (7) : 22-25.

Priyan S, Uthayakumar R. 2015. Continuous review inventory model with controllable lead time, lost sales rate and order processing cost when the received quantity is uncertain [J]. Journal of Manufacturing Systems, 34 (1) : 23-33.

Puterman M L. 1994. Markov Decision Processes: Discrete Stochastic Dynamic Programming[M]. New York: John Wiley and Sons.

Ramanathan U, Gunasekaran A. 2014. Supply chain collaboration: Impact of success in long-term partnerships[J]. International Journal of Production Economics, 147: 252-259.

Ravichandran N. 1995. Stochastic analysis of a continuous review perishable inventory sysetem wihe postive lead time and poisson demand[J]. European Journal of Operational Research, 84: 444-457.

Raza S A. 2013. A distribution free approach to newsvendor problem with pricing[J]. 4OR-A Quarterly Journal of Operations Research, 12 (4) : 335-358.

Rosenblatt M J, Lee H L. 1985. Improving profitability with quantity discounts under fixed demand[J]. AIIE Transactions, 17 (4) : 388-395.

Rubinstein A. 1979. Equilibrium in supergames with the overtaking criterion[J]. Journal of Ecomomic Theory, 21: 1-9.

Ryu S W, Lee K K. 2003. A stochastic inventory model of dualsourced supply chain with lead time reduction[J]. Intetnational Journal of Production Economics, 81-82: 513-524.

Sarkar B, Chaudhuri K, Moon I. 2015a. Manufacturing setup cost reduction and quality improvement for the distribution free continuous-review inventory model with a service level constraint[J]. Journal of Manufacturing Systems, 34: 74-82.

Sarkar B, Gupta H, Chaudhuri K, et al. 2014. An integrated inventory model with variable lead time, defective units and delay in payments[J]. Applied Mathematics and Computation, 237 (T) : 650-658.

Sarkar B, Mandal B, Sarkar S. 2015b. Quality improvement and backorder price discount under controllable lead time in an inventory model[J]. Journal of Manufacturing Systems, 35: 26-36.

Scarf H E. 1958. A Min-max Solution of an Inventory Problem. In: Studies in the Mathematical Theory of Inventory and Production[M]. Stanford: Stanford University Press: 201-209.

Schlosser R. 2015. Dynamic pricing and advertising of perishable products with inventory holding costs[J]. Journal of Economic Dynamics and Control, 57: 163-181.

Schramm-Klein H, Morschett D. 2006. International Supplier Relationship Management: From Transactional to Relational PurchasinG[M]. Berlin: Springer-Verlag Berlin Heidelberg.

Shah N H, Shah D B, Patel D G. 2014. Optimal preservation technology investment, retail price and ordering policies for deteriorating items under trended demand and two level trade credit financing[J]. Journal of Mathematical Modelling and Algorithms in Operations Research, 14 (1) : 1-12.

Shah N H, Soni H N, Patel K A. 2013. Optimizing inventory and marketing policy for non-instantaneous deteriorating items with generalized type deterioration and holding cost rates[J]. Omega, 41 (2) : 421-430.

Shapiro R D. 1985. Towards Effective Supplier Management: International Comparisons[R]. Cambridge: Working paper/Division of Research, Harvard Business School.

Sibdari S, Pyke D F. 2010. A competitive dynamic pricing model when demand is interdependent over time[J]. European Journal of Operational Research, 207 (1) : 330-338.

Sigorelli S, Hesket, Benetton J L. 1984. Harvard business school case 9-685-0141[M]. Boston: Harvard Business School Press.

Silver E A, Peterson R. 1985. Decision Systems for Inventory Management and Production Planning[M]. New York: John Wiley and Sons.

Song H M, Yang H, Bensoussan A. 2013. Optimizing production and inventory decisions in a supply chain with lot size, production rate and lead time interactions[J]. Applied Mathematics and Computation, 224: 150-165.

Spear S E, Srivastava S. 1987. On repeated moral hazard with discounting[J]. The Review of Economic Studies, 54 (4) : 599-617.

Spekman R E, Kamauff J W, Myhr N. 1998. An empirical investigation into supply chain management: a perspective on partnerships[J]. Supply Chain Management: An International Journal, 3 (2) : 53-67.

Spengler J J. 1950. Vertical integration and antitrust policy[J]. Journal of Political Economy, 58 (4) : 347-352.

Sun J, Debo L. 2014. Sustaining long-term supply chain partnerships using price-only contracts[J]. European Journal of Operational Research, 233 (3) : 557-565.

Sunil C, Peter M. 2010. Supply Chain Management Strategy, Panning, and Operation 4E[M]. Stanford: Peter Meindl.

Taylor T A, Plambeck E L. 2007. Supply chain relationships and contracts: the impact of repeated interaction on capacity investment and procurement[J]. Social Science Electronic Publishing, 53(10): 1577-1593.

Tsay A A, Lovejoy W S. 1999. Quantity flexibility contracts and supply chain performance lead[J]. Manufacturing & Service Operations Management, 1(2): 89-111.

Tsay A A. 2001. Managing retail channel overstock: markdown money and return policies[J]. Journal of Retailing, 77: 457-492.

Tsay A A. 1999. The quantity flexibility contracts and supplier-customer incentives[J]. Management Science, 45(10): 1339-1358.

Tyworth J E, Guo Y, Ganeshan R. 1996. Inventory control under gamma demand and random lead time[J]. Journal of Business Logistics. 17 (1): 291-304.

Valliathal M, Uthayakumar R. 2013. Designing and computing optimal policies on a production model for non-instantaneous deteriorating items with shortages[J]. International Journal of Production Research, 51(1): 215-229.

Wang Y, Tomlin B. 2009. To wait or not to wait: Optimal ordering under lead time uncertainty and forecast updating[J]. Naval Research Logistics, 56(8): 766-779.

Williamson O E. 2007. The Economic Institutions of Capitalism: Firms, Markets, Relational Contracting[M]. Berlin: Springer-Verlag: 61-75.

Wolitzky A. 2011. Indeterminacy of reputation effects in repeated games with contracts[J]. Games and Economic Behavior, 73(2): 595-607.

Wu D Y. 2013. The impact of repeated interactions on supply chain contracts: a laboratory study[J]. International Journal of Production Economics, 142(1): 3-15.

Wu K S, Ouyang L Y, Yang C T. 2006. An optimal replenishment policy for non-instantaneous deteriorating items with stock-dependent demand and partial backlogging[J]. International Journal of Production Economics, 101(2): 369-384.

Wu K S, Ouyang L Y, Yang C T. 2009. Coordinating replenishment and pricing policies for non-instantaneous deteriorating items with price-sensitive demand[J]. International Journal of Systems Science, 40(12): 1273-1281.

Wu K S. 2000. (Q, r) Inventory model with variable lead time when the amount received is uncertain[J]. Information and Management Science, 11(3): 81-94.

Xiao T, Xu T. 2013. Coordinating price and service level decisions for a supply chain with deteriorating item under vendor managed inventory[J]. International Journal of Production Economics, 145(2): 743-752.

Xue M, Zhang J, Tang W. 2014. Optimal temperature control for quality of perishable foods[J]. Isa Trans, 53(2): 542-546.

Yang G, Ronald R J, Chu P. 2005. Inventory models with variable lead time and present value[J]. European Journal of Operational Research, 164(2): 358-366.

Yang S, Munson C L, Chen B T. 2010. Using MSRP to enhance the ability of rebates to control distribution channels[J]. European Journal of Operational Research, 205(1): 127-135.

Ye F, Xu X. 2010. Cost allocation model for optimizing supply chain inventory with controllable lead time[J]. Journal of Systems Engineering, 59(1): 93-99.

Yi H, Sarker B R. 2013. An operational policy for an integrated inventory system under consignment stock policy with controllable lead time and buyers' space limitation[J]. Computers & Operations Research, 40(42): 2632-2645.

Yu J C P, Lin Y S, Wang K J. 2013. Coordination-based inventory management for deteriorating items in a two-echelon supply chain with profit sharing[J]. International Journal of Systems Science, 44(9): 1587-1601.

Zhang J X, Liu G, Zhang Q. 2015a. Coordinating a supply chain for deteriorating items with a revenue sharing and cooperative investment contract[J]. Omega, 56: 37-49.

Zhang J X, Wang Y, Lu L H. 2015b. Optimal dynamic pricing and replenishment cycle for non-instantaneous deterioration items with inventory-level-dependent demand[J]. International Journal of Production Economics, 170(Part A): 136-145.

Zhang J S, Bai Z, Tang W. 2014. Optimal pricing policy for deteriorating items with preservation technology investment[J]. Journal of Industrial & Management Optimization, 10(4): 1261-1277.

Zhao R R. 2006. Renegotiation-proof contract in repeated agency[J]. Journal of Economic Theory, 131(1): 263-281.

Zhao W, Zheng Y S. 2000. Optimal dynamic pricing for perishable assets with nonhomogeneous demand[J]. Management Science, 46(3): 375-388.

索　引

致　谢

在本书的构思和撰写过程中，需要感谢我的导师、亲人和那些帮助过我的人。

首先，衷心感谢蹇明老师对我的悉心指导！无论是在基于实际问题出发研究进行选题到教导我如何开展学习研究、阅读高水平文献；还是从本书的框架设计到终稿完成，蹇老师均给予我诸多指导和帮助。他高尚的品格、渊博的学识、严谨的治学态度、国际化的学术视野以及对事业和理想的执着追求，给我留下深刻的印象，让我由衷的佩服，受益匪浅。

其次，深深地感谢我的父母、妻女和其他亲人！多年的异地求学和工作，他们一直默默地、坚定地支持着我、鼓励着我。感谢他们对我无私的奉献，让我能够静心学习，全身心投入研究。

最后，感谢科学出版社的专家、硕士同门和博士同门的辛勤指导与宝贵意见！

谨以此书献给我的宝贝女儿，方薇祎（小名：米π）。她的降临给我增添了无尽的欢乐，每当我身心疲惫和厌倦科研时，便逗一逗她，她的一颦一笑给予了我无穷的鼓舞。米π，爸爸祝你健康成长！